Friedhelm Sommerland

Ohne Ziel passiert nicht viel!

Friedhelm Sommerland

Ohne Ziel passiert nicht viel!

Wie du deinen inneren Schweinehund besiegst und Schieberitis überwindest

© Friedhelm Sommerland
1. Ausgabe 2019

Umschlagfoto: © panthermedia.net/buchan
Grafische Darstellungen/Illustrationen: © Friedhelm Sommerland
Lektorat: Lektorat Plus
Korrektorat: Mentorium

Verlag: tredition GmbH,
Halenreie 40 – 44, 22359 Hamburg
Telefon +49 (0) 40 28 48 42 5 - 0
Telefax +49 (0) 40 28 48 425 - 99
Email: info@tredition.de
Web: www.tredition.de

ISBN 978-3-7497-3563-1 (Paperback)
ISBN 978-3-7497-3564-8 (Hardcover)
ISBN 978-3-7497-3565-5 (e-Book)

Das Werk, einschließlich seiner Teile, ist urheberrechtlich geschützt. Jede Verwertung ist ohne Zustimmung des Verlages und des Autors unzulässig. Dies gilt insbesondere für die elektronische oder sonstige Vervielfältigung, Übersetzung, Verbreitung und öffentliche Zugänglichmachung.

Bibliografische Information der Deutschen Nationalbibliothek:
Die Deutsche Nationalbibliothek verzeichnet diese Publikation in der Deutschen Nationalbibliografie; detaillierte bibliografische Daten sind im Internet über http://dnb.d-nb.de abrufbar.

Für Till und Jette,
für später.

„Nur wer sein Ziel kennt, findet den Weg."

Laotse

Inhaltsverzeichnis

Vorwort	11
Prolog	14
I. Grundlagen für deinen Erfolg	19
Kapitel 1: Gestalte dein Leben selbst	20
Kapitel 2: Ohne Ziel passiert nicht viel!	26
Kapitel 3: Unterscheide Wünsche, Träume und Ziele	32
Kapitel 4: Reflektiere dich selbst	34
II. Notwendige Erkenntnisse	43
Kapitel 5: Folge deinen eigenen Zielen	44
Kapitel 6: Entdecke das Glück des Handelns	56
Kapitel 7: Plane deinen Erfolg	66
Kapitel 8: Bereichere dein Leben durch Veränderungen	75
III. Beherzter Aufbruch	85
Kapitel 9: Finde ein Ziel, das zu dir passt	86
Kapitel 10: Wechsele bewusst die Perspektive	90
Kapitel 11: Lerne aus deinen Misserfolgen	102
Kapitel 12: Überprüfe deine Erwartungen	107
Kapitel 13: Aktiviere deine positiven Erfahrungen	123
IV. Besonnener Tatendrang	131
Kapitel 14: Fokussiere deine Stärken	132
Kapitel 15: Finde heraus, was dir wirklich wichtig ist	142
Kapitel 16: Entdecke das Ziel hinter dem Ziel	147
Kapitel 17: Nutze deine wertvollen Erfahrungen	161
Kapitel 18: Höre dir selbst zu	178
Kapitel 19: Beseitige deine Ausreden	190
V. Geistreiche Vollendung	199
Kapitel 20: Aktiviere deine Vorstellungskraft	200
Kapitel 21: Achte auf deine seelische Gesundheit	222
Kapitel 22: Erkenne das Glück in der Krise	241
Epilog	245
Danksagung	247
Abbildungsverzeichnis	248

📖 Übungsverzeichnis

📖 Übung:	Erinnere dich an eine genaue Schrittfolge	41
📖 Übung:	Unterscheide Verbündete von Bremsern	55
📖 Übung:	Bilanziere deine Ergebnisse	62
📖 Übung:	Arbeite mit positiven Referenzerfahrungen	64
📖 Übung:	Erarbeite einen Ablaufplan für ein Ziel	74
📖 Übung:	Nutze den Neugier-Erfolgs-Loop	83
📖 Übung:	Stelle deine Probleme auf den Kopf	88
📖 Übung:	Aktiviere deine Ressourcen	98
📖 Übung:	Wende die Wunderfrage an	98
📖 Übung:	Reflektiere nicht erreichte Ziele	105
📖 Übung:	Arbeite mit Prioritätenlisten	112
📖 Übung:	Setze dir S.M.A.R.T.E. Ziele	116
📖 Übung:	Neutralisiere belastende Erinnerungen	128
📖 Übung:	Ermittle deine Talente und Begabungen	141
📖 Übung:	Finde 100 Ziele und Wünsche	152
📖 Übung:	Führe das Werte-Interview durch	170
📖 Übung:	Versuch es!	187
📖 Übung:	Verändere deine Überzeugungen	197
📖 Übung:	Wende die Mentoren-Technik an	212
📖 Übung:	Imaginiere Ziele mit der Disney-Strategie	216

Vorwort

Kommt dir das bekannt vor? Seit Monaten schiebst du ein wichtiges Vorhaben vor dir her und kannst dich einfach nicht aufraffen, endlich loszulegen? Der Termin für die Abgabe der Steuererklärung rückt gnadenlos näher, aber du findest nicht die Kraft, damit anzufangen? Du willst ein paar Kilos herunterhungern? Den langweiligen Job aufgeben? Eine Fremdsprache erlernen? Intensiv dem eigenen Hobby nachgehen? Den Traumpartner finden? Gesünder leben?

Eigene Projekte umzusetzen oder ehrgeizige Ziele zu erreichen, scheint für viele Menschen eine unüberwindliche Hürde darzustellen. Wir sprechen dann davon, dass es uns schwerfällt, unseren inneren Schweinehund zu überwinden oder unsere Komfortzone zu verlassen. Prokrastination, umgangssprachlich auch als „Aufschieberitis" oder „Schieberitis" bezeichnet, ist ein weitverbreitetes Phänomen, das wir alle kennen, wenn es um unliebsame Aufgaben geht, die wir zu erledigen haben.

Zum Beispiel gehörte für viele von uns schon in der frühen Kindheit das regelmäßige Aufräumen des eigenen Zimmers zu diesen unliebsamen Aufgaben. Manchmal weigerten wir uns beharrlich, an die Arbeit zu gehen. Dagegen fiel es uns außerordentlich leicht, es auf kreative Weise in eine chaotische Räuberhöhle zu verwandeln. Dieses zwiespältige Verhalten zog sich oftmals wie ein roter Faden durch unser gesamtes Leben. Stets gab es Aufgaben, die uns begeisterten und die wir mit viel Enthusiasmus und Energie meisterten. Und stets gab es auch unerfreuliche Dinge zu erledigen, zu denen wir uns mitunter aufraffen oder oft sogar regelrecht zwingen mussten.

Warum geht uns in manchen Fällen alles schnell und einfach von der Hand? In anderen Fällen kommen wir aber einfach nicht von der Stelle? Welchen geheimnisvollen Unterschied gibt es zwischen dem einen und dem anderen Zustand? Es wird in deinem Leben immer wieder Aufgaben geben, die du sehr ungerne erledigst. Wir leben in einer komplexen Welt, die nur funktioniert, weil viele, oft langweilige Einzelschritte stur und systematisch erledigt werden, ohne demjenigen, der sie ausführt, auch nur ansatzweise zu gefallen. Aber auch Ziele, die du eigentlich gerne erreichen möchtest, sind manchmal mit unangenehmen Nebentätigkeiten verbunden. Wenn du zum Beispiel eine Fremdsprache erlernen willst, kommst du nicht umhin, intensiv Vokabeln zu pauken.

Solche Aufgaben wirst du schneller und effektiver erledigen, wenn du weißt, was dich unbewusst daran hindert, es zu tun, und wenn dir klar ist, was du damit eigentlich genau erreichen willst, worin also das Ziel *hinter* dem Ziel besteht. Ich werde dir dabei helfen, das herauszufinden. Dir wird es dann leichter fallen, auch unbequeme Tätigkeiten zügig und zielgerichtet zu erledigen, um danach Zeit für das zu haben, was dir Spaß und Freude bereitet. Damit du in deinem Leben auch tatsächlich etwas verändern kannst, habe ich ganz konkrete Übungen für dich zusammengetragen, die ich hinter die jeweiligen Kapitel gesetzt und mit einem „📖" gekennzeichnet habe. Sie sind immer mit konkreten Aufgaben verbunden, die mit einer „✋" versehen sind. Diese Übungen habe ich für dich so gestaltet, dass du sie sofort und leicht umsetzen kannst. Denn eines ist wirklich wichtig: Du kannst Bücher und Anleitungen lesen, so viel wie du willst. Wenn du nicht praktisch erprobst, was du gelesen hast, wird sich in deinem Leben nicht viel ändern. Nicht Wissen ist Macht, sondern *angewandtes Wissen ist Macht!* Also lade ich dich ein, immer gleich an die Arbeit zu gehen und auszuprobieren, was ich dir vorschlage.

Damit du dich in diesem Buch gut zurechtfindest, habe ich jedes Kapitel am jeweiligen Ende zusammengefasst. Diese Zusammenfassungen sind mit einem „✏️" gekennzeichnet. So kannst du einzelne Themenbereiche, die dich besonders interessiert haben, schnell wiederfinden und später bei Bedarf vertiefen.

Ich möchte dir nun noch kurz erklären, warum ich mich entschlossen habe, in der Ansprache das „DU" zu verwenden. Wie du sehen wirst, werde ich viele Themen ansprechen, die mit sehr persönlichen, seelischen Erfahrungen deines bisherigen Lebens zu tun haben. Denn hier hat dein innerer Schweinehund sein *Zuhause* gefunden. Die „SIE"-Ansprache wurde einst erfunden, um Abstand zwischen den Menschen, also zwischen den sogenannten Herrschaften und dem einfachen Volk, zu schaffen. Ich finde, dass alle Menschen gleich sind, egal woher sie kommen, wie viel sie besitzen oder welchen gesellschaftlichen Status sie innezuhaben glauben.

Das ist auch der Grund, warum ich nicht zwischen den Geschlechtern unterscheide. Ich wähle der Einfachheit halber die männliche Anrede und meine dabei ganz selbstverständlich alle Geschlechter, die es gibt. Ein sogenannter Gender-Stern (*) würde die mir eigene Toleranz und Weltoffenheit nicht ausreichend zum Ausdruck bringen. Deshalb habe ich mich für diese Variante entschieden.

Prolog

Meine Mutter musste alleinstehend drei Kinder erziehen. Das Einkommen war minimal und Unterstützung von außen gab es nur wenig. So kam es, dass knappe finanzielle Mittel und unerfüllte Wünsche häufig ein Thema für uns Kinder waren. Ich erinnere mich an eine Situation, ich muss ungefähr zehn Jahre alt gewesen sein, als ich eines Morgens erwachte und mich darüber ärgerte, dass ich kein Fahrrad besaß. Schon lange hatte ich mir ein Fahrrad gewünscht. Aber Fahrräder waren teuer, sodass mir meine Mutter diesen Wunsch nicht erfüllen konnte. Ich wollte jedoch unbedingt ein eigenes Fahrrad besitzen! Alle hatten ein Fahrrad – nur ich nicht! Ich hätte heulen können, wahrscheinlich tat ich es sogar.

An diesem Morgen, ich glaube, es war ein Sonntag, wachte ich wieder mit diesem Wunsch im Kopf auf. Aber diesmal war etwas anders. Der Ärger über meine prekäre Lebenssituation mündete in die bissige Entschlossenheit, etwas ändern zu wollen. Gleichzeitig spürte ich eine unbändige Tatkraft in mir aufsteigen. Plötzlich war ich fest entschlossen, mich mit meiner Situation, kein Fahrrad zu besitzen, nicht länger abzufinden. Ich vermutete wohl, dass es irgendwie möglich sein würde, etwas dafür zu tun, ein Fahrrad zu bekommen.

Ich sprang aus meinem Bett, griff mir meine blecherne gelbblaue Sparbüchse (auf der ein Goldesel abgebildet war!), schüttete sie aus und zählte mein Eigenkapital. Magere fünf Mark kamen zusammen. Aber Kraft und Entschlossenheit brodelten weiter in mir. Und Rastlosigkeit packte mich nun.

Ich überlegte, was ich tun konnte, um an das notwendige Geld für einen Fahrradkauf zu kommen. Denn das war mir damals schon klar: Man kann sich Geld verdienen! Ich spürte diese unglaubliche Energie und Kraft und wusste, dass ich den Umständen ein eigenes Fahrrad abtrotzen konnte!

In den folgenden Wochen entwickelte ich große Kreativität darin, mich in irgendeiner Form nützlich und dienstbar zu machen, für Geld, versteht sich.

Mit einem Handwagen sammelte ich Schrott und Altmetalle und brachte sie zum Schrotthändler. Ich ging für ältere Leute aus der Nachbarschaft Einkäufe erledigen, ich verkaufte das knapp vorhandene Spielzeug, auf das ich verzichten konnte, an meine Mitschüler und vieles mehr. Jeden Abend zählte ich meine Ersparnisse. Und immer, wenn etwas dazugekommen war, freute ich mich und spürte wieder diese wilde Entschlossenheit, die mich stetig vorwärtstrieb. Gleichzeitig stieg mit jedem Pfennig, den ich sammelte, eine vage Gewissheit in mir auf, dass ich es schaffen würde. Und noch etwas Überraschendes passierte: Je mehr ich mich abrackerte, umso mehr Respekt, Anerkennung und Unterstützung bekam ich aus meinem Umfeld. Eine ältere Dame aus der Nachbarschaft, die mich schon länger kannte und beobachtete, steckte mir plötzlich fünf Mark zu, ein Vermögen! Die Mutter eines Freundes verriet mir, wo sie einen großen Berg Schrott gesichtet hatte, und so ging es weiter. Aus allen Richtungen bekam ich Hilfe. Alle wussten, welches Ziel ich erreichen wollte. Natürlich tat auch meine Mutter, was sie konnte.

Ungefähr drei Monate dauerte es, bis endlich ein nagelneues Fahrrad vor meiner Haustür stand. Ich war unglaublich stolz! Gleichzeitig aber hatte ich wichtige Erkenntnisse und Erfahrungen gesammelt, deren Wert und Tragweite ich erst in meinem späteren Leben wirklich verstehen sollte. In dieser Klarheit, wie ich sie nachfolgend formuliere, waren sie mir damals natürlich noch nicht verfügbar, aber auf der emotionalen Ebene war alles vorhanden, und jedes einzelne Gefühl, das damit verbunden war, spüre ich noch immer, auch während ich diese Zeilen schreibe:

- Wenn du fest entschlossen bist, etwas zu erreichen, kannst du es schaffen.
- Die mit der Entschlossenheit verbundene Emotion (in meinem Fall Wut), die du in dir spürst, kannst du zu deinem Verbündeten machen.
- Durch Beharrlichkeit und Hartnäckigkeit kannst du die Chance, dein Ziel zu erreichen, erhöhen.
- Wenn du dich entschließt, etwas zu erreichen, werden andere Menschen darauf aufmerksam und beginnen, dich zu unterstützen.
- Wenn du dein Ziel erreicht hast, fühlst du dich großartig.

Durch diese für mich sehr prägende Erfahrung wusste ich von nun an, dass ich einen gegebenen Zustand nicht als endgültig akzeptieren muss. Ich hatte gelernt, dass ich einer Situation nicht hilflos ausgeliefert bin und es in den meisten Lebenssituationen einen *Handlungsspielraum* gibt, den ich bewusst durch *zielgerichtetes Handeln* in meinem Sinne erweitern kann.

Ab meinem 14. Lebensjahr ging ich sowohl in den Ferien als auch während der Schulzeit regelmäßig arbeiten. Ich putzte Fenster bei älteren Leuten und erledigte ihren Einkauf. Ich trug Zeitungen aus, arbeitete auf Sommermärkten, in Schlossereien und in allen möglichen anderen Betrieben, verkaufte Selbstgebasteltes an Freunde und auf Flohmärkten und vieles mehr. Überall, wo es Arbeit und damit Geld zu verdienen gab, war ich sofort mit großem Engagement zur Stelle.

Es ist ein wirklich erhebendes Gefühl, sich ein Ziel zu setzen und zu erleben, wie aus einem Gedanken, aus dem zarten Samen einer Idee, eine stattliche Pflanze heranwächst, die schließlich große, schmackhafte Früchte trägt.

Jetzt möchte ich dich dazu ermutigen, dir herausfordernde Projekte zu suchen, die mit einer ehrgeizigen Zielsetzung einhergehen. Denn es gibt kaum etwas Schöneres, als die saftigen Früchte der eigenen Saat zu ernten.

Mir war es immer ein Rätsel, warum es Menschen gibt, die sich keine (ehrgeizigen) Ziele setzen oder aber Angefangenes nicht zu Ende führen. Erst als ich begann, mich mit der Psychologie des Menschen auseinanderzusetzen, begriff ich, dass es Denkautomatismen gibt, die wie ein Virus auf der Festplatte eines Computers funktionieren und das Potenzial haben, das ganze *Betriebssystem* zum Erliegen zu bringen. Oder anders gesagt: Diese Menschen arbeiten unbewusst mit problematischen Strategien, die zu Verhaltensweisen führen, die sie manchmal, öfter oder sogar immer wieder scheitern lassen. Diese problematischen Strategien, die uns daran hindern können, unseren Weg zu gehen, habe ich später auch auf meiner eigenen *Festplatte* entdeckt. Das Schöne ist, dass der Mensch ein sehr flexibles Wesen ist, das über die einzigartige Fähigkeit der Selbstreflexion verfügt. So ist es ihm möglich, sein Tun und Handeln aus einer anderen Perspektive und demzufolge mit Abstand zu betrachten, daraus entsprechende Erkenntnisse abzuleiten und wichtige Schlussfolgerungen zu ziehen. Danach kann er sein Handeln und seine Verhaltensweisen so lange verändern, bis er das Resultat erhält, das seinen Wünschen entspricht. Darum geht es in diesem Buch.

I.
Grundlagen für deinen Erfolg

„Der vernünftige Mensch richtet sich in der Welt ein; aber der unvernünftige Mensch versucht, die Welt für sich einzurichten – daher hängt der gesamte Fortschritt von den unvernünftigen Menschen ab."

Samuel Butler

Kapitel 1: Gestalte dein Leben selbst

Die gute Nachricht zuerst: Mit deinem inneren Schweinehund und dem Phänomen „Aufschieberitis"* machst du erst dann Bekanntschaft, wenn du versuchst, konkrete Ziele zu erreichen. Ziele und zielgerichtete Handlungen sind für eine gesunde Persönlichkeitsentwicklung und ein glückliches Leben unentbehrlich, jedoch in den meisten Fällen gleichzeitig mit inneren und äußeren Widerständen verbunden. Wenn du diesen Widerständen in deinem Leben schon begegnet bist, heißt das, dass du bereits begonnen hast, zielgerichtet zu handeln. Das ist die gute Nachricht.

Die vielleicht weniger gute Nachricht lautet, dass sich diese Widerstände nicht über Nacht und ohne dein Zutun verflüchtigen werden. Vielmehr wird es notwendig sein, dass du ihnen Aufmerksamkeit schenkst und etwas über sie lernst, um wichtige Schlussfolgerungen daraus ziehen und kluge Entscheidungen treffen zu können.

So verwandelt sich die weniger gute Nachricht doch noch in eine positive: Du kannst dir in deinem Leben Vorteile verschaffen, wenn du lernst, Widerständen Aufmerksamkeit zu widmen, etwas über ihre Ursachen zu lernen und die dahinter versteckten Mechanismen bewusst zu nutzen, um sie schließlich zu überwinden. Dabei werde ich dir helfen.

Bevor du damit beginnst, ist es sinnvoll zu verstehen, was Ziele eigentlich sind und welche komplexen unbewussten Prozesse Zielsetzungen zugrunde liegen.

Bei oberflächlicher Betrachtung scheinen Ziele etwas recht Banales zu sein, denn jeder, der irgendetwas erreichen möchte, hat Ziele, auch wenn er sich dessen nicht bewusst ist.

---

* *Das Wort „Aufschieberitis" und die dazugehörige Kurzform „Schieberitis" wird im Deutschen nur umgangssprachlich verwendet. Es handelt sich hierbei um die scherzhaft übersetzte Beschreibung des extremen Aufschiebens, der sogenannten Prokrastination.*

Bereits wenn du dir abends den Wecker für den nächsten Morgen stellst, hast du das Ziel, pünktlich aufzuwachen, um vielleicht ein anderes Ziel zu erreichen, zum Beispiel arbeiten zu gehen oder einen Freund oder eine Freundin zu treffen. Da der Kühlschrank zu Hause leer ist, weißt du, dass er sich nur füllen wird, wenn du etwas dafür tust. Also setzt du dir das Ziel, nach der Arbeit einkaufen zu gehen. Nach dem erfolgten Einkauf setzt du dir das Ziel, wieder nach Hause zu fahren. Auch das Einräumen des Kühlschranks entspricht einem Zielsetzungsprozess, denn wenn du nicht die Absicht hättest, dieses Ziel zu erreichen, würdest du es auch nicht tun. All das passiert auf einer tieferen, unbewussten Ebene, denn du hast alle diese Abläufe automatisiert und bemerkst deshalb gar nicht, dass du dir fortlaufend Ziele setzt und diese auch erreichst.

Sich Ziele zu setzen ist eine Grundeigenschaft des Menschen. Unser gesamter Lebensalltag ist von Zielsetzungsprozessen durchdrungen. Dass diesen Prozessen eine komplexe und feste Struktur innewohnt, war dir bisher vermutlich nicht bewusst. Denn du tust einfach das Nächstliegende, ohne dir groß Gedanken darüber zu machen, dass dabei dein innerer Autopilot am Werk sein könnte. Deshalb begegnest du bei diesen alltäglichen Verrichtungen auch nur selten deinem inneren Schweinehund. Falls doch, kannst du ihn meist leicht überwinden. Denn du weißt, dass niemand sonst für dich die Hausarbeit, die Einkäufe, die Bügelwäsche oder die Büroarbeit erledigt. Es muss getan werden, also tust du es. Und du weißt, dass das, was zu tun ist, auch erreichbar ist. Du hast es schon viele Dutzende oder Hunderte Male getan, deshalb zweifelst du nicht daran, dass du es auch diesmal wieder schaffen wirst. Du hast also ein Konzept, eine *unbewusste* Strategie für das, was zu tun ist.

Doch wie verhält es sich mit Zielen, die über das Alltägliche hinausgehen? Sobald du ein Ziel erreichen willst, das etwas ehrgeiziger ist und in der fernen Zukunft liegt, legt sich meist ein Schleier über das, was du zu sehen vermagst. Je größer das Ziel ist und je weiter es in der Zukunft liegt, umso undurchsichtiger wird dieser Schleier.

Im Gegensatz zu deinen Alltagszielen verfügst du hier vermutlich nur über unzureichende Erfahrungen und wenig Wissen darüber, ob und wie du solche Ziele zu erreichen vermagst.

Oder haben dir deine Eltern oder deine Lehrer in der Schule jemals erklärt, *wie* es dir gelingen kann, in zehn Jahren ein bedeutender Unternehmer oder ein glücklicher Angestellter zu sein, eine Weltreise zu machen, einen Marathon zu laufen, als erfolgreicher Musiker auf einer Bühne bejubelt zu werden oder in einem harmonischen Familienverbund zu leben? Vermutlich wurde dir relativ häufig erklärt, *was* du zu tun hast und *warum* du es tun sollst. Aber das *Wie* wurde dabei oft ausgespart!

So kann es dazu kommen, dass du zwar Ziele hast, aber einfach nicht weißt, wie du genau an die Arbeit gehen solltest. Dir fehlt eine geeignete Handlungsstrategie für diese weiter in der Zukunft liegenden Ziele. Deshalb zweifelst du unbewusst daran, sie erreichen zu können. Aber Verunsicherung und Zweifel mag dein innerer Schweinehund überhaupt nicht. Vielmehr wünscht er sich klare Anweisungen und Sicherheit. Andernfalls wird er dich dazu verleiten, weiterhin auf den gewohnten Pfaden zu bleiben, denn hier kennt er sich aus. Die Versuchung ist also groß, dich deiner Schieberitis hinzugeben und ehrgeizige Zielsetzungen zu vermeiden oder nur halbherzig an deren Erreichung zu arbeiten. Wie aber kannst du das verhindern?

Als erstes geht es darum, dir darüber klar zu werden, dass du über einen gewissen Handlungsspielraum verfügst. Dieser Handlungsspielraum ist etwas sehr Wertvolles. Sowohl in deinem Alltag als auch im Hinblick auf dein gesamtes Leben spielt er eine herausragende Rolle. Wenn wir alltägliche Situationen betrachten, wird schnell klar, warum dieser Handlungsspielraum so bedeutsam ist. Wie verhältst du dich zum Beispiel, wenn dich jemand beleidigt?

Du könntest sofort aus dem Anzug fahren und denjenigen ebenfalls beleidigen. Wahrscheinlich wird diese Person dich dann wieder beleidigen und die Sache schaukelt sich hoch. Es kommt zu einer Eskalation, die vielleicht mit einer tätlichen Auseinandersetzung oder noch schlimmer endet.

Wenn du gelernt hast, deinen Handlungsspielraum zu nutzen, wirst du, nachdem du beleidigt wurdest, einen Moment lang innehalten und tief Luft holen. Damit gewinnst du *eine* wertvolle Sekunde, die es dir ermöglicht, die Folgen einer beleidigenden Entgegnung abzusehen. In den meisten Fällen wirst du in dieser Zeitspanne zu der Erkenntnis gelangen, dass es die Sache nicht wert ist. Du wendest dich wortlos ab, gehst fort und vermeidest so jeden weiteren Ärger und jede Eskalation. Es könnte sein, dass du nun, in dieser einen Sekunde des Innehaltens, eine große, lebensverändernde Katastrophe abgewendet hast.

Solchen Handlungsspielräumen begegnen wir im Verlaufe unseres Lebens immer wieder. Sei es in einer Auseinandersetzung mit dem Chef, mit dem Lebenspartner, mit den Eltern und Geschwistern oder im Umgang mit Dienstleistern. Es schadet niemals, eine Sekunde über die nächste Äußerung oder die nächste Aktion nachzudenken.

Nicht nur im Hinblick auf unsere soziale Kommunikation, sondern auch im Zusammenhang mit der Gestaltung unseres gesamten Lebens verfügen wir über vielfältige Spielräume. Du entscheidest dich zum Beispiel dafür oder dagegen, dich mit dem Thema Ziele und Zielsetzungen auseinanderzusetzen, um etwas in deinem Leben zu erreichen. Auch hier nutzt du einen Spielraum, der in diesem Zusammenhang als Gestaltungsspielraum bezeichnet wird.

Handlungs- und Gestaltungsspielräume sind ohne entsprechende Erfahrungen nicht ohne Weiteres erkennbar, was uns dazu verleiten kann zu glauben, dass sie nicht vorhanden wären. Oft erkennen wir erst in der Rückschau auf unser Leben, dass diese Spielräume tatsächlich gegeben waren. Manchmal sagen wir deshalb, dass wir dieses oder jenes mit unserem heutigen Wissen anders machen würden. Wir halten dann eine damals getroffene Entscheidung für falsch.

Durch Wissen und Erkenntnis und die daraus resultierende Bewusstheit, die man heute auch oft als Achtsamkeit bezeichnet, wird es dir zukünftig noch besser gelingen, solche Spielräume wahrzunehmen. Sodann eröffnet sich für dich die Möglichkeit, durch Entschlossenheit und *zielgerichtetes* Handeln auf den Lauf der Dinge Einfluss zu nehmen.

Entscheidest du dich dafür, den Lauf deines Lebens dem Zufall zu überlassen? Oder entscheidest du dich für eine bewusste Lebensstrategie, also dafür, dir ganz bewusst Ziele zu setzen und diesen Zielen *zielstrebig* zu folgen? Möchtest du dein Schieberitis-Problem in den Griff bekommen? Dann scheidet die erste Option in jedem Fall aus!

Vielleicht geistern dir nun diese vielen negativen Lebensweisheiten der Pessimisten aus deinem Umfeld durch den Kopf, die behaupten, man könne sein Leben nicht planen, weil die Wechselfälle des Lebens einfach nicht vorhersagbar wären. Man könne Probleme und Schicksalsschläge nicht voraussagen. Deshalb sei es völlig unmöglich, sein Leben in eine Form zu gießen. Damit erübrige sich jede Planung und die damit verbundenen Zielsetzungen.

Bitte lasse dich nicht auf eine Diskussion mit diesen Bedenkenträgern ein. Du wirst sie nicht vom Gegenteil überzeugen können. Entweder kommen sie irgendwann von alleine darauf, dass sie sich irren, oder eben nicht. Wenn du eine Diskussion mit ihnen führst, werden sie es eher schaffen, *dich* mit ihrer negativen Sicht der Dinge zu verunsichern.

Stattdessen bitte ich dich, dir folgende Metapher vor Augen zu führen: Bei jedem Bauvorhaben, nehmen wir zum Beispiel den Bau eines Einfamilienhauses, geht etwas schief. Stets treten ungeahnte Umstände ein: Baumaterial wird zu spät angeliefert. Ein Handwerker bohrt eine wichtige Stromleitung an. Der Kapitalbedarf für das

Bauvorhaben war zu knapp kalkuliert. Die falschen Dachziegel wurden bestellt. Ein Subunternehmer meldet Insolvenz an usw. Wären solche Erfahrungen für Bauherren, Investoren und Architekten ein Grund, ein Bauvorhaben zukünftig nicht mehr sorgfältig zu planen und auf jede professionelle Vorbereitung zu verzichten? Wohl kaum. Im Gegenteil: Gerade, *weil* einiges schieflaufen kann, sind ein klares Ziel und ein guter Plan, den man im Bedarfsfalle individuell anpassen kann, besonders wichtig. Und das geplante Bauwerk wird in den allermeisten Fällen, wenn auch mit etwas Verzögerung oder mit zusätzlichen Kosten, fertiggestellt. In Bezug auf dein Leben ist das nicht anders.

Wie oben erwähnt, benötigt dein innerer Schweinehund Klarheit und Sicherheit. Beides kannst du ihm nur geben, wenn du deine Handlungs- und Gestaltungsspielräume nutzt, indem du dir anspruchsvolle Projekte und ehrgeizige Ziele suchst, sie sorgfältig planst und dabei mit bewussten Strategien arbeitest.

✐ Zusammenfassung:

Seine eigenen Handlungs- und Gestaltungsspielräume zu nutzen, bedeutet, sich Ziele zu setzen und den Weg zur Zielerreichung genau zu planen. Die Tatsache, dass das Leben komplex und in jeder Hinsicht kaum vorhersagbar ist, verleitet viele Menschen dazu anzunehmen, dass das Leben nicht planbar wäre und es deshalb sein zu lassen. Doch das ist ein Irrtum. Viele Abläufe und Ereignisse in deinem Leben sind durchaus vorhersehund damit kalkulierbar. Schicksalhafte Zufälle werden sich nicht komplett aus deinem Leben verbannen lassen, aber deren Anzahl lässt sich reduzieren. Wenn du beginnst, dich mit Zielsetzungsprozessen auseinanderzusetzen, eignest du dir wertvolles Wissen über die menschliche Psychologie an. Das versetzt dich in die Lage, bewusster und achtsamer zu handeln und deine Handlungs- und Gestaltungsspielräume rechtzeitig zu erkennen und so zu deinen Gunsten zu nutzen.

Kapitel 2: Ohne Ziel passiert nicht viel!

Das Wort *Ziel* ist eng mit dem Wort *Zweck* verwandt. Jedes Ziel hat einen Zweck. Beide Wörter haben ihren Ursprung im Mittel- bzw. Althochdeutschen. Das Wort *Zweck* geht auf eine frühere Form des Zahlwortes *zwei* zurück und bedeutete soviel wie ‚gegabelter Ast' (von *Zweig* eines Baumes), den man früher als *Zielscheibe* beim Bogenschießen verwendete.

Um später bei der Jagd erfolgreich zu sein, mussten die Jäger das Bogenschießen zuvor trainieren. Dazu benötigten sie einen Fixpunkt, den sie anvisieren konnten. Ein gegabelter Ast erfüllte diesen Zweck und stellte damit ein geeignetes Ziel dar. Im Laufe der Zeit hatte sich die Bedeutung des Wortes „Zweck" auf den ‚Nagel in der Mitte einer Zielscheibe' eingeengt, bis sich schließlich die heutige Bedeutung im Sinne von ‚Ziel' und dem ‚Sinn einer Handlung' herausgebildet hatte. Wann immer wir zielorientiert vorgehen, haben unsere Handlungen also einen Zweck und damit einen Sinn.

Insofern geht es bei Zielsetzungen genau um das, was der Bogenschütze tut, wenn er sich einen Punkt sucht, den er mit seinem Pfeil anvisiert. Er konzentriert sich und richtet seine volle Aufmerksamkeit auf diesen einen Punkt.

Wer schon einmal versucht hat, mit Pfeil und Bogen zu schießen, weiß, dass es sich hier um einen äußerst komplexen Vorgang handelt. Nicht nur ein guter Bogen, qualitativ hochwertige Pfeile und viel Übung sind erforderlich, sondern auch vollste Konzentration und eine fast meditative Ruhe.

Außerdem wird der Pfeil nur zuverlässig das Ziel erreichen, wenn gleichzeitig die notwendige *Entschlossenheit* des Schützen und somit der feste *Wille* zum Erfolg vorhanden sind.

Die Jäger von einst wussten, wie wichtig es war, dass der Pfeil zuverlässig sein Ziel trifft. Das Leben des ganzen Stammes, der eigenen Sippe hing davon ab, dass das Wild auf der Jagd in diesem

Moment erlegt werden würde. Mit viel Übung und der entsprechenden Sorgfalt haben die Jäger ihr Handwerk betrieben.

Der Zweck (Sinn) der zugrunde liegenden Handlung war klar definiert und führte zu einer zielgerichteten Aktion. Es gab keinen *Zweifel* daran, dass das Wild erlegt werden sollte.

Das Wort „Zweifel" beinhaltet das Zahlwort „zwei". Wenn wir an einem Ziel *zweifeln*, ziehen wir unbewusst in Erwägung, dass ein *anderes Ziel* das bessere sein könnte. Wir sind dann unentschlossen. Damit teilen sich unsere Energie und unsere Aufmerksamkeit auf *zwei* mögliche Wege auf und es steigt die Gefahr, dass wir beide Ziele nicht oder nur halb erreichen werden. Wir sind dann innerlich *hin-* und *her*gerissen.

Sofern du dir also Ziele setzt, ist es ungünstig, wenn du an deren Richtigkeit und Sinnhaftigkeit *zweifelst*. Stattdessen solltest du an das Ziel und den damit verbundenen Zweck *glauben*.

Dieser Glaube, also die feste Überzeugung, dass dein Ziel das richtige ist, entsteht, wenn es im Einklang mit deinen bewussten und unbewussten Wertvorstellungen steht.

Für die Jäger von einst gab es keinen Zweifel daran, dass das Erlegen des Wildes seinem Zweck, nämlich das Überleben der ganzen Sippe zu sichern, dienen würde. Sie handelten damit im *Einklang* mit dem, was ihnen wichtig und wertvoll war.

Wenn wir ein solches Ziel, an das wir sehr fest geglaubt haben, erreichen, setzt das eine intensive Energie in uns frei, die uns beflügelt und sehr positive körperliche Gefühle hervorrufen kann.

Bitte nutze gleich einmal die Gelegenheit, etwas auszuprobieren! Suche jetzt sofort nach drei Situationen in deinem Leben, in denen du sehr glücklich warst, und notiere sie auf einem Zettel. Lies bitte erst weiter, wenn du das getan hast!

✏ *Stopp! Bitte wirklich erst dann weiterlesen, wenn du diese drei Situationen gefunden und notiert hast! Danke!*

Und? Was ist dir aufgefallen? Vermutlich hast du festgestellt, dass glückliche Momente in deinem Leben fast immer auch mit erreichten Zielen zu tun hatten: der bestandene Führerschein, die erste eigene Wohnung, der Berufs- oder Studienabschluss, die Geburt des Kindes und vieles mehr.

Wir durchschreiten und gestalten unser Leben, indem wir uns Ziele setzen und erreichen. Entsprechend sind glückliche Lebensmomente auch oft mit gelungenen Projekten und errungenen Erfolgen verbunden.

So wie sich der Jäger gefühlt haben mag, als er mit dem erlegten Wild auf seiner Schulter in das Lager seiner Sippe zurückkehrte und von allen Stammesmitgliedern stürmisch und erleichtert empfangen wurde, weil das lange Hungern nun endlich ein Ende hatte, so fühlen auch wir uns, wenn wir ehrgeizige Ziele erreicht haben.

Die Fähigkeit, sich individuelle Ziele zu setzen, ermöglicht es dem Menschen, sein Leben nach seinen eigenen Vorstellungen zu gestalten. Diejenigen, die sich Ziele setzen, sind in der Lage, ihren Aktivitäten *Bedeutung* und *Sinn* zu verleihen. So bestimmen sie selbst die Richtung ihres Handelns. Gleichzeitig erwerben sie wichtige Kompetenzen, da durch den Wunsch, Ziele zu erreichen, auch Herausforderungen entstehen. Sie gilt es dann zu meistern. Das führt dazu, dass alle Möglichkeiten ausgeschöpft und Erfolge zuverlässig realisiert werden.

Wenn du dir ein Ziel setzt, ist das gleichzeitig der Beginn einer Reise, deren Ausgang ungewiss ist. Manch einer vollzieht seine Reise *planungsgemäß* und kehrt danach glücklich und dankbar nach Hause zurück. Manch einer erlebt Überraschendes oder Ungewolltes, und manch einer tritt seine Reise gar nicht erst an, kehrt also noch vor Erreichen des Ziels wieder um und *gibt sein Ziel auf*.

Zielsetzungen werden sehr oft *nicht* realisiert. Manche Menschen resignieren, wenn sie einschätzen, dass die Aufgabe, die vor ihnen liegt, zu groß für sie sein könnte oder dass die Mühen, die sie auf sich nehmen müssten, um das Ziel zu erreichen, ihnen einfach zu viel abverlangen würden.

Manchmal ist es durchaus sinnvoll, ein gesetztes Ziel aufzugeben, vor allem wenn wir feststellen sollten, dass wir mit dem zu leistenden Aufwand über- oder unterfordert wären. Gefühle von Unter- oder Überforderung verursachen Stress, der uns unliebsame Fehler machen lässt und emotional belastet.

Der Flugzeugpilot, der sich im Winter im Landeanflug auf einen Flughafen befindet und feststellt, dass die Landebahn stark vereist ist, tut durchaus gut daran, sein ursprüngliches Ziel aufzugeben, die Passagiere genau an diesen Ort bringen zu wollen. Er bricht im Interesse seiner Passagiere den Landeanflug ab, sobald er die Gefahr erkannt hat, um sich einen anderen, sicheren Flughafen zu suchen. Es ist also grundsätzlich nichts Anrüchiges daran zu finden, wenn Ziele gelegentlich aufgegeben werden. Allerdings sollte dann nicht versäumt werden, sich schnellstmöglich ein alternatives Ziel zu suchen, wie es der Pilot ja ebenfalls tut, wenn er einen Ausweichflughafen anfliegt.

Jeder, der wichtige Ziele entweder total verfehlt oder triumphierend erreicht hat, weiß, dass mit Zielsetzungen und mit erreichten Zielen tiefgreifende seelische und emotionale Prozesse verbunden sind, die es zu verstehen und zu ergründen gilt, wenn der Pfeil sicher ins Ziel gehen soll. Ziele sind für unser Leben so bedeutend, dass wir durch sie sogar unser Leben verlängern können, wie eine Untersuchung der BBC zeigte[*]:

Grundlage der Untersuchung sind laut BBC die medizinischen Daten von 7000 Amerikanern zwischen 20 und 75 Jahren, die dazu über einen längeren Zeitraum von rund 14 Jahren ausgewertet wurden. Dabei wurden die Probanden auch immer wieder befragt, hauptsächlich um herauszufinden, ob sie Ziele hatten und diese auch verfolgen. Darunter waren Aussagen, denen sie zustimmen konnten oder auch nicht:

- *Manche Menschen gehen völlig ziellos durchs Leben. Ich bin nicht so jemand.*

---

[*] Quelle: Karrierebibel: https://karrierebibel.de/zielstrebigkeit-ziele-erreichen; Dat. d. Zugr.: 16.07.2019

- *Ich lebe mein Leben im Hier und Jetzt und mache mir über die Zukunft keine Gedanken.*
- *Ich habe manchmal das Gefühl, im Leben schon alles erreicht zu haben.*
- *Ich habe noch viele Pläne und versuche das meiste davon auch zu erreichen.*

Nachdem die Langzeitstudie abgeschlossen war, stellten die Forscher Überraschendes fest:

- *Die zielstrebigen Teilnehmer waren durchweg gesünder.*
- *Sie achteten mehr auf ihre Gesundheit und Fitness.*
- *Ebenso waren sie glücklicher und zufriedener mit ihrem Leben.*
- *Viele von den älteren Probanden hatten ihre ziellosen Kollegen überlebt.*

Noch stärker zeigt sich dieses Phänomen bei Menschen, die lebensbedrohlich erkrankt sind. Sie entscheiden sich (meist unbewusst) dafür oder dagegen, weiterleben zu wollen. Diejenigen, die weiterleben möchten, setzen sich fast immer ehrgeizige Ziele, zum Beispiel noch eine Weltreise zu machen oder den Enkelkindern das Schwimmen beizubringen. Und tatsächlich entwickeln diese Menschen eine große Energie und haben dadurch eine größere Heilungs- und Überlebenschance als diejenigen, die sich aufgeben.

ᘡ Fallbeispiel:

Eine Seminarteilnehmerin erzählte mir, dass sie vor einigen Jahren an einer unheilbaren Lebererkrankung litt, die rasch voranschritt und unweigerlich zum Tode führen würde. Sie war glücklich verheiratet, hatte zwei kleine, gesunde Kinder und schon lange das Ziel der beruflichen Selbstständigkeit. Allerdings haderte sie in den Jahren zuvor damit, diesen Schritt zu tun. Als sie nun erkrankte, setzte sie sich das Ziel, sich ohne Wenn und Aber selbstständig zu machen, sofern sie die nun geplante Lebertransplantation überleben würde. Schon kurz nach der Operation rannte sie voller Ungeduld mit ihren Krücken über die Krankenhausgänge und beeindruckte die Ärzte mit ihrem schnellen Genesungsprozess. Als sie mein Seminar besuchte, war sie so gut wie gesund und gerade dabei, die letzten Vorbereitungen zu treffen, um endlich loszulegen und in die Selbstständigkeit zu starten.

Ziele helfen uns in der Tat, Unglaubliches zu vollbringen. Voraussetzung dafür ist, dass wir wirklich fest entschlossen sind, sie zu erreichen. Dann wachsen wir schließlich über uns hinaus und segeln so von Erfolg zu Erfolg.

✐ Zusammenfassung:

Die Fähigkeit, sich individuelle Ziele zu setzen, ermöglicht es dem Menschen, sein Leben selbst zu gestalten. Erreichte Ziele tragen dazu bei, einen Sinn in dem zu sehen, was wir tun, und auf diese Weise innere Erfüllung und tiefe Befriedigung zu erfahren.

Menschen, die keinen Zielen folgen, laufen Gefahr, sich selbst aufzugeben und damit in einen lethargischen Zustand der Stagnation zu geraten. Außerdem weisen Untersuchungen darauf hin, dass Menschen, die sich Ziele setzen, eine höhere Lebenserwartung haben. Geeignete Ziele stellen in unserem Leben einen wichtigen Dreh- und Angelpunkt dar. Sie sind die Voraussetzung dafür, dass das menschliche Verhaltenssystem dauerhaft funktioniert.

Kapitel 3: Unterscheide Wünsche, Träume und Ziele

Wünsche und Träume haben die meisten Menschen. Allerdings gelingt es nicht allen, aus diesen Wünschen und Träumen ein ehrgeiziges Ziel abzuleiten. Doch worin besteht eigentlich der Unterschied zwischen Wünschen, Träumen und Zielen?

Während sich Ziele auf der rationalen Ebene mit einem konkreten Motiv und einem dahinter liegenden Bedürfnis verbinden lassen und damit sachlich zu begründen sind, stehen Wünsche eher für ein Gefühl, etwa für die Sehnsucht nach einem bestimmten Zielzustand, dessen Erfüllung aber möglicherweise nicht ernsthaft betrieben wird. Träume stellen hingegen die (gefühlsmäßige) Steigerung dieses Wunschzustandes dar. Sie sind zwar ebenso unkonkret, dabei aber emotional stärker besetzt.

Du kannst durchaus den Wunsch haben, Millionär zu sein. Wenn du aber tatsächlich davon träumst, wirst du dich vermutlich für einen weiteren Schritt entscheiden und vielleicht in einem Lotteriegeschäft einen Lottoschein kaufen, in der *Hoffnung*, dass du *Glück* hast und den Hauptgewinn erzielst. Setzt du dir aber ernsthaft das Ziel, Millionär zu werden, und machst diese Idee zu deinem persönlichen Projekt, wirst du dich nicht mehr nur auf dein Glück und deine Hoffnungen verlassen, sondern einen konkreten Plan dafür entwickeln und gezielte Maßnahmen ergreifen, um zum Beispiel mit einer guten Geschäftsidee ein Unternehmen zu gründen.

Die Verbindung zwischen diesen drei Begriffen besteht darin, dass sich aus einem Wunsch oder einem Traum auch ein konkretes Ziel ableiten lässt, dessen Erreichung *messbar* ist. Weiterhin ist die Absicht, ein Ziel zu erreichen, mit einer inneren Verpflichtung verbunden. Es hat schlichtweg eine andere Qualität zu sagen: „Ich träume so sehr von einem eigenen Haus!", als zu sagen: „Ich werde zukünftig noch einen Nebenjob annehmen, um das Geld für ein eigenes Haus anzusparen!" Du kannst anderen noch so oft erzählen, dass du dies oder jenes erreichen willst. Sofern dies nicht mit deiner inneren

Selbstverpflichtung einhergeht, wird dein Vorhaben allenfalls zufällig Wirklichkeit werden, wahrscheinlich aber scheitern.

Sobald du dich selbst verpflichtet hast, bist du *fest* entschlossen. Du *weißt*, dass du es tun wirst. Wenn du dir innerlich sagst: „Na ja, ich versuche es mal", hat das nichts mit innerer Selbstverpflichtung zu tun. Selbstverpflichtung heißt: „Ich nehme mich selbst in die Pflicht. Ich tue es, komme, was wolle!" Du *zweifelst* dann nicht mehr, sondern bist dir sicher, dass du das Ziel erreichen willst und wirst. Nicht anderen gegenüber musst du dich rechtfertigen und verpflichten, sondern vor allem dir selbst gegenüber. Du schaust in den Spiegel und sagst: „Ja, das will ich!"

Gleichzeitig muss die nötige *Machbarkeit* gegeben sein, damit dich der mit der Zielerreichung verbundene Aufwand weder über- noch unterfordert. Oft wissen wir intuitiv, dass diese Machbarkeit gegeben ist. Und häufig funktioniert auch alles recht gut. Wenn wir aber bewusst und strukturiert vorgehen, steigt die Chance deutlich, dass wir erfolgreich unser Ziel erreichen werden.

✎ Zusammenfassung:

Träume, Wünsche und Ziele sind eng miteinander verwandt. Während aber Wünsche und Träume selten zu zielgerichteten Handlungen führen, sind Zielsetzungen dadurch gekennzeichnet, dass sie mit einem konkreten Planungsprozess einhergehen. Diesem Planungsprozess geht eine innere Verpflichtung voraus, also der feste Entschluss, das gesetzte Ziel tatsächlich erreichen zu wollen. Ohne diese innere Selbstverpflichtung lässt du dich leicht von äußeren Ereignissen und störenden Faktoren von deinem Weg zur Zielerreichung ablenken.

Bei der Wahl deiner Ziele solltest du deine Stärken und die Machbarkeit der Aufgabe im Blick haben. Denn sowohl Über- als auch Unterforderung können sich negativ auf den Zielsetzungsprozess und damit auf die Chancen der Zielerreichung auswirken.

Kapitel 4: Reflektiere dich selbst

Zielsetzungsprozesse, Zielplanungen und Zieleffektivität wurden in den vergangenen Jahren immer wieder wissenschaftlich untersucht. Die Forscher wollten herausfinden, was Menschen dafür tun können, dass sie gesetzte Ziele möglichst zuverlässig erreichen, und wie Ziele dabei auf die Psyche des Menschen wirken.

Dabei hat man festgestellt, dass es sowohl unbewusste als auch bewusste Strategien gibt, wenn sich Menschen Ziele setzen. Es kann also sein, dass du impulsiv und intuitiv vorgehst, um ein Ziel zu erreichen. Es kann aber auch sein, dass du dir ganz bewusst überlegst, *wie* du genau vorgehen wirst.

Außerdem spielen bestimmte Zielmerkmale, also Zieleigenschaften, bei der Erreichung von Zielen eine wichtige Rolle. Zu diesen Eigenschaften zählt, ob du dir dein Ziel realistisch gesetzt hast. Ein anderes Zielmerkmal ist, ob du dein Ziel auch alleine, also ohne von anderen Faktoren abhängig zu sein, erreichen kannst. Diese Zielmerkmale sind deshalb von Bedeutung, weil der Erfolg maßgeblich davon abhängt, denn wenn Ziele realistisch und selbst umsetzbar gewählt wurden, steigt die Chance, dass sie erreicht werden. Eine Strategie ist dabei ein genauer Plan zur Erreichung eines Ziels. Diese Strategie ist besonders wichtig, wenn es sich nicht vermeiden lässt, äußere Faktoren miteinzubeziehen.

ᛰ Fallbeispiel:

Stelle dir vor, du möchtest am Wochenende ins Kino gehen. Du setzt dir also das Ziel, ins Kino zu gehen (Ziel A). Dieses Ziel ist durchaus realistisch, weil du die Zeit und das nötige Geld dafür hast. Aber alleine hast du keine Lust, ins Kino zu gehen. Du möchtest, dass dich deine Freundin Anna begleitet. Das wäre das zweite Ziel (Ziel B). Nun ist Ziel A also abhängig von Ziel B. Du kannst Ziel A nur erreichen, wenn du Ziel B erreichst. Nun weißt du aber, dass deine Freundin Anna nicht gerne ins Kino geht. Damit sinkt die Chance, dass du Ziel A erreichen wirst.

Um das Ziel A doch noch zu erreichen, überlegst du dir nun eine Strategie, wie du Ziel B erreichen kannst. Du könntest jetzt einfach auf deine Freundin zugehen und versuchen, sie zu überreden. Das wäre eine unbewusste Strategie. Sie kann funktionieren, sie kann aber auch scheitern. Der bessere Weg wäre, eine bewusste Strategie zu wählen. Eine bewusste Strategie ist die Erarbeitung einer genauen Vorgehensweise, also eines Plans, den du verfolgst, um dein Ziel zu erreichen. Einen Plan erarbeitest du, indem du dir zielgerichtet Gedanken machst und dir die nötige Zeit dafür nimmst. Außerdem kannst du dir überlegen, bei welchen Gelegenheiten du die besten Ideen hast. Zum Beispiel beim Duschen oder beim Autofahren, oder eher umweltfreundlich, bei einer genüsslichen Meditation? Du suchst nun eine dieser Gelegenheiten und denkst dabei bewusst über dein Ziel nach. Schließlich fällt dir ein, dass Anna leidenschaftlich gerne Mangas (japanische Comics) liest und sogar selbst zeichnet. Dann schaust du ins Kinoprogramm, und wie es der Zufall will, läuft im Kino gerade ein brandneuer animierter japanischer Manga-Film. Bei nächster Gelegenheit fragst du Anna, was sie am Samstag macht. Sie zuckt die Schultern. Daraufhin fragst du, ob sie schon von dem neuesten Manga-Film gehört hätte, der gerade in den Kinos läuft. Sofort leuchten ihre Augen, und nun fragt Anna dich, ob du mit ihr am Samstag ins Kino gehen würdest!
Damit hast du Ziel B und Ziel A gleichzeitig erreicht. Mit deiner Idee, aus einer unbewussten Strategie eine bewusste Strategie, also einen konkreten Plan zu machen, hast du die Wahrscheinlichkeit, dein Ziel zu erreichen, um ein Vielfaches erhöht.

Wenn du dir ein Ziel setzt und verstehen willst, was dann in deinem Kopf vor sich geht, ist es sinnvoll herauszufinden, welchem *unbewussten Plan* du folgst und woher dieser stammt. Das lässt sich am ehesten ergründen, wenn du dir vor Augen führst, wie du dein bisheriges Wissen und deine Handlungsstrategien erworben hast, was du also darüber gelernt hast, wie man Pläne erarbeitet. Deshalb machen wir an dieser Stelle einen kleinen Exkurs in den Bereich der Kindererziehung:

Eine der wirkungsvollsten Möglichkeiten, etwas zu lernen, hat uns die Evolution mit auf den Weg gegeben. Schon seit Hunderttausenden von Jahren lernen die Menschen sehr effektiv und ganz direkt von ihren Vorfahren, also vor allem von ihren Eltern, indem sie das *nachahmen*, was ihnen vorgemacht wird.
Wie gut das funktioniert, kannst du bei kleinen Kindern beobachten. Wenn du ihnen einen Ball zeigst und ihn danach wegwirfst, wird es nicht lange dauern, bis das Kind den Ball nimmt und ebenfalls wegwirft.
Dieses sogenannte Nachahmungs- oder Modelllernen ermöglichte es uns Menschen, in sehr kurzer Zeit sehr viele Informationen aufzunehmen. Allerdings reichte es selten, das Gesehene nur ein einziges Mal nachzuahmen. Wir mussten es öfter tun, bis wir es genauso gut konnten wie unsere Eltern. Alles, was du heute gut kannst, hast du irgendwann in deinem Leben bei anderen gesehen und dann längere Zeit geübt. Auch Ziele zu setzen, kannst und solltest du üben.
Albert Bandura hat das *Lernen am Modell* wissenschaftlich beschrieben. Es funktioniert perfekt, so perfekt, dass wir als Nachkommen nicht nur die guten und zielführenden Strategien und Verhaltensweisen unserer Ahnen und Eltern übernehmen, also kopieren, sondern dummerweise auch viele problematische Strategien und zum Teil überaus unsinnige Verhaltensweisen.
Als Kinder glaubten wir noch, dass die Erwachsenen fehlerfrei wären. Deshalb haben wir ihnen blind vertraut und das gleiche getan wie sie. Doch leider waren die liebevollste Mutter oder der großartigste Vater und auch andere Vorbilder selten fehlerfrei. Da wir dies aber nicht einschätzen konnten, haben wir jedes Verhalten, jede Strategie, sogar Mimik und Gestik völlig unkritisch ganz exakt übernommen. Datensatz für Datensatz, Bit für Bit, ohne irgendetwas *zu bewerten*, haben wir alles nachgeahmt. Als wir anfingen, unseren eigenen Kopf zu benutzen und darüber nachzudenken, ob das eigentlich alles so o. k. war, was uns unsere

Eltern und die anderen Erwachsenen vorgemacht haben, war es schon passiert. Wir waren zu diesem Zeitpunkt bereits eine ziemlich originalgetreue Kopie unseres sozialen Umfeldes und insbesondere unserer Eltern oder – genauer gesagt – *beider* Elternteile. Das betrifft nicht nur deine genetische Herkunft, sondern ganz besonders auch deine persönlichen Handlungsweisen, deine Ansichten und den Plan, dem du folgst. Das wird dir, je älter du wirst, immer bewusster, auch wenn du es wirklich nicht wollen solltest.

Dass nicht alle Verhaltensweisen deiner Eltern es wert waren, kopiert zu werden, erkennst du an einem einfachen Beispiel. Vielleicht haben dich deine Eltern schon als kleines Kind für Fehler oder unerwünschte Verhaltensweisen sehr hart bestraft oder sogar geschlagen. War es sinnvoll und lohnenswert, sich dieses Verhalten einzuprägen und bei späterer Gelegenheit bei der eigenen Kindererziehung nachzuahmen? Wohl kaum, denn kein kleines Kind kann einen so großen Fehler begangen haben, dass es hätte geschlagen werden sollen. Erwachsene, die so etwas tun, haben in ihrem Leben noch nie darüber nachgedacht, was sie da eigentlich anrichten. Sie handeln aus dem Affekt heraus, also auf einer unbewussten Ebene. Erfreulicherweise ist ein solches Verhalten in unserer heutigen deutschen Rechtsordnung zu einer Straftat erklärt worden.

Ganz davon abgesehen: Kinder können auf diese Weise gar nicht erzogen, sondern nur verängstigt und traumatisiert werden. Und auch der angeblich so harmlose Klaps auf den Po ist schon ein dummer und nutzloser Übergriff, der sich als belastende Erfahrung in deinem Gedächtnis eingegraben haben könnte. Eltern sollten sich immer darüber im Klaren sein, dass ihre Kinder nichts, überhaupt nichts, vergessen, ebenso wie auch die Eltern selbst nichts von dem vergessen haben, was ihnen angetan wurde. Das einzige, was ein Kind auf diese Weise lernt, ist, dass *man* sich *so* verhält, wenn man wütend ist. Und wenn das Kind nicht auch andere Vorbilder hat oder auf andere Weise lernt, dass körperliche Gewalt stets ein verhängnisvoller Irrweg ist, wird es seine eigenen Kinder aller Wahrscheinlichkeit nach ebenfalls auf diese unsinnige Weise erziehen. Die problematischen Verhaltensweisen der Eltern werden also unbewusst übernommen.

Ich bitte dich jetzt aber, und das ist für deine weitere Persönlichkeitsentwicklung möglicherweise sehr wichtig, deine Eltern, falls sie dich sehr autoritär und sogar mit körperlicher Gewalt erzogen haben sollten, nicht pauschal zu verurteilen, sondern ihnen ihre Fehler und Unzulänglichkeiten zu vergeben. Ich weiß, dass das sehr schwer sein kann. Das soll keine generelle Entlastung der Menschen sein, die dir Schmerz zugefügt haben. Natürlich kannst und musst du dich kritisch mit diesen Personen auseinandersetzen. Ich möchte lediglich klarmachen, dass es für deine eigene Persönlichkeitsentwicklung viel wertvoller ist, wenn du lernst, das Verhalten dieser Menschen auf einer höheren Ebene zu verstehen. Danach kannst du beginnen, dich selbst zu reflektieren und zu formen. Inneren Frieden findest du erst, wenn du vergibst und akzeptierst, dass Menschen immer, wirklich immer, das Beste von dem tun, was ihnen in der jeweiligen Situation zur Verfügung steht. Wenn sie die *Wahl* gehabt hätten, besser oder klüger zu handeln, hätten sie es getan. Denn so ist der Mensch programmiert. Er tut immer das, was er im Augenblick für das Beste hält. Er kann gar nicht anders.

Umgangssprachlich sagt man, jeder springt so hoch er kann. Das geht auf eine Beobachtung zurück, die Pädagogen im Umgang mit kleinen Kindern gemacht haben. Wenn Kinder in der Gruppe aufgefordert werden, so hoch zu springen, wie sie können, geben sie tatsächlich alle ihr Bestes. Kein Kind springt absichtlich nicht so hoch, wie es kann.

Wenn sich also herausstellt, dass ein Mensch einen Fehler begangen hat, dann kann es dir helfen, dir vor Augen zu führen, dass er aus seiner *subjektiven* Sicht keine andere Wahl hatte. Es war eben *sein* Irrtum. Aber das wusste diese Person zu diesem Zeitpunkt nicht. Das soll nicht heißen, dass dieser Mensch für seine Handlungen keine Verantwortung übernehmen müsste. Sondern es bedeutet, dass du deinen Frieden nicht finden kannst, wenn du nicht loslässt und anderen ihre Fehler vergibst. Wenn du es schaffst, eine solche innere Haltung einzunehmen, wirst du weniger Zeit damit vergeuden, andere Menschen, einschließlich derjenigen, die dir Schmerzen zugefügt und fehlerhafte Strategien und Verhaltensweisen beigebracht haben, zu be- oder zu verurteilen. Die so gewonnene Energie wirst du dafür nutzen können herauszufinden, welche problematischen Verhaltensweisen du ungewollt übernommen hast, um dich dann selbst positiv zu verändern und deine eigenen Ziele effektiver zu erreichen.

Mit diesem kleinen Exkurs in den Bereich der Kindererziehung wollte ich dir zeigen, dass du sowohl die guten und hilfreichen, aber auch die problematischen Strategien und Verhaltensweisen der Erwachsenen *mitkopiert* hast. Ihre Vorstellungen, Sehnsüchte, Ansichten und Handlungen sind also ganz automatisch und zwangsläufig ein entscheidender Bestandteil deines eigenen Planes vom Leben und vom Glück geworden und davon, was du für dich selbst für möglich hältst und wie du versuchst, das zu erreichen.

Wenn du dir Ziele setzt, kann es also passieren, dass du unbewusst den Strategien und überlieferten Vorstellungen deiner Eltern und anderer Menschen folgst und deren Verhaltensweisen nachahmst, ohne es zu bemerken. Manchmal ist es aber notwendig, althergebrachte Denkmuster zu durchbrechen. Befreie dich von ihnen.

Deinen inneren Schweinehund kannst du als deinen inneren Wächter, also einen Verbündeten betrachten, der ganz genau weiß, was du *eigentlich* willst, was also deine *eigenen* Ziele sind und was dir *wirklich* entspricht. Er wird vor allem dann aktiv, wenn du etwas tust, was eigentlich nicht zu dir passt, was du *nicht* wirklich willst und was nicht deinen tiefen inneren Wünschen entspricht. Im nächsten Kapitel kommen wir auf dieses Thema zurück.

Selbstreflexion bedeutet, dass du dich selbst spiegelst, also im übertragenen Sinne im Spiegel betrachtest. Nimm das ruhig wörtlich. Es geht darum, dich selbst ganz genau zu überprüfen und Schritt für Schritt deinen *eigenen* Weg zu finden. Das kann ein wirklich umfangreicher, manchmal langwieriger und im Grunde nie endender Prozess sein. Weil ich möchte, dass du dabei zügig vorankommst, schreibe ich dieses Buch. Und tatsächlich kannst du es schneller und effektiver schaffen, deinen eigenen Lebensplan mit den dazu passenden und wertvollen Lebenszielen zu entwickeln, wenn du auf einige Dinge genau achtgibst.

Sofern du allerdings alles, was dir von anderen vorgemacht und beigebracht wurde, großartig findest, wird es dir wahrscheinlich sehr gut gehen und dein innerer Schweinehund wird sich nur selten bei dir melden. In diesem Fall hast du großes Glück und brauchst überhaupt nichts zu verändern. Aber dann würdest du vermutlich dieses Buch nicht lesen.

> ✏ **Zusammenfassung:**
>
> *Albert Bandura hat das sogenannte Lernen am Modell wissenschaftlich beschrieben. Dieses Nachahmungslernen funktioniert perfekt. So konntest du umfangreiches Wissen und große Datenmengen in kurzer Zeit aufnehmen und verarbeiten, hilfreiche Daten ebenso wie nutzlose oder schädigende. Durch die bewusste Überprüfung und anschließende Veränderung problematischer Verhaltensweisen vermeidest du, die Fehler deiner Vorfahren zu wiederholen. Gleichzeitig passt du dein Verhalten dem modernen Zeitgeist an und erlernst erfolgversprechende Strategien, die dir helfen, ein glückliches und ausbalanciertes Leben zu führen.*
>
> *Deinen inneren Schweinehund kannst du dabei als einen hilfreichen, inneren Wächter betrachten, der dich darin zu unterstützen vermag, zu einer eigenständigen, tatkräftigen Persönlichkeit zu werden, die erfolgsorientiert und zielgerichtet ans Werk geht.*

📖 Übung: Erinnere dich an eine genaue Schrittfolge

Diese Übung hilft dir, dich an ein erfolgreiches Vorgehen während einer früheren Zielsetzung zu erinnern, aber auch auf mögliche Stolpersteine aufmerksam zu werden.

Wie wir gesehen haben, ist eine Strategie ein genauer Plan für ein Vorhaben. Einen genauen Plan zu erarbeiten bedeutet, eine konkrete Schrittabfolge festzulegen. Sicherlich hast du schon einmal ein Möbelstück gekauft, das du zu Hause zusammenbauen musstest. Du kennst die dazugehörigen Bauanleitungen, in denen schematisch dargestellt wird, was genau Schritt für Schritt zu tun ist, um das Möbelstück fertig zu montieren.

Erinnere dich nun an ein Ziel, das du irgendwann einmal erreicht hast. Wähle ein Ziel, das damals eine gewisse Vorbereitung erforderte. Vielleicht musstest du zum Beispiel für die Schule einen Vortrag über einen längeren Zeitraum hinweg vorbereiten und bist schließlich termingerecht fertig geworden und hast hierfür eine gute Note erhalten? Oder du wählst ein Ziel aus dem Bereich Sport, falls du sportlich aktiv bist oder warst. Auch hier hast du dich vielleicht einmal lange auf die Teilnahme an einem Wettbewerb vorbereitet und letztendlich ein Ergebnis erreicht, mit dem du sehr zufrieden warst. Wichtig ist nur, dass du etwas findest, worauf du dich gut vorbereitet hast, und letztendlich aus deiner Sicht erfolgreich warst.

Gehe nun gedanklich wieder an den Punkt zurück, bevor du damals an die Arbeit gegangen bist, um das Ziel zu erreichen. Notiere jetzt die jeweiligen Schritte (möglichst viele), von denen du wusstest, dass du sie gehen würdest und musst, um das Ziel zu erreichen. Im Falle des Vortrages zum Beispiel:

1. Überblick verschaffen; 2. Material sammeln; 3. Grobgliederung erstellen; 4. die einzelnen Punkte der Gliederung ausarbeiten; 5. den

Vortrag einüben; 6. Generalprobe vor der Freundin; 7. der finale Vortrag vor der Klasse.

👋 **Aufgabe:**

Wähle nun dein erreichtes Ziel und erinnere dich an die Schritte deiner damaligen Vorgehensweise (Strategie). Wir kommen später wieder darauf zurück:

1. _____

2. _____

3. _____

4. _____

5. _____

6. _____

Reflektiere danach, was damals gut gelaufen ist, welche Stolpersteine es gab und was du heute besser umsetzen würdest.

II.

Notwendige Erkenntnisse

„Alle Erweiterung unserer Erkenntnis entsteht aus
dem Bewusstwerden des Unbewussten."

Friedrich Nietzsche

Kapitel 5: Folge deinen eigenen Zielen

In diesem Kapitel erkläre ich dir, warum es so wichtig ist, dass du sehr genau weißt, worin deine eigenen Ziele bestehen. Manchmal kann es nämlich sein, dass du glaubst, du würdest *deine* Ziele verfolgen, bemerkst dabei aber nicht, dass das gar nicht der Fall ist. Ich möchte dir das am Beispiel einer Steuererklärung erläutern. Für die meisten Menschen ist es eine sehr lästige Aufgabe, sich alljährlich hierfür an die Arbeit zu machen. Deshalb tritt hier besonders häufig Schieberitis auf. Vielleicht ging es dir selbst auch schon einmal so. Der innere Schweinehund wehrt sich mit allem, was er aufzubieten hat, um sich nicht mit an den Schreibtisch setzen zu müssen. Woran mag das liegen?

Bei genauerer Betrachtung fällt auf, dass eigentlich nicht du selbst die Steuererklärung abgeben willst, sondern jemand anderes *verlangt* es von dir, nämlich in diesem Fall der Staat, der für seine Steuereinnahmen sorgen muss.

Er ist bestrebt, Steuern möglichst gerecht zu bemessen. Deshalb muss er von jedem Bürger eine individuelle Steuererklärung verlangen. Gleichzeitig ist die Steuergesetzgebung aber so gestaltet, dass vom Lohn eines Angestellten in den meisten Fällen etwas mehr Steuern abgezogen werden, als eigentlich notwendig wäre. Wenn du dir dieses zu viel gezahlte Geld nach Ablauf des zurückliegenden Jahres erstatten lassen willst, musst du bis zu einem bestimmten Termin deine Steuererklärung abgeben.

Das bedeutet, dass du hier nur sekundär deinem eigenen Ziel folgst. Tatsächlich musst du dich nämlich in ein System einfügen (hier in das System Steuergesetzgebung), mit dem du höchstwahrscheinlich gar nichts zu tun haben willst. Wenn man es sehr drastisch ausdrückt, ist das eine Form von Erpressung. Entweder du akzeptierst diese Regel des Gesetzgebers, oder deine Steuerschuld kann nicht individuell und gerecht bemessen und die überzahlte Steuer erstattet werden.

In deinem Leben begegnen dir immer wieder Situationen und Aufgaben, die entweder gar nicht oder nur sekundär deinen persönlichen Zielen entsprechen.

Nicht nur einzelne Menschen, sondern eben auch ganze Institutionen verfolgen eigene Ziele und neigen deshalb dazu, entsprechende Regeln aufzustellen. Wir kommen oft nicht umhin, die Ziele anderer zu erfüllen, um gleichzeitig etwas für uns selbst erreichen zu können. Es ist völlig normal, dass in solchen Fällen dein innerer Schweinehund zu knurren und dich zu blockieren beginnt. Bei solchen Gelegenheiten will er dich darauf aufmerksam machen, dass du gerade von außen beeinflusst, manipuliert oder sogar erpresst wirst.

Um selbstbestimmt und entschlossen handeln zu können, ist es für dich umso wichtiger, genau zu wissen, was du *selbst* willst und was *andere* wollen, dass du es tust.

Es geht also darum, dass deine Ziele auch tatsächlich deinen *eigenen* Wünschen entsprechen. Wie es ist, sich etwas ganz Bestimmtes zu wünschen und diesen Wunsch auch erfüllt zu bekommen, kannst du am besten nachvollziehen, wenn du dich an deine Kindheit erinnerst. In deiner Kindheit drehten sich deine Wünsche und Ziele oft um konkrete Spielzeuge.

Spätestens zum Geburtstag oder zum Weihnachtsfest hast du diese Wünsche thematisiert, einen Wunschzettel geschrieben und dir ein ganz bestimmtes rotes Feuerwehrauto, eine Puppe, ein Computerspiel oder was auch immer gewünscht. Der Wunsch war so stark, dass er zu einem echten Ziel wurde. Nicht irgendjemand anderes hat dir gesagt, dass du dir dieses Spielzeug wünschen sollst, sondern du selbst wolltest es.

Du wusstest oder hast es vermutet, dass deine Eltern in der Lage sein würden, dir diesen Wunsch zu erfüllen. Also hast du ihnen immer und immer wieder etwas davon vorgeschwärmt. Im Allgemeinen wurde dir dein Wunsch, wenn es irgendwie machbar war, auch erfüllt, und du warst, zumindest für den Augenblick, das glücklichste Kind der Welt. Es gab also eine sehr intensive innere Motivation. Aus deinem Innersten heraus wolltest du diesen Wunsch unbedingt erfüllt bekommen. Man spricht hierbei von der „intrinsischen Motivation".

Ein Sportler zum Beispiel, der seinen Sport intensiv betreibt und an Meisterschaften teilnimmt, hat sicherlich das Ziel, diese Meisterschaft zu gewinnen. Aus einem Wunsch wird ein Traum, und aus diesem Traum wird schließlich ein Ziel. Wenn der Sportler nur daran denkt, dass er sein Ziel eines Tages erreicht haben *könnte*, wird ihm ganz warm ums Herz. Vielleicht wird er ganz kribbelig und will sofort daran arbeiten, dieses Ziel zu erreichen. Dieser Sportler hat eine konkrete Idealvorstellung als Leitlinie für sein Handeln verinnerlicht. Diesem Ziel liegt eine intrinsische Motivation zugrunde.

Anders verhält es sich mit der „extrinsischen Motivation". Hier ist das Handeln von der Aussicht auf konkrete Belohnungen oder Vorteile von außen geprägt. Der Ursprung des Selbstverständnisses liegt dabei bei den Erwartungen des jeweiligen Umfeldes. Es handelt sich um Ziele, die eine andere Person oder ein ganzes System von Personen, zum Beispiel deine Eltern, mit dir, durch dich oder für dich erreichen will. In diesem Fall handelst du aus einem externen Selbstverständnis heraus. Die Quelle dieses Selbstverständnisses stammt zuerst aus deiner eigenen Rolle, die du in diesem System (hier: die Familie) spielst, und den Erwartungen des Umfeldes an dich.

Zum Beispiel kann es sein, dass es deinen Eltern sehr wichtig war, dass du in der Schule gute Leistungen erbracht hast, weil sie wollten, dass du einen guten Abiturabschluss und später ein gutes Hochschulstudium absolvierst. Deshalb haben sie dich für gute schulische Leistungen belohnt, vielleicht sogar mit Geld oder anderen Vergünstigungen. Menschen mit Belohnungen zu locken, wenn sie ein bestimmtes Verhalten zeigen, ist eine weitverbreitete, aber leider oft auch problematische Methode. Denn die Gefahr besteht, dass das gewünschte Verhalten nicht mehr gezeigt

wird, wenn die Belohnungen seltener werden oder ausbleiben.
Du hast also oft gute Noten geschrieben und erfolgreich die Schule abgeschlossen und wurdest dafür belohnt. Dein innerer Schweinehund hat so gelernt, dass er immer, wenn er dich beim Lernen und Hausaufgaben machen unterstützt, ein *Leckerchen* bekommt. Was dir deine Eltern aber vielleicht zu sagen versäumt haben, ist, dass du nicht für die Belohnungen, sondern für dich selbst und dein Leben lernst und dass Bildung und Wissen Spaß bereiten. Du (und dein innerer Schweinehund) wurdest also auf eine ungünstige Weise konditioniert. Du hast die (unbewusste) Überzeugung gewonnen, dass es sich nur lohnt, Leistungen zu erbringen, wenn es dafür eine (unmittelbare) Belohnung gibt.
Inzwischen bist du in einer Berufsausbildung oder an einer Universität angekommen und musst hart für deine Klausuren pauken. Aber deine Eltern sind vielleicht weit weg und belohnen dich nicht mehr für jede gute Leistung und denken vielleicht auch, dass du alt genug bist, um selbst zu wissen, was du willst. Nun aber legt sich dein innerer Schweinehund auf die faule Haut und denkt gar nicht daran, dich beim Lernen zu unterstützen. Das Fundament für Schieberitis wurde so perfekt errichtet.
Jetzt kann noch ein weiteres Problem hinzukommen. Du wusstest nicht so recht, was du beruflich tun oder studieren sollst und hast deshalb erst einmal *irgendetwas*, was dir vielleicht gar nicht liegt oder Freude bereitet, begonnen. Oder dein Vater wollte unbedingt, dass du später seine Schlosserei übernimmst, und deshalb hast du nun angefangen, eine Schlosserlehre zu machen oder Maschinenbau zu studieren. Aber du hast gar kein Interesse an seiner Schlosserei, und Maschinenbau interessiert dich auch nicht. Du hast vielmehr Interesse an Politik oder Psychologie. Doch du folgst, weil du ein braves Kind bist, den Zielen deines Vaters, also extrinsischen Zielen, ebenso wie bei der oben erwähnten Steuererklärung. Das kommt tatsächlich – so oder so ähnlich – sehr,

sehr häufig vor. Ist es nun ein Wunder, dass dein innerer Schweinehund streikt und einen auf Schieberitis macht? Extrinsische Motivation wirkt allenfalls kurzfristig und ist im Hinblick auf das Erreichen von Zielen etwas sehr Problematisches.

Auch in vielen Unternehmen und in der öffentlichen Verwaltung wird heute noch immer sehr häufig auf das sogenannte operante Konditionieren, also das Lernen am Erfolg, gesetzt. Hier wird den Mitarbeitern oftmals ein umsatzabhängiger Jahresgehaltsbonus in Aussicht gestellt, wenn sie bestimmte (extrinsische) Ziele erreichen. So versucht man offenbar, den fehlenden Spaß und die Freude an der Arbeit durch einen Geldbetrag zu ersetzen. Das funktioniert vorübergehend ganz gut, aber leider nicht dauerhaft. Das Ergebnis ist, dass laut Umfragen mehr als zwei Drittel aller Angestellten in Deutschland nur sehr ungerne ihrer Arbeit nachgehen. Sie sehen für sich nur eine geringe emotionale Bindung an ihren Arbeitsplatz und quälen sich teilweise zur Arbeit. Nicht selten bekommen sie deshalb sogar psychische Probleme. Eines der häufigsten und teuersten psychischen Leiden in unserer modernen Arbeitswelt, das daraus resultieren kann, ist das Burnout-Syndrom.

Wenn du in deinem Alltag dem Schieberitis-Phänomen begegnest, frage dich zuallererst: Wessen Ziel will ich hier gerade erreichen? Ist das wirklich mein Ziel? Ist es mein Herzenswunsch, dieses Ziel zu erreichen? Verursacht es ein warmes Bauchgefühl? Bringt es mich in meinem Leben meinen Träumen und Wünschen näher? Oder rackere ich mich hier für die Wünsche und Vorstellungen anderer ab?

Bevor du nun aber voreilige Entscheidungen triffst, solltest du bedenken, dass ein Richtungswechsel mit einem klaren (intrinsischen) Ziel und einem guten Plan einhergehen sollte. Es reicht nicht, zu wissen, was du *nicht* willst. Viel wichtiger ist es zu wissen, was du selbst wirklich willst.

An dieser Stelle möchte ich dich noch auf ein anderes Phänomen aufmerksam machen. Es kann sein, dass du dich nun entschlossen hast, deinen eigenen Wünschen und Zielen zu folgen. Du hast eine tolle Idee für ein neues Projekt und brauchst jetzt die Unterstützung von Menschen aus deinem Umfeld und bittest deshalb diese Menschen um Rat. Jetzt kann es passieren, dass du unbewusst wieder den Vorstellungen, Ansichten und Zielen anderer Personen folgst, statt deine eigenen Ziele im Blick zu behalten. Denn was wir uns in solchen Situationen wünschen, sind Menschen, die unsere Pläne befeuern, die zu uns sagen: „Das ist eine gute Idee! Mach das unbedingt!" Wenn das der Fall ist, hast du Glück. Vielleicht steht dir jetzt ein echter Befürworter oder sogar Mitstreiter zur Seite.

Es kann aber auch das Gegenteil eintreten. Du berichtest anderen von deiner Idee, deinem neuen Ziel, und die anderen fangen an, *Zweifel* in dir zu säen und deine Idee *auseinanderzunehmen*: „Wie soll denn das gehen? Das hast du doch noch nie gemacht! Dazu braucht man doch …!", usw.

Im schlimmsten Falle stellen diese Menschen sogar deine Kompetenz offen infrage, ein solches Ziel erreichen zu können: „Kann ich mir nicht vorstellen, dass du das schaffst. Da brauchst du doch Wissen/Erfahrungen/Abschlüsse/Verbindungen/Geld etc. Lass das doch lieber."

In diesem Fall hast du Pech gehabt, denn diese Menschen sind nicht *deine* Verbündeten, sondern die deines inneren Schweinehundes. Schnell spitzt dieser die Ohren, wenn er derartige Bemerkungen zu hören bekommt. Nach solchen Erfahrungen die eigene Meinung weiter zu vertreten und bei dem eigenen Entschluss zu bleiben, der ja noch frisch ist und auf wackligen Beinen steht, erfordert viel Kraft und Selbstbewusstsein. Du musst dich dann schon am Anfang, da deine Idee vielleicht noch nicht besonders ausgereift ist, mit Argumenten zur Wehr setzen, die dir noch gar nicht zur Verfügung stehen.

Im besten Falle löst diese Erfahrung eine Trotzreaktion bei dir aus („Warte, dir werde ich es zeigen!"). Oder du wirst resignieren und dein Vorhaben verwerfen. Dein innerer Schweinehund kann sich nun wieder auf die faule Haut legen.

Mir haben Klienten, mit denen ich intensiv an ihren Zielsetzungen gearbeitet habe und die voller Mut und Hoffnung nach Hause gingen, beim nächsten Zusammentreffen von solchen Situationen berichtet. Auch ich selbst habe in meinem Leben ähnliche Erfahrungen gemacht.

Wie kommt es dazu? Zum einen hat das etwas mit der alten *Ratschlag-Falle* zu tun. Kennst du die Formulierung „Ratschläge sind ebenfalls Schläge"?

Wenn du mit einer spontanen Idee oder einem neuen Ziel zu einer anderen Person gehst und um ihre Meinung dazu bittest, forderst du sie auf, dir einen „Ratschlag" zu geben. Dieses Wort setzt sich aus „Raten" und „Schlagen" zusammen! Beides kannst du in dieser Situation überhaupt nicht gebrauchen! Du brauchst niemanden, der dich *schlägt!* Du brauchst auch niemanden, der mit dir zusammen *raten* will! Du benötigst jemanden, der dich *unterstützt,* der dir hilft, deine noch vage Idee zu untermauern, bis sie auf einem stabilen Fundament steht!

Manchmal funktioniert es ganz gut, sich *Ratschläge einzuholen.* Vielleicht bekommst du wichtige Anregungen, die dir weiterhelfen. Die Meinung der anderen regt uns zum Nachdenken an. Und vor Gefahren gewarnt zu werden, ist gelegentlich sehr hilfreich. Aber manchmal schadet uns die Rückmeldung anderer auch. Warum ist das so?

Jeder von uns hat seine eigene Gedanken- und Gefühlswelt und sieht diese Welt mit seinen eigenen Augen. Entsprechend fällt das Urteil aus. Wenn derjenige, der den Rat gibt, selbst ein ängstlicher Typ ist, vielleicht Veränderungen scheut und Sorge vor Ablehnungen und Schmähungen hat, wird er unweigerlich diese persönlichen und somit *nur für ihn* richtigen Erfahrungen in seine

Empfehlungen einfließen lassen. Die eigenen negativen Erfahrungen dieser Rat gebenden Person werden dabei besonders stark gewichtet und so zu einem guten Teil auf dich übertragen. Das Ergebnis ist, dass dir dieser wohlmeinende Ratgeber nachdrücklich abrät, dieses Ziel erreichen *zu wollen*.

Das ist meist kein böser Wille. Der andere meint es gut und glaubt, dich beschützen zu müssen. Er will das Beste für dich und merkt nicht, dass der daraus resultierende Stillstand gar nicht das Beste für dich ist. Selbst unsere besten Freunde und engsten Angehörigen stellen manchmal keine Ausnahme dar.

Gelegentlich spielen sogar (unbewusst) Neid und Missgunst eine Rolle. Selbst bei vermeintlich guten Freunden kann das der Fall sein. Denn wenn es *dir* gelingt, dein Vorhaben zu realisieren, stehst du vielleicht besser da als der Ratgeber. Dann bist du die Person, die Lob und Anerkennung bekommt, und nicht er selbst. Das lässt sich für manch einen nicht gut aushalten.

Mit anderen Worten: Ratschläge sind selten neutral. Sie sind geprägt von den Erfahrungen und Zielen der anderen Person. Statt nach Ratschlägen solltest du deshalb nach Unterstützung suchen! Unterstützer sind Investoren. Sie investieren mit ihrem eigenen Wissen und ihren Erfahrungen in dich und *wollen*, dass du erfolgreich bist! Das heißt nicht, dass Investoren blind deinen Vorstellungen folgen. Sie versuchen lediglich herauszufinden, ob sich ein Investment lohnen würde. Mit kritischen Fragen versuchen sie die Schwachpunkte deines Vorhabens aufzudecken, um *Lösungen* hierfür zu finden. Damit wirst du selbst inspiriert, *lösungsorientiert* vorzugehen. Sie stellen demzufolge keine Warum-Fragen, womit in den meisten Fällen die Vergangenheit fokussiert wird, sondern sie stellen Wie-Fragen, die sich auf eine Lösung konzentrieren. Ratgeber bleiben im besten Falle neutral, aber sie unterstützen dich nicht zwangsläufig. Stattdessen denken und handeln sie oft *problemorientiert*. Natürlich heißt das nicht, dass du beratungsresistent sein solltest. Ehrliche Rückmeldungen können und sollen dich vor Fehlern bewahren. Du kannst dann eben abwägen und dich vielleicht noch mit weiteren Personen beraten.

Beachte bitte die folgenden Punkte, bevor du andere um Rat fragst. Wenn du unbedingt ein Feedback brauchst, frage dich zuerst, ob diese Person, die du um Rat fragen willst, für dein Anliegen auch kompetent ist. Hat sie selbst schon ähnliche Vorhaben wie deines auf die Beine gestellt? Steht sie an der Stelle, wo du erst noch hinwillst? Kann sie also aus eigenen Erfahrungen heraus Tipps geben? Ist diese Person jemand, der Probleme eher als Herausforderungen, also lösungsorientiert betrachtet und Stolpersteine selbstbewusst aus dem Weg räumt? Oder ist diese Person jemand, der selbst schnell resigniert, wenn ihr der Wind entgegenweht? Falls ja, wähle lieber einen anderen Ratgeber.

Frage dich auch, ob diese Person den Sachverhalt wirklich unabhängig betrachtet. Wenn sie auch nur den kleinsten Nachteil erleiden könnte, sofern du erfolgreich mit deinem Vorhaben bist, besteht die Gefahr einer befangenen Beurteilung. Wenn diese Person selbst mit beiden Beinen im Leben steht und eigene Erfolge vorweisen kann, stehen die Chancen besser, dass du ein unabhängiges Urteil erhältst.

Gehe außerdem gut vorbereitet in das Gespräch und überlege dir vorher genau, welche Fragen du dieser Person stellen wirst. Formuliere vorab für dich selbst dein Ziel und deine Absicht dahinter. Sammle *zuvor* Beweise dafür, dass dein Vorhaben gelingen wird, und dafür, warum derjenige der richtige Ansprechpartner für das Vorhaben ist. Fertige dir Notizen dazu an. Arbeite zusätzlich mit der Mentoren-Technik, die du später noch kennenlernen wirst. Wie würden Personen, vor denen du selbst große Achtung hast, das Erreichen dieses Ziels angehen?

Und: Nutze nach Möglichkeit auch unabhängige Beratungsangebote. Es ist durchaus sinnvoll, für eine unabhängige Beratung Geld zu bezahlen. Berater und Coaches sind geschult und darauf spezialisiert, dir zielführende Fragen zu stellen und dir dabei zu helfen, Selbstsicherheit zu erlangen, ohne dich in die Ratschlag-Falle tappen zu lassen. Das Wichtige aber ist, dass dieser Personenkreis aus einer anderen, neutraleren Perspektive auf deine Situation und dein Ziel schaut, als jemand aus deiner Familie oder deinem Freundeskreis.

↝ Fallbeispiel:

Zu mir kam eine junge Frau, die als Franchisenehmerin* die Filiale einer großen Fitnesskette von einer anderen Franchisenehmerin übernehmen wollte, die mit eben dieser Filiale gerade erst insolvent gegangen war. Die Klientin war sich selbst nicht sicher, ob das eine gute Idee sein würde, und suchte meinen Rat. Mir lag sofort auf der Zunge zu sagen, dass sie lieber die Finger davonlassen sollte, wenn ihre Vorgängerin bereits insolvent aus der Sache hervorgegangen war. Das musste ja schließlich seine Gründe gehabt haben. Doch das tat ich nicht.
Ich schlug stattdessen vor, dass wir das einmal alles genau durchrechnen. Wir addierten alle anfallenden Kosten und die voraussichtlichen Einnahmen, und am Ende schaute mich die Klienten mit großen Augen an und sagte: „Das rechnet sich ja gar nicht! Da komme ich ja nie auf einen grünen Zweig!"
Dabei stellte sich heraus, dass der bisherige Franchisegeber exorbitante Franchisegebühren erhob, ohne dafür besonders viel zu leisten. Die Klientin wollte aber unbedingt in der Fitnessbranche selbstständig sein. Deshalb überlegte sie zielorientiert, wie sich das ganze Projekt rentabler gestalten ließe.
Einige Wochen später kam diese Klientin nochmals auf mich zu. Sie hatte viel recherchiert und einen deutlich seriöseren Franchisegeber mit nachvollziehbaren Kostenstrukturen und Franchisegebühren gefunden. Und siehe da: Jetzt rechnete sich das Vorhaben!

---

* *Franchise: Vertriebsform in der privaten Wirtschaft, bei der ein Unternehmen als Franchisegeber ein vertraglich festgelegtes Geschäftsmodell durch Subunternehmer (Franchisenehmer) in Lizenz verkaufen lässt.*

Ich hatte dieser Klientin zu keinem Zeitpunkt zu- oder abgeraten, sondern nur viele Fragen gestellt und das getan, was jeder ordentliche Kaufmann vor einer Unternehmensgründung macht, nämlich die Rentabilität des Vorhabens überprüft.

Solltest du dir also Ziele setzen und eine Rückmeldung dazu benötigen, weil du dir selbst nicht ganz sicher bist, auf dem richtigen Weg zu sein, suche dir jemanden, der dir viele Fragen stellt, statt dir viele (Rat-)Schläge zu geben! Dann wirst du dich danach auch nicht *niedergeschlagen* fühlen.

🖊 Zusammenfassung:

Wenn wir aus unserem Innersten heraus ein Ziel erreichen wollen, spricht man von einer intrinsischen Motivation. Bei der extrinsischen Motivation hingegen ist das Handeln von der Aussicht auf konkrete äußere Belohnungen oder Vorteile geprägt. Es handelt sich dann um Ziele, die eine andere Person oder ein ganzes System von Personen mit dir, durch dich oder für dich erreichen will. Dein innerer Schweinehund fühlt sich vor allem dann herausgefordert, wenn du dir über deine eigene intrinsische Motivation nicht klar bist, dich gleichzeitig aber von externen Belohnungen locken und lenken lässt.

Manchmal lässt es sich nicht vermeiden, extrinsische Ziele zu verfolgen und sich den damit verbundenen Regeln zu fügen, um selbst erfolgreich sein zu können. Wichtig ist dann aber, dass diese von außen vorgegebenen Ziele nicht deinen eigenen Wünschen und Interessen widersprechen.

Wenn du dich bezüglich eines neuen Projektes oder einer geplanten Zielerreichung mit einer anderen Person austauschen willst, suche dir jemanden, der dir möglichst viele ziel- und lösungsfokussierte Fragen stellt und weniger oder am besten gar keine Ratschläge erteilt. Ratschläge entspringen den subjektiven Erfahrungen des Ratgebers, der dir damit seine eigene, manchmal eingeschränkte Sicht der Dinge präsentiert. Im Gegensatz dazu helfen dir intelligente und lösungsfokussierte Fragen, deinen individuellen Weg zum Ziel zu finden.

📖 Übung: Unterscheide Verbündete von Bremsern

Manchmal ist es im Vorfeld eines Zielsetzungsprozesses notwendig, sein soziales Umfeld zu überprüfen und herauszufinden, wer zu den potenziellen Unterstützern gehören könnte und wer uns tendenziell abhalten wird, Veränderungen einzuleiten und persönliche Ziele zu erreichen.

✋ Aufgabe:

Notiere hier die Namen von mindestens drei Personen aus deinem Umfeld, bei denen du die Erfahrung gesammelt hast, dass sie in Bezug auf neue Ideen relativ häufig Bedenken äußern und versuchen, dir diese auszureden:

1. _____
2. _____
3. _____

Notiere nun die Namen von mindestens drei Personen aus deinem Umfeld, bei denen du die Erfahrung gesammelt hast, dass sie sehr konstruktiv und tatkräftig sind, weniger von sich erzählen, dafür aber interessierte, lösungsfokussierte Fragen stellen, die dich zum Nachdenken anregen und Mut machen:

1. _____
2. _____
3. _____

Wende dich im Hinblick auf deine zukünftigen Ziele und Projekte vor allem an diese Personen, sofern du Unterstützung oder Rückmeldungen benötigst.

Kapitel 6: Entdecke das Glück des Handelns

Suche dir ehrgeizige Ziele und Projekte in deinem Leben! Denn wenn du dir Ziele setzt, die dich fordern, passiert etwas Wunderbares. Ziele haben die fabelhafte Eigenschaft, deine Wahrnehmung und damit deinen Blick auf dein Leben zu verändern. Sie schaffen zudem Aufmerksamkeit, sie aktivieren dich, wenn es nötig ist, sie schaffen einen Maßstab und sie geben dir Orientierung. Das hast du vielleicht schon einmal erlebt: Du planst einen Urlaub für das kommende Jahr, vielleicht nach Italien in die Toskana. Kaum hast du den Urlaub gebucht, passiert etwas Seltsames: Plötzlich erzählt dir eine Freundin oder Kollegin, dass sie gerade in der Toskana war. Kurz darauf stolperst du im Fernsehen über eine Dokumentation über Reisen in die Toskana. Und dann findest du auch noch einen Werbeflyer in deinem Briefkasten, der dir einen Urlaub in der Toskana anpreist. Es kommt dir seltsam, fast magisch vor, dass sich plötzlich so viele *Zufälle* häufen. Natürlich wären all diese Dinge auch passiert, wenn du nicht die *Absicht* gehabt hättest, in die Toskana zu reisen. Aber eine Sache wäre ganz anders gewesen: Du hättest diesen Informationen über die Toskana keine Bedeutung beigemessen. Und du hättest sie deshalb nicht *bewusst* wahrgenommen. Sie wären im wahrsten Sinne verpufft. Und das ist eben das Wundervolle daran, Ziele zu haben. Wenn du ein Ziel hast und die ersten Schritte gehst, entsteht durch die sogenannte selektive Wahrnehmung eine wahnsinnige Eigendynamik, die du für dich nutzen kannst. Das ist wie bei einem Schiff, das volle Fahrt aufgenommen hat und kaum noch zu stoppen ist. Hier handelt es sich um eine der wichtigsten Funktionen von bewussten Zielsetzungen.

Aber Ziele bringen noch andere Mechanismen in dir in Gang. Zum Beispiel warnen und aktivieren sie dich, sobald die Gefahr besteht, dass du sie aus den Augen verlieren könntest. Wenn du dir etwa das Ziel gesetzt hast, um 20 Uhr bei deiner Freundin

Anna aufzutauchen, um mit ihr ins Kino zu gehen, wirst du beim Blick auf die Uhr um 19.30 Uhr einen mächtigen Schreck bekommen. Du weißt, dass schon allein das Umkleiden und der Weg zu Anna 25 Minuten in Anspruch nehmen werden. In diesem Moment, in dem du das begreifst, wirst du wie von einer Tarantel gestochen hochfahren und alles dafür tun, damit du noch pünktlich kommst. Hättest du nicht das Ziel gehabt, um 20 Uhr bei Anna zu sein, hättest du dich auch nicht um 19.30 Uhr in Bewegung gesetzt.

Stelle dir das Gleiche nun mit einem größeren Ziel vor. Wie intensiv und regelmäßig wirst du dich zum Beispiel aktivieren, solltest du dir vorgenommen haben, in fünf Jahren eine eigene Firma zu haben oder eine bekannte Schauspielerin zu sein? Dir wird dann jede Minute, die du faul auf dem Sofa herumliegst, wie der Verlust eines kostbaren Schatzes vorkommen.

Mindestens genauso wichtig ist, dass dir Ziele Orientierung geben und dich wie Wegweiser durch dein Leben geleiten.

ᴥ Fallbeispiel:

Nehmen wir an, du planst eine Fahrradtour mit einem bestimmten Ziel. Du nutzt eine App auf deinem Smartphone, die dich ans Ziel führen soll. Auf dem Display kannst du verfolgen, wie du dich deinem Ziel stetig näherst. Außerdem kannst du sehen, wie weit du inzwischen von deinem Ausgangspunkt entfernt bist und wie lange du voraussichtlich noch benötigen wirst, um ans Ziel zu gelangen. Und: Du weißt, wo du dich gerade befindest. Das eröffnet dir die Möglichkeit, unabhängige Entscheidungen zu treffen. Du kannst zum Beispiel beschließen, am nächsten Ausflugslokal eine Pause einzulegen und zu Mittag zu essen.

Mit Zielen, die deine Persönlichkeitsentwicklung betreffen, die sich beispielsweise um Weiterbildungen, Verhaltensänderungen, Karriereziele und einen erwünschten Wohlstand drehen, verhält es sich nicht anders. Wenn du weißt, wohin du willst und von wo du kommst, weißt du auch, an welchem Punkt du gerade stehst. Das verschafft dir Sicherheit, Entscheidungsfreiheit und Vorfreude auf den Moment, an dem du deine Ziele und eine gewünschte Lebensqualität erreicht haben wirst.

Aber die Liste all dessen, was Ziele mit dir anstellen, ist noch länger. Ziele ermöglichen es dir überhaupt erst, einen Plan anzufertigen. Mit ihnen als Kompass kannst du eine genaue Abfolge von Schritten festlegen, die dich näher an dein Ziel heranbringt. Wie willst du einen Weg planen, von dem du nicht weißt, wohin er dich führen soll? Wie soll der Kapitän eines Schiffes seine Route planen, wenn er nicht weiß, welchen Hafen er anlaufen will?

Im Kontakt mit jungen Unternehmensgründern habe ich oft erlebt, dass sie meist nur sehr vage und unklare Zielvorstellungen hatten. Sie verfügten über *irgendeine* Gründungsidee, hatten aber noch keine eindeutige Vorstellung davon, wie ihre unternehmerische Situation in einem, in drei oder fünf Jahren aussehen sollte. Erst mit der Erstellung eines Businessplans (im Sinne einer bewussten Strategie), in welchem die konkreten Schritte auf dem Weg zum funktionierenden Unternehmen festgelegt wurden, entwickelten sie eine Idee davon, wie ihre Unternehmensgründung nun weiter verlaufen würde, welche Dimension ihr Vorhaben überhaupt hat und welchen Maßstab das Unterfangen im Verhältnis zu ihrem gesamten Leben darstellte.

Bei den meisten Gründern verfestigte sich dadurch der Wunsch, das ersehnte Ziel unbedingt erreichen zu wollen. Sie fingen regelrecht Feuer. Aber es gab auch andere Fälle. Manche Gründer erkannten, welcher enorme Aufwand mit der Verwirklichung ihrer Gründungsidee verbunden sein würde. Sie bekamen dadurch Angst und verwarfen ihre Idee.

Wenn du ein Ziel verwirfst, von dem du feststellst, dass es nicht zu dir und deinen Wertvorstellungen passt, ist das auch in Ordnung. Es wäre nur ein Fehler, dir kein neues, für dich passendes Ziel zu suchen.

Der letzte Punkt in meiner Liste der Argumente für deine eigenen Zielsetzungen ist der, dass dir Ziele die Chance verschaffen, dich selbst zu überprüfen und eine sorgfältige Fehleranalyse zu betreiben, um für die Zukunft daraus zu lernen. Was nutzt dir ein Plan, wenn du dieselben Fehler mehrfach wiederholst? Das kann durchaus passieren, wenn du deinen Lernprozess nicht dokumentierst. Denn wir überschätzen uns in solchen Dingen. Eben unterläuft dir ein Fehler und du denkst: „Oh, Mist. Das darf mir nicht wieder passieren. Das muss ich mir merken!" Und schwupp, eine Woche später hast du vergessen, was du gelernt hast, und gerätst bald noch einmal in eben diese Falle. Sofern es sich um kurzfristige Ziele handelt, mag das weniger problematisch sein, weil du noch nicht so viel Zeit investiert hast. Ist es aber nicht besonders ärgerlich, wenn du weiter entfernte Ziele nicht erreichst, an denen du schon hart gearbeitet hast, weil du frühere Fehler noch einmal wiederholt hast?

Führe also in jedem Falle ein Erfolgstagebuch, in das du jeden Tag hineinschreibst, was dir heute besonders gut gelungen ist und welche positiven Erfahrungen du gemacht hast. Notiere aber auch, welche Fehler du gemacht hast und was du daraus gelernt hast. Schaffe dir dein eigenes Feedback-System. Das ist keine Spielerei – im Gegenteil! Es ist sehr informativ und extrem motivierend, regelmäßig in diesen Aufzeichnungen zu blättern, um zu rekapitulieren, wie du dich entwickelt hast.

Bevor du dich nun aufmachst, dir ein spannendes Ziel für die nächsten Monate oder Jahre zu setzen, solltest du dir noch Gedanken darüber machen, warum du zwar manchmal eine gute Idee oder sogar einen festen Vorsatz hast, diesen dann aber vielleicht wieder verwirfst. In Bezug auf Zielsetzungen hat sich nämlich gezeigt, dass es sehr sinnvoll ist, *sofort* die Initiative zu ergreifen, wenn du eine gute Idee hast. Hermann Hesse schrieb in seinem Gedicht „Stufen":

„Und jedem Anfang wohnt ein Zauber inne,
Der uns beschützt und der uns hilft, zu leben."

Der bekannte Fernsehmoderator und Entertainer Stefan Raab, der mit seinen kreativen Spielshow-Ideen fast ein Jahrzehnt lang den Fernsehsender *Pro7* dominierte und üppige Einschaltquoten generierte, scheint nach diesem Prinzip gehandelt zu haben. Er wurde einmal gefragt, was er denke, worin das Geheimnis seines Erfolges bestehe. Er sagte sinngemäß, dass er das Prinzip habe, neue Ideen, die ihm in den Sinn kämen, unverzüglich umzusetzen, weil sonst schnell die Euphorie und die dafür notwendige Tatkraft verloren gehen würden.

Ich glaube, dass Stefan Raab hier ein Phänomen erkannt hat, das den meisten von uns schon einmal begegnet ist. Eben noch kommen wir auf eine großartige Idee, von der wir begeistert sind, und diese Begeisterung hält auch ein paar Tage an, aber plötzlich kommen Zweifel auf. Stück für Stück bröckelt der Enthusiasmus dahin. *Kann ich das wirklich? Werden die anderen es mögen? Wird man versuchen, mir meine Idee auszureden? Lohnt sich der ganze Aufwand? Was werden die anderen denken, wenn es danebengeht?*

Du zermarterst dir deinen Kopf und wägst innerlich ab. Je länger du abwägst, umso wahrscheinlicher wird es, dass dein innerer Schweinehund die Oberhand gewinnt. Er will dich schützen, vor Schmach, vor Ablehnung, vor peinlichen Situationen und vielleicht auch vor Misserfolgen. Er *meint* es gut mit dir und führt dich doch, wenn du nicht schnell und mutig handelst, in den Stillstand.

Wenn du eine gute Idee hast, mache es wie Stefan Raab! Er war mit seiner Strategie außerordentlich erfolgreich. Zögere nicht, sondern schaffe unverzüglich Tatsachen. Setze dich selbst unter Druck. Gehe sofort die ersten Schritte, die deine Idee sichtbar machen, sodass dein Weg unumkehrbar ist. Wenn du eine Weiterbildung besuchen willst, buche sofort das entsprechende Seminar. Wenn du ein Musikinstrument erlernen willst, verabrede dich sogleich mit einem geeigneten Musiklehrer. Solltest du den Wunsch haben, eine Trekkingtour zu erleben, kaufe dir unverzüglich einen schönen Trekkingrucksack, den du nicht mehr so gerne aus der Hand geben würdest. Entdecke das Glück des Handelns!

Selbstverständlich erfordert dieses offensive Vorgehen auch Mut. Wenn es dir nicht oder nur schwer gelingt, diesen Mut aufzubringen, ist sehr wahrscheinlich dein innerer Schweinehund dafür verantwortlich. Diesen Zusammenhang betrachten wir ab Kapitel 19.

Bedenke aber, dass es oftmals gar nicht so wichtig ist, wie die ersten Zwischenergebnisse aussehen, sondern nur, dass du überhaupt den ersten Schritt getan hast. Diese ersten Aktivitäten werden dich dazu ermutigen, weiter deinen Weg zu gehen. An eine tolle Idee, die du nach wenigen Tagen begraben hast, weil du zu lange zögertest, wirst du dich nach ein paar Wochen kaum noch erinnern. Tue es also jetzt, sofort!

✏ Zusammenfassung:

Ziele erfüllen in unserer psychologischen Organisation konkrete Funktionen. Diese Funktionen tragen dazu bei, dass wir diese Ziele schneller und zuverlässiger erreichen. Ziele verändern unsere Wahrnehmung und schaffen Aufmerksamkeit, sie aktivieren uns, tätig zu werden, sie geben uns Orientierung und sie helfen uns, eine Standortbestimmung durchzuführen, sie schaffen also einen Maßstab.

Der Zauber, der einer neuen Idee oder einem neuen Ziel innewohnt, kann allerdings auch schnell wieder verloren gehen. Deshalb solltest du sofort die Initiative ergreifen, sobald du ein Ziel gefunden und dir gesetzt hast. Wenn es dir gelingt, diese Anfangseuphorie bewusst zu nutzen, wird dich das beflügeln und dir helfen, an einer Sache hartnäckig dranzubleiben.

📖 Übung: Bilanziere deine Ergebnisse

Im Management arbeitet man in Teamsitzungen und Tagungen oft mit dem Frage-Setting: *Wer* macht *Was* mit *Wem* bis *Wann?* Die Idee dahinter besteht darin, nicht nur das Ziel zu definieren, sondern auch ein klares Verantwortlichkeitsszenario und einen entsprechenden Zeitplan zu entwerfen, um die Erledigung der gesetzten Ziele und die so entstandenen Veränderungen bilanzieren und inhaltlich überprüfen zu können.

Insbesondere eine Zeitplanerstellung hat nur dann Sinn, wenn dieser Zeitplan auch regelmäßig überprüft wird. Denn naturgemäß tauchen bei aller sorgfältigen Planung auch Hindernisse und Verzögerungen auf. Das hat nichts mit dir oder mit deinen vermeintlichen Unzulänglichkeiten zu tun. So läuft es eben im Leben. Eine Unzulänglichkeit bestünde lediglich darin, einen Zeitplan zu erstellen und ihn dann nicht regelmäßig zu überprüfen, also Bilanz zu ziehen.

✋ Aufgabe:

Setze dir nun ein Ziel deiner Wahl. Entscheide dich, um den Prozess überschaubar und überprüfbar zu halten, für ein relativ kurzfristiges und eher kleineres Ziel, etwa den Keller aufzuräumen, ein Zimmer in deiner Wohnung zu renovieren oder Unkraut im Garten zu jäten. Es geht zunächst lediglich darum, einen Zielsetzungsprozess bewusst zu erleben und den Grad der Zielerreichung überprüfen zu lernen.

Benenne dein Ziel, setze dir einen festen Termin und lege die einzelnen Zwischenschritte fest. Stelle dir dann mit allen Sinnen eine Situation vor, die so nur eingetreten sein kann, wenn du dein Ziel erreicht hast, zum Beispiel wie du mit Freunden in deinem neu renovierten Zimmer stehst und mit ihnen zusammen

das Zimmer betrachtest. Stelle dir dabei vor, was du in dieser konkreten Situation *siehst, hörst* und *fühlst*. Nimm dir einige Minuten Zeit dafür. Da dieser Imaginationsprozess von großer Wichtigkeit ist, werden wir ihn in Kapitel 20 genau betrachten.
Lege dir dein Ziel *auf Wiedervorlage*, wie man in der Büroverwaltung sagt. Je nach Umfang und Größe des Ziels können mehrere Bilanzierungstermine sinnvoll sein. Das geht mit dem Papierkalender genauso gut wie mit einer Kalender-App im Smartphone, auf deinem Laptop oder zu Hause auf deinem Computer.

1. Schritt: Ziel genau formulieren (*S.M.A.R.T. prüfen, Kapitel 21*)
Beispiel: Ich werde mein Wohnzimmer renovieren.

---

2. Schritt: Termin für die Zielerreichung festlegen.
Beispiel: Bis zum 1. Mai dieses Jahres wird das Zimmer renoviert sein.

---

3. Schritt: Zwischenschritte (Etappenziele) festlegen.
Beispiel: Materialeinkauf planen, Material einkaufen, Freunde um Hilfe bitten, Termin mit ihnen vereinbaren, Zimmer ausräumen.

---

4. Schritt: Das erreichte Ziel gedanklich vorstellen.
Beispiel: Imaginiere, wie du mit deinen Freunden zusammen das fertig renovierte Zimmer betrachtest.

---

5. Schritt: Etappenziele nach Erreichung bilanzieren.
Beispiel: Die erreichten Etappenziele auf der Checkliste abhaken.

---

6. Schritt: Abschließende Bilanzierung durchführen.
Beispiel: Stelle dir, nachdem du dein Ziel erreicht hast, folgende Fragen:

- *Was lief gut?*
- *Wobei gab es Hindernisse?*
- *Was waren die Gründe für diese Hindernisse?*
- *Wie kann ich zukünftig solche Hindernisse vermeiden?*
- *Welche positiven Veränderungen sind durch die Zielerreichung entstanden?*
- *Worin bestehen die nächsten Etappenziele?*
- *Wann überprüfe ich mich wieder?*

_____

_____

_____

Arbeite zukünftig bei allen Zielsetzungsprozessen nach diesem Muster! Benutze hierfür ein Journal (papierhaft oder in Dateiform) und führe es chronologisch weiter. So kannst du auf deine früheren Erfahrungen zurückblicken, für zukünftige Zielsetzungsprozesse daraus lernen und auf deine Erfolge stolz sein.

📖 Übung: Arbeite mit positiven Referenzerfahrungen

Suche in deiner Erinnerung nach drei Situationen, in denen du ein Ziel erreichen wolltest und dann strukturiert und diszipliniert vorgegangen bist und damit schließlich erfolgreich warst. Nur Mut! Es finden sich immer Beispiele. Auch wenn es eventuell lange her ist. Vielleicht hast du als Kind ganz diszipliniert für deine Puppe ein Kleid entworfen und genäht? Mit Lego-Bausteinen ein Bauwerk erschaffen? In der Schule an einem Poetry-Slam teilgenommen? Oder irgendetwas anderes dieser Art?

✋ **Aufgabe:**

Erinnere dich nun an diese drei Situationen, in denen du entsprechend vorgegangen bist, und notiere sie. Falls du dich an die damit verbundenen Etappenziele und die Struktur des Weges erinnern kannst, notiere dies ebenfalls.

1. _____

2. _____

3. _____

Reflektiere die drei gefundenen Situationen von damals und notiere nachfolgend, welche konkreten Initiativen du bezüglich deines in der vorherigen Übung gesetzten Ziels sofort ergreifen kannst. Überarbeite gegebenenfalls noch einmal dein Ziel bezüglich des Datums und der nächsten sinnvollen Zwischenschritte.

1. _____

2. _____

3. _____

Kapitel 7: Plane deinen Erfolg

Was das Thema Ziele und Zielsetzungen betrifft, kannst du von Wirtschaftswissenschaftlern und vor allem von erfolgreichen Unternehmern lernen, denn insbesondere für sie ist es überlebenswichtig, sich konkrete und langfristige Unternehmensziele zu setzen.

Im betriebswirtschaftlichen Sinne beschreibt man mit strategischen Zielen das Gesamtziel eines Unternehmens bezüglich seiner mittel- oder langfristigen Marktposition. Demgegenüber sind operative Ziele kurz- oder mittelfristig angelegte und stärker konkretisierte Ziele. Im Idealfall leiten sich die operativen Ziele aus den strategischen Zielen ab.

Ich empfehle dir, dich wie ein erfolgreicher Unternehmer zu positionieren, der das Unternehmen „Mein Leben" zu einem langfristigen Erfolg führen will, und dir entsprechende strategische Ziele zu setzen, um daraus operative Ziele zu generieren. Ich kann dir keine Erfolgsgarantie dafür geben, dass es funktionieren wird. Aber ich kann dir versichern, dass die Chancen für ein erfolgreiches, glückliches und ausbalanciertes Leben durch dieses Vorgehen enorm steigen werden. Die globale Wirtschaftsgeschichte zeigt, dass klug und nachhaltig agierende Unternehmer in den allermeisten Fällen großartige Erfolgsgeschichten vorzuweisen haben.

Zielsetzungsprozesse verlaufen dabei stets nach einem bestimmten Muster, denn Ziele weisen eine hierarchische Organisation auf. Es existiert zunächst ein übergeordnetes Ziel (zum Beispiel: „Ich möchte ein schönes und glückliches Leben führen!"). Daraus resultieren weitere untergeordnete Ziele (zum Beispiel: „Ich möchte einen gut bezahlten Beruf haben." „Ich möchte einen Menschen finden, den ich liebe." „Ich möchte gesund sein." „Ich möchte in Harmonie leben.").

Aus diesen Unterzielen ergeben sich weitere Unterziele (operative

Ziele), die dann zu konkreten Handlungen führen, zum Beispiel einen ganz bestimmten Beruf zu erlernen, sich in einer Partnerbörse anzumelden, regelmäßig Sport zu treiben usw.

Bei uns Menschen laufen die meisten dieser Zielsetzungsprozesse ganz unbewusst ab. Denn, wie bereits erwähnt, ahmen wir einfach das nach, was uns unsere Eltern oder andere Bezugspersonen viele Jahre lang vorgelebt haben. Über Jahrhunderte hinweg haben die Menschen die Berufe und Lebensmodelle ihrer Eltern fortgeführt. So wurde der Sohn des Müllers ebenfalls Müller, der Sohn des Bäckers wurde Bäcker und der Sohn des Fischers wurde Fischer.

Obwohl sich durch die Schnelllebigkeit in unserer modernen Welt manches verändert hat, scheint es in vielen Fällen noch immer so zu sein, dass die Berufswünsche der Kinder durch deren Eltern zumindest stark geprägt werden. Das betrifft aber eben nicht nur die Berufswahl, sondern oft den ganzen Lebensentwurf. Du hast vermutlich die Schule beendet, einen Beruf erlernt und eine Familie gegründet, gehst jeden Tag arbeiten, besuchst gelegentlich eine Weiterbildung, kaufst ein Auto, planst jedes Jahr einen Familienurlaub und vieles mehr.

Wir haben das als Kinder bei unseren Eltern aufmerksam, wenn auch überwiegend unbewusst, beobachtet und dabei viele ihrer Ein- und Vorstellungen übernommen. Bei den Eltern hat alles *irgendwie* funktioniert, und wir machen es später ganz ähnlich. Auch bei uns funktioniert es dann *irgendwie*. Nur wenige Eltern ermuntern ihre Kinder dazu, sich konkrete und langfristige Ziele zu setzen. Damit überlassen wir allerdings die jeweiligen Zielsetzungsprozesse und das Glücksgefühl, das sich im Falle der Zielerreichung fast immer einstellt, sowie die individuelle Entwicklung unserer Persönlichkeit und des eigenen Lebens dem Zufall.

Das ist per se nicht schlecht. Wenn du mit deiner Lebenssituation insgesamt zufrieden bist, hast du kein Problem und wahrscheinlich auch keinen Handlungs- oder Veränderungsbedarf.

Dennoch möchte ich dich dazu ermuntern, zukünftig einen anderen Weg zu gehen und dich wie ein Unternehmer zu verhalten, denn ein Lebenskonzept ohne bewusste und strategische Ziele kann auf wackligen Beinen stehen.
So könnte sich zum Beispiel ganz unbemerkt Unzufriedenheit in dein Leben einschleichen, deren Ursache dir lange verborgen bleibt. Auch bestimmte Lebensereignisse, eine überraschende Arbeitslosigkeit etwa oder die Trennung vom Partner, werfen dich leichter aus der Bahn, wenn du zuvor keine eigenen strategischen Ziele verfolgt hast. Auch aus einer ernsthaften Lebenskrise wieder herauszufinden, fällt ohne eigene Ziele und ohne einen konkreten Lebensplan ungleich schwerer. Je öfter Menschen die Erfahrung machen, Krisen nicht gut meistern zu können, umso schwieriger wird es für sie, *nachhaltige* Glücksgefühle zu erleben.
Die jeweiligen Parameter, die zur Entstehung eines Glücksgefühls beitragen, werden immer wieder kontrovers diskutiert. Dennoch scheint eines sicher zu sein: Menschen, die sich einer konkreten Aufgabe widmen – also einer *Berufung* folgen, diese mit ehrgeizigen Zielen verbinden und auch erreichen –, sind tendenziell glücklicher als diejenigen, die ziellos in den Tag hineinleben. Insofern ist Glück die Folge deiner inneren Haltung und den damit verbundenen Handlungen. Du kannst dich bewusst entschließen, dein Leben zu gestalten und Impulse dafür zu setzen, dass das Glück in deinem Leben sichtbar wird. Dieser Gestaltungsprozess beginnt mit dem Setzen strategischer Ziele.
In den vergangenen Jahrtausenden reichte es aus, im eigenen Leben alles genauso oder zumindest so ähnlich zu tun, wie es die eigenen Vorfahren gemacht haben. Veränderte Vorgehensweisen wurden nur dann notwendig, wenn sich die Umweltbedingungen verschlechterten. Das geschah aber nur selten oder sehr langsam. Heute ist das anders. Unsere Umweltbedingungen verändern sich fortlaufend und rasant. Insbesondere die modernen Informationstechnologien haben uns eine atemberaubende Veränderungsdynamik beschert. Für viele Menschen wird es immer schwerer, Schritt

zu halten. Wer aber nicht Schritt hält, kann schnell zu den Abgehängten gehören. Ob du es gut findest oder nicht: Du kannst dich nicht *nicht* entscheiden, ob du zu den Abgehängten gehören willst oder ob du eine aktive Rolle bei der Mitgestaltung dieses Veränderungsprozesses spielen möchtest.

Wenn du dich *nicht* dafür entscheidest, dein Leben selbst zu gestalten, machst du dich unweigerlich von anderen Menschen oder Institutionen abhängig. Das wird oft sehr bösartig als die Entscheidung für die *Opferrolle* gedeutet. Wer in die Opferrolle hineingeraten ist, bemerkt das vor allem daran, dass nicht er selbst, sondern andere, etwa der Arbeitgeber, die Krankenkasse oder das Arbeitsamt, wichtige Entscheidungen für ihn treffen.

In jeder Epoche der Menschheitsentwicklung gab es Persönlichkeiten, die Besonderes oder Herausragendes geleistet haben und die erfolgreicher waren als andere. Von diesen Menschen kannst du lernen. Der Grund für ihre herausragende Rolle in der Menschheitsgeschichte findet sich vor allem in dem Umstand, dass sich diese Persönlichkeiten in ihrem Leben entschieden haben, einem konkreten, selbstbestimmten Ziel zu folgen und damit zum Gestalter ihres eigenen Lebensweges zu werden. Sie haben sich einer Aufgabe verschrieben, also eine *Berufung* gefunden, sich entsprechende Ziele gesetzt und daraus die notwendigen Handlungsstrategien abgeleitet.

Wer ein konkretes Ziel verfolgt, benötigt einen durchdachten Ablaufplan, also eine fundierte Strategie, um dieses Ziel zu erreichen. *Martin Luther King*, *Mahatma Gandhi* oder *Nelson Mandela* sind nur einige Beispiele für Persönlichkeiten, die entsprechend selbstbewusst und zielgerichtet handelten.

Um dein Leben erfolgreich gestalten zu können, benötigst du keine besonderen Talente oder Begabungen. Auch andere Ressourcen, wie Geld oder Beziehungen, sind dafür nicht notwendig. Alles, was du brauchst, sind Wissen sowie die Bereitschaft und die Entschlossenheit, dieses Wissen konsequent anzuwenden.

Du bist, da du dieses Buch liest, gerade dabei, dieses Wissen zu erwerben. Ob daraus auch Taten folgen, ist deine Entscheidung. Du wirst nicht umhinkommen, etwas dafür zu tun, um deinem Leben deinen eigenen Stempel aufzudrücken. Genau hier trennt sich die Spreu vom Weizen. Denn viele Menschen wollen etwas *sein*, aber nur wenige wollen etwas *werden* und sind folglich bereit, hierfür etwas zu tun.

Die erste wichtige Information, die du benötigst, um zum Gestalter deines Lebens zu werden, besteht darin, dass du eine Aufgabe im Sinne eines übergeordneten Ziels brauchst, an das du glaubst und in dessen Erfüllung du einen Sinn siehst.

Ich sage nicht, dass es einfach ist, ein solches Ziel zu finden, aber es ist möglich. Und es ist ein sehr guter, vielleicht sogar der einzige Weg, um langfristig ein erfülltes Leben zu führen. Aus diesem übergeordneten Ziel lassen sich dann Teilziele ableiten, die dich zu *deinem* Lebensziel geleiten.

Ein Ziel sollte dich weder über- noch unterfordern und gleichzeitig erreichbar sein. Um dieses Ziel realisieren zu können, ist es weiterhin notwendig, eine konkrete Schrittabfolge festzulegen, die dich zur Zielerreichung führt. Was den Unterschied zwischen einem planvollen Vorgehen und einem eher zufälligen Agieren ausmacht, soll an einem Beispiel aus dem Alltag veranschaulicht werden.

ᛸ Fallbeispiel:

Stelle dir vor, du planst die Feier eines runden Geburtstages. Du hast einerseits die Möglichkeit, deinen Freunden Bescheid zu sagen und sie zu bitten, einfach an einem festgelegten Termin vorbeizukommen. Danach machst du nicht viel. Vielleicht kaufst du noch ein paar Getränke und ein paar Snacks, und mehr nicht. Du lässt einfach alles irgendwie laufen. Wie das Ergebnis aussehen könnte, ist relativ klar: Deine Freunde kommen, alles wirkt ein wenig unvorbereitet und lieblos, die Stimmung ist nicht besonders großartig, einige Gäste sind möglicherweise enttäuscht,

weil alles etwas herzlos wirkt, aber aus Höflichkeit äußert sich niemand dazu. Stattdessen gehen alle zeitig nach Hause und die Verabschiedung fällt etwas unterkühlt und gelangweilt aus.
Die andere Möglichkeit besteht darin, dass es dir sehr wichtig ist, eine wirklich schöne Feier auszurichten. Du wünschst dir, dass es allen Gästen richtig gut geht, eine sehr gute Stimmung aufkommt und die Feier zu einem unvergesslichen Erlebnis wird! Du erklärst diesen Wunsch zu deinem konkreten Ziel und überlegst, wie du das zuverlässig erreichen kannst, und planst nun alles sehr genau. Du machst dir gründlich Gedanken darüber, wie die Feier eigentlich ablaufen soll und was du davon erwartest. Du verfasst, zumindest mental, ein Ablaufskript. Du willst, dass alle gut gelaunt eintreffen und nach Möglichkeit noch besser gelaunt wieder gehen. Dafür ist es nötig, den Gästen etwas zu bieten. Damit ist nicht zwangsläufig etwas Materielles gemeint, sondern vor allem Herzlichkeit und Leidenschaft. Du fragst dich: Wie viele Personen werden kommen? Welche Ess- und Trinkgewohnheiten haben diese Personen? Welche Einkaufsliste leitet sich daraus ab? Wie wird für Unterhaltung gesorgt? Gibt es eine kleine Showeinlage? Wirst du eine witzige Rede halten? Werden gemeinsam Gesellschaftsspiele gespielt? Und vieles mehr. Wenn du dir all diese Fragen beantwortet hast, wird sich daraus eine recht umfangreiche To-do-Liste ergeben, die du dann Stück für Stück abarbeitest.
Während dieses Prozesses geschieht etwas, was du im Alltag kaum wahrnimmst: Dein geistiger Film vom Ablauf der Feier wird in deiner Vorstellung immer klarer. Immer und immer wieder spielst du ihn auf deiner inneren Leinwand ab und untersuchst ihn auf Unzulänglichkeiten. Du gleichst ihn unaufhörlich mit deinem Idealbild ab und versuchst, alles dafür zu tun, dass sich ein nahezu perfekter Ablauf ergibt. Du kannst tatsächlich (fast) alles planen, und je besser der Plan ist, umso wahrscheinlicher ist es, dass alles so geschieht, wie du es dir vorgestellt hast.
Skeptiker mögen einwenden, dass der beste Plan nichts taugt, wenn etwas Unvorhergesehenes passiert und alles durcheinanderwirbelt. Das ist so aber nicht richtig, denn erst ein guter Plan ermöglicht es, dass wir uns

auch auf Unwägbarkeiten einrichten und für den Notfall vorsorgen können.

Von einer einhundertprozentigen Eintrittswahrscheinlichkeit deines erdachten Plans kannst du sicherlich nicht ausgehen, aber die Chance, dass deine geplante Feier so oder so ähnlich verlaufen wird, wie du es dir gedacht hast, wächst beträchtlich.

Wo immer wir in unserer Gesellschaft hinschauen, werden Pläne geschmiedet und Ziele gesetzt. So würden etwa die Geschäftsleitungen moderner Wirtschaftsunternehmen kaum auf die Idee kommen, sich ein neues Marktsegment zu erschließen, ohne dabei *planvoll* vorzugehen. Ganze Stabsabteilungen, in denen hochqualifizierte Spezialisten arbeiten, sind damit beschäftigt, einen sorgfältigen Geschäftsplan zu erarbeiten, eine sehr genaue Zielgruppen- und Marktanalyse inklusive Kundenbefragungen zu betreiben, um schließlich eine Erfolgsprognose für die Erschließung dieses neuen Marktsegmentes abzugeben. Erst wenn diese vielversprechend ausfällt, wird mit der Umsetzung begonnen.

Selbst bei einer solch akribischen Planung ist der Erfolg keinesfalls sicher, aber die Gefahr, dass die Erschließung des neuen Marktsegmentes zu einem Fiasko wird, sinkt enorm. Jedes Bauwerk, egal ob Einfamilienhaus oder Wolkenkratzer, jede Fabrik, jede größere Gartenanlage, alles wird von klugen Köpfen akribisch geplant, bevor mit der Arbeit begonnen wird. Wenn viel auf dem Spiel steht, sollten die einzelnen Spielzüge umso gründlicher durchdacht werden. Heinrich Heine sagte einmal:

„Der Gedanke geht der Tat voraus
wie der Blitz dem Donner."

Damit hatte er wohl Recht. Zunächst kommst du auf einen Gedanken, eine Idee. Erst *danach* beginnst du mit der Umsetzung. Ein Plan ist dabei nichts anderes als die sorgfältige Ordnung dieser Gedanken und damit Teil deiner Strategie. Du bringst deine Gedanken auf diese Weise in eine systematische Reihenfolge. Du machst dir ein inneres Bild von der zukünftigen Situation, welches außen Wirklichkeit werden soll. Jeder Architekt, jeder Ingenieur, jeder Unternehmer tut es. Und du kannst und solltest es mit deinem Projekt „Mein Leben" ebenfalls tun. Ohne dass du dir dessen unbedingt bewusst wärst, hast du mit einem attraktiven Ziel und einem gut durchdachten Plan deinem inneren Schweinehund beträchtlich Wind aus den Segeln genommen und ein Stück weit zu deinem Partner gemacht. Letztendlich ist das wie mit einem echten Hund: Wenn er den Weg bereits kennt, läuft er schwanzwedelnd voraus. Schieberitis hat so kaum eine Chance.

✏ Zusammenfassung:

Während Unternehmer in der freien Wirtschaft, Existenzgründer oder Bauherren sich bewusst Ziele setzen und ihr geplantes Vorhaben durch die Erstellung eines konkreten Ablaufplanes (Geschäfts-, Business- oder Bauplan) absichern, um den Erfolg zu gewährleisten, und damit vielfach erfolgreich sind, greifen die wenigsten Menschen im privaten Bereich auf ein solches planvolles Vorgehen zurück. Eine Strategie ist eine solche langfristige Planung des eigenen Vorgehens. Dieser Plan dient dazu, ein bestimmtes Ziel zu erreichen und gleichzeitig möglichst viele Eventualitäten auf dem Weg dorthin zu berücksichtigen. Dieses Vorgehen hilft dir dabei, in die Rolle des Gestalters für dein eigenes Leben und für dein Glück zu wechseln und so deinen inneren Schweinehund in den Griff zu bekommen.

📖 Übung: Erarbeite einen Ablaufplan für ein Ziel

Ergreife jetzt die Initiative und lege für dein in Kapitel 6 genanntes zukünftiges Ziel einen genauen Ablaufplan fest. Du kannst dich an dieser Stelle auch für ein ehrgeizigeres und weiter in der Zukunft liegendes Ziel entscheiden. Worin bestehen deine nächsten Schritte? Nagel dich selbst fest, jetzt!

✋ Aufgabe:

Notiere die nächsten konkreten Schritte, die du in Bezug auf dein Ziel gehen wirst. Denke daran, deine Aktivitäten regelmäßig zu bilanzieren und die Termine hierfür festzulegen. Du findest sicherlich auch hierfür eine App für dein Smartphone oder deinen Computer, die dich rechtzeitig daran erinnert.

1. _____

2. _____

3. _____

4. _____

5. _____

Wenn du Schwierigkeiten haben solltest, einzelne Zwischenschritte zu realisieren, nutze den Neugier-Erfolgs-Loop, den ich nach dem nächsten Kapitel vorstellen werde.

Kapitel 8: Bereichere dein Leben durch Veränderungen

Sofern du dir kluge und erreichbare Ziele setzen willst, kommst du nicht umhin, hierfür einen gewissen Aufwand zu betreiben und die damit verbundenen Veränderungen zu akzeptieren.
Dieser Aufwand ergibt sich daraus, dass du zuerst dein Wissen darüber erweitern solltest, wie Zielsetzungen genau funktionieren. Zweitens ist es von nun an notwendig, dieses Wissen in deinem Alltag konsequent und regelmäßig anzuwenden, also in die Praxis umzusetzen. Und drittens macht das Erreichen deines Zieles neue Zielsetzungen notwendig.
All diese Punkte zusammengenommen stellen die bevorstehende Veränderung dar. Veränderungen rufen bei vielen Menschen Ängste hervor. Deshalb ist die Versuchung sehr groß, diese Veränderungen zu vermeiden.
Wenn du dir das Ziel setzt, dein Gewicht deutlich zu reduzieren, und dir anschließend das hierfür nötige Wissen aneignest und es auch anwendest, wirst du nach Erreichung deines Zielgewichtes vermutlich feststellen, dass dir viele deiner Kleidungsstücke zu groß geworden sind. Daraus ergeben sich weitere Notwendigkeiten, wie zum Beispiel der Neukauf von Kleidung oder das Umarbeiten vorhandener Kleidungsstücke. Um dein neues Gewicht zu halten, wirst du deine gerade erprobte Ernährung dauerhaft beibehalten und zusätzlich dein Bewegungsverhalten umstellen müssen usw.
Am Anfang einer Zielsetzung fragst du dich unweigerlich, ob es all das wert sein wird. Dass uns die Folgen, die sich aus solchen Zielsetzungen ergeben, abschrecken und dazu verleiten können, alles beim bisherigen Zustand zu belassen, ist gut nachzuvollziehen.
Obwohl du es eigentlich besser wissen müsstest, hoffst du unbewusst, dass dir der ganze Aufwand erspart bleiben könnte. Vielleicht geschieht ja ein Wunder! Aber wer soll dieses dieses Wunder bewirken, wenn nicht du selbst?

Falls du glaubst, durch Vermeidung und Ignoranz Probleme lösen und Veränderungen in deinem Leben aufhalten zu können, unterliegst du einem Trugschluss. Im Gegenteil: Veränderungsprozesse, die du nicht selbst aktiv gestaltest, sondern einfach geschehen lässt, bringen oft noch viel größere Unannehmlichkeiten mit sich als solche, die du durch bewusste Zielsetzungen vorweggenommen hast.

Veränderungen proaktiv zu gestalten wird dir leichter fallen, wenn du verstehst, wie ein Zielsetzungsprozess funktioniert und warum die meisten Menschen Veränderungen eigentlich nicht so sehr mögen. Betrachten wir deshalb zuerst, wie Zielsetzungsprozesse grundsätzlich strukturiert sind.

Ein Zielsetzungsprozess verläuft in vier Stufen. Am Anfang steht die sogenannte Motivanregung. Du benötigst also einen Grund, der dich dazu bewegt, dir ein Ziel zu setzen. Meist entwickelst du aus einem Mangel heraus das Bedürfnis, an der gegenwärtigen Situation etwas zu verändern. Irgendetwas läuft nicht gut und macht dich unzufrieden. Du bist dann innerlich bewegt, also motiviert.

Um diesen Mangel zu beseitigen, setzt du dir ein Ziel. Das ist der zweite Schritt. Nun erklimmst du die dritte Stufe: Du beginnst mit der Handlungsausführung. Du fängst an, etwas dafür zu tun, dass du dein Ziel erreichen kannst. Die vierte Stufe stellt die Zielerreichung, also den Erfolg, dar.

Wenn du zum Beispiel ein altes Auto fährst, auf das du aus beruflichen oder anderen Gründen dringend angewiesen bist, wird dich die Mitteilung deines Werkstattmeisters, dass es dein Auto diesmal *letztmalig* durch den TÜV geschafft hat, aufwecken (Motivanregung). Zwangsläufig wird das dazu führen, dass du darüber nachdenkst, wie du es schaffen könntest, rechtzeitig vor dem nächsten TÜV-Termin dein Fahrzeug zu wechseln.

Dein Ziel besteht nun darin, dir in spätestens zwei Jahren ein brauchbares Ersatzfahrzeug zu beschaffen (Zielsetzung). Wenn du kein Freund von Krediten bist, wird dir nur wenig anderes übrig bleiben, als sofort zu beginnen, Geld dafür anzusparen (Handlungsausführung). Gegebenenfalls müssen andere Ausgaben reduziert oder ursprünglich geplante Anschaffungen zurückgestellt werden.

Wenn es dir gelungen ist, zwei Jahre lang den gewünschten Geldbetrag anzusparen, kannst du dir nun das gewünschte Fahrzeug kaufen (Zielerreichung). Dein Zielsetzungsprozess endet mit einem Erfolg.

Katja Dyckhoff und *Klaus Grochowiak* beschreiben in ihrem Buch *Der Neugier-Erfolgs-Loop* (Junfermann, 2001), dass ein solcher Zielsetzungsprozess mit den Phasen Neugier, Ernüchterung, Ausdauer und Erfolg einhergeht. Wie sie herausgefunden haben, "spezialisieren" sich Menschen im Laufe ihres Lebens auf eine dieser vier Phasen. Sie entwickeln eine "Vorliebe" für eine bestimmte Phase und bleiben immer wieder dort stehen. Das führt dazu, dass Erfolge ausbleiben und Stagnation, oft im Zusammenspiel mit Frustration, eintritt.

Der Neugier-Erfolgs-Loop (NEL) ermöglicht es, Erfolg wieder mit Neugier zu verbinden. So entsteht eine endlose Erfolgsspirale. Mit diesem Loop im Bewusstsein bleibst du in keiner Phase stehen, da du die Gewissheit erfährst, dass die nächste Phase bald beginnen wird. Nach diesem Kapitel findest du die passende Übung dazu.

Betrachten wir nun das Thema Veränderungen und die damit verbundenen Ängste.

Wenn wir uns Ziele setzen, können damit manchmal sehr einschneidende Veränderungen verbunden sein. Oftmals müssen wir liebgewonnene Gewohnheiten aufgeben, Ängste überwinden und Risiken eingehen. Die Idee zum Beispiel, den Job zu wechseln, ist mit der Notwendigkeit verbunden, in dem neuen Arbeitsumfeld neue Fähigkeiten und Fertigkeiten erlernen zu müssen.

Die Probezeit bei deinem neuen Arbeitgeber stellt gleichzeitig ein Risiko für deine zukünftige wirtschaftliche Situation dar.

Da wir diese Ängste und Risiken und all das, was Veränderungen sonst noch so mit sich bringen, naturgemäß nicht mögen, verscheuchen viele Menschen diese Gedanken so schnell wie möglich aus ihrem Kopf und bemerken nicht, wie sehr sie sich dabei selbst betrügen.

Als ich mich mit Ende Dreißig entschlossen habe, eine neue berufliche Richtung einzuschlagen, bedeutete das für mich, fortan eine Reihe nebenberuflicher Weiterbildungen zu besuchen. Damit waren viele Veränderungen und Unbequemlichkeiten im Lebensalltag für meine Familie und mich verbunden, zum Beispiel deutlich weniger gemeinsame Freizeit, zusätzliche Kosten, der permanente Druck, Lerninhalte pauken zu müssen, und insgesamt die Notwendigkeit, mich besser zu organisieren. Doch das klare Ziel vor meinen Augen und die damit verbundene Fokussierung auf meine Werte und die gleichzeitige Beseitigung meiner mich behindernden Glaubenssätze haben mir geholfen, diesen Weg erfolgreich zu gehen, auch wenn es immer wieder schwerfiel.

Die Angst vor Veränderung ist eine unheimliche und machtvolle Kraft. Sie ist die stärkste Verbündete deines inneren Schweinehundes und geht gleichzeitig der Schieberitis voraus.

Um dir die Angst vor Veränderung zu nehmen, möchte ich dir die folgenden Hinweise geben, die deinen Blick auf dieses Thema verändern werden.

Wir akzeptieren Veränderungen oft nur aus der Not heraus. Das ist grundsätzlich nachvollziehbar und menschlich. Wir brauchen uns dafür nicht zu schämen, denn das hat einen natürlichen Hintergrund. Wenn wir in der Evolution zurückschauen und in die Zeit zurückgehen, als der Mensch noch als Nomade, Jäger oder Sammler unterwegs war, wird klar, warum wir Veränderungen nicht wirklich mögen.

Die Menschen hatten einen Unterschlupf, zum Beispiel eine Höhle, gefunden, die dem ganzen Stamm Schutz bot. Im Umfeld hatten sie sich ihre Jagdgründe erschlossen. Hier konnten sie Wild erlegen und fanden die Nahrung, die sie brauchten, damit der ganze Stamm überleben konnte. Sie kannten sich in ihrem Umfeld einigermaßen gut mit den Naturgewalten aus, und sie wussten, welche anderen Stämme in der Nähe ansässig waren, vor denen sie sich in Acht nehmen mussten. Sie hatten sich also irgendwie eingerichtet und an ihre Umgebung *gewöhnt*.
Gewöhnung war auch damals schon einer der Hauptgründe dafür, lieber alles beim alten Zustand zu belassen. Was veranlasste die Menschen nun letztendlich doch noch, weiterzuziehen und sich neue Lebensräume zu erschließen? Warum blieben sie nicht für immer an diesem angestammten Ort? Die Abenteuerlust, wie sie heute oft in vielen romantischen Spielfilmen dargestellt wird und den modernen Menschen in der Wohlstandsgesellschaft immer häufiger heimsucht und ihn veranlasst, waghalsige Risiken einzugehen, war es ganz sicher nicht. Abenteuer hatten die Menschen in dieser Zeit genug zu bestehen, mehr, als ihnen lieb war. Unsere Vorfahren *chillten* nicht mal eben am Lagerfeuer, langweilten sich zu Tode und beschlossen nun, etwas mehr Schwung in ihr Leben zu bringen. Die Gefahren, die mit Veränderungen einhergingen, waren einfach zu groß. Man nahm sie nur auf sich, wenn eine andere Angst, nämlich die vor dem Hungertod oder vor anderen Gefahren, zu groß wurde. Der Stamm, die Sippe, zog nur dann weiter in eine neue, völlig fremde und somit gefährlichere Umgebung, wenn es sich nicht mehr vermeiden ließ. Das war zum Beispiel der Fall, wenn die Jagdgründe erschöpft waren, es also kaum noch etwas zu jagen und zu sammeln gab.
Jede Veränderung, jedes Vordringen in neue Gebiete bedeutete Gefahr für die ganze Sippe. Denn in diesen neuen Umgebungen herrschten andere Umwelt- und Lebensbedingungen. Die Tier- und Pflanzenwelt war anders beschaffen und andere wilde Tiere

und unbekannte feindliche Stämme konnten in der neuen Lebensumgebung ebenfalls unterwegs sein. Jeder Fehler brachte das eigene Leben oder das der ganzen Sippe in Gefahr. Hunderttausende Jahre lang wurde der Mensch von diesem Denken beherrscht. Das Wissen darüber, dass Veränderungen nicht nur Chancen, sondern vor allem auch Gefahren bedeuteten, ist sehr tief in uns verwurzelt. Dieses Wissen wurde von Generation zu Generation weitergegeben.

Die Logik dahinter lautet, dass wir abwägen müssen, worin für uns die besseren Chancen bestehen: in der Beibehaltung des bisherigen Zustandes oder im Suchen einer neuen Situation mit besseren Chancen für unser Überleben und unser Glück? Da das Neue aber eben unbekannt und damit unkalkulierbar ist, versuchten die Menschen in der Vergangenheit, die alten, vertrauten Umstände solange wie möglich beizubehalten. Hinter dieser scheinbaren Bequemlichkeit versteckte sich die nackte Angst vor Gefahr.

Die Menschen, die vorwärtsstürmen und das Bewährte aufgeben wollen, werden heute oft als die Erneuerer und Helden wahrgenommen, während die Bewahrer manchmal als Zauderer oder Angsthasen verschmäht werden. In Wahrheit sind die vorwärtsstürmenden Erneuerer ebenso ängstlich wie die Bewahrer des Alten. Die Angst ist dabei nur anders gelagert.

Dieser Streit, ob das Althergebrachte beibehalten oder neue Wege gegangen werden sollten, tobt aber eben nicht nur in Gruppen, in Teams und Gesellschaften, sondern vor allem und zuallererst in uns selbst.

Mit anderen Worten, du entscheidest fortlaufend, ob du voranschreiten oder in der augenblicklichen Situation verweilen willst. Dein innerer Schweinehund übernimmt dabei die Aufgabe des Bewahrers der alten Umstände. Er verkörpert die Angst vor Veränderung. Er ist die Stimme in dir, die dich davor warnt, voreilige Risiken auf dich zu nehmen, weil Veränderung mit Enttäuschungen und

Gefahren einhergehen kann. Allerdings sind Veränderungen in unserer heutigen Zeit nur noch selten mit lebensbedrohlichen Risiken, sondern vielmehr mit Chancen zur Weiterentwicklung verbunden. So zeigt sich, dass die alte Gewohnheit, Veränderungen zu scheuen und zu vermeiden, nicht mehr so recht in unsere Zeit passt.

Im Gegenteil, wir sind einem ununterbrochenen dynamischen Wandel unserer Umwelt ausgesetzt, an den wir uns mit atemberaubender Geschwindigkeit anpassen müssen. Statt auf alte, archaische Verhaltensweisen zu setzen, sollten wir neue Strategien erproben.

Ein gutes Veränderungsmanagement und das tiefe Verständnis der damit verbundenen psychischen Prozesse werden damit zu wichtigen Fragen vor allem des seelischen, nicht des physischen Überlebens.

Insofern kommst du nicht umhin, selbst zu entscheiden, ob du dich vom Strom der Veränderung einfach nur mitreißen lässt oder bewusst auf den Wellen dieser Veränderung mitreitest, indem du dir klare Ziele setzt und gleichzeitig die Mechanismen deines Seelenlebens besser zu verstehen lernst.

> ✎ **Zusammenfassung:**
>
> *Zielsetzungen verlaufen in vier Stufen. Zunächst kommt es zu einer Motivanregung, die meist aus einem Mangel resultiert. Es folgt die eigentliche Zielsetzung, woran sich die Phase der Handlungsausführung anschließt. Der Prozess endet mit der Zielerreichung oder im negativen Fall mit der Zielvereitelung.*
>
> *Während die Phase der Motivanregung von Neugier begleitet wird, die uns zusätzlich motiviert, kann während der Handlungsausführung auch Ernüchterung einsetzen, da die Zielerreichung plötzlich zu schwierig erscheint. In dieser Phase werden die ursprünglichen Zielsetzungen oft verworfen. Der in der nachfolgenden Übung dargestellte Neugier-*

Erfolgs-Loop vermag es, dir dabei zu helfen, diese Gefahr zu bannen. Wenn wir uns Ziele setzen, warten Veränderungen im Alltag auf uns. Diese Veränderungen sind gelegentlich mit Risiken oder Unbequemlichkeiten verbunden, die unterschiedliche Ängste in uns auslösen können. Da Ängste mit unangenehmen Gemütszuständen einhergehen, versuchen wir instinktiv, die auslösenden Faktoren zu meiden, uns also keine Ziele zu setzen. Allerdings verursacht die daraus resultierende Stagnation manchmal noch viel größere Veränderungsnotwendigkeiten, nur eben zu einem späteren Zeitpunkt, und dann oft mit Auswirkungen, die wir selbst nicht mehr steuern können. Dein innerer Schweinehund repräsentiert dabei deine unbewusste Angst vor Veränderung.

📖 Übung: Nutze den Neugier-Erfolgs-Loop

Bereite fünf Blätter vor, auf denen die Wörter *Neugierde, Ernüchterung, Ausdauer, Erfolg* und *Meta-Position* stehen. Die ersten vier Blätter legst du trapezförmig auf dem Boden im Raum aus. Das Blatt „Meta-Position" wird an den Rand gelegt. Es stellt eine Art Aussichtsplattform dar, von wo aus du gelegentlich auf das Geschehen schauen wirst.

✋ Aufgabe: den Neugier-Erfolgs-Loop anwenden

Denke an das Ziel, das du mit dem NEL bearbeiten möchtest.

1. Stelle dich zuerst auf das Blatt "Neugierde" und denke an eine Situation/Erfahrung, als du sehr neugierig warst. Lege diese Erinnerung sinnbildlich auf dem Blatt ab, sobald du sie intensiv körperlich spürst, indem du mit deinen Armen an deinem Körper nach unten entlangstreifst, als würdest du dir Staub von der Kleidung klopfen.

2. Gehe auf das Blatt "Ernüchterung". Wann hast du etwas Neues in deinem Leben begonnen, warst dann aber bald ernüchtert und hast aufgegeben? „Lege" diese Erinnerung ebenso an diesem Ort ab.

3. Gehe auf das Blatt „Ausdauer". Wann hast du große Ausdauer in deinem Leben bewiesen? „Lege" diese Erinnerung ebenso an diesem Ort ab.

4. Gehe auf das Blatt „Erfolg". Erinnere dich an ein Projekt, das du erfolgreich zu Ende geführt hast. Erlebe es intensiv und „lege" diese Erinnerung ebenso an diesem Ort ab.

5. Gehe auf das Blatt „Meta-Position" und betrachte von hier aus deine vier Blätter. Fällt dir noch etwas auf, was du intensivieren willst? Dann tue das.

6. Formuliere nun das neue Ziel/Projekt und imaginiere es intensiv. Gehe nun auf das Blatt "Neugier". Betrachte das neue Ziel/Projekt neugierig.
7. Gehe nun auf das Blatt "Ernüchterung" und spüre die Ernüchterung, die neue Projekte manchmal mit sich bringen. Stelle dir vor, wie es dir gelingt, dich aufzuraffen, in die Hände zu spucken und weiterzumachen.
8. Gehe nun auf das Blatt "Ausdauer" und spüre, wie es ist, an deinem neuen Ziel ausdauernd dranzubleiben.
9. Gehe nun auf das Blatt „Erfolg" und spüre, wie es ist, erfolgreich zu sein. Erlebe dein erreichtes Ziel mit allen Sinnen. Visualisiere, höre und spüre den Erfolg.
10. Nun noch zwei weitere Male den Kreislauf positiv durchlaufen und an jeder Position kurz verweilen und wirken lassen.
11. Überprüfe von der Meta-Position aus, ob es einen Anteil in dir gibt, der irgendetwas einzuwenden hat. Falls ja, gehe noch einmal auf das entsprechende Blatt und wiederhole den Vorgang.
12. Nimm dir vor, zukünftig immer mit dem NEL zu arbeiten, sobald du dir wichtige Ziele gesetzt hast. Frage dich abschließend, was in Zukunft für dich bei solchen Prozessen besser laufen wird, als es früher der Fall war.

III.

Beherzter Aufbruch

„Jede Reise, jede Wanderschaft ist ein Aufbruch zu neuen Ufern, ein Sprengen der Ketten, die uns an den Felsen des Alltäglichen und Gewohnten schmieden."

Carl Peter Fröhling

Kapitel 9: Finde ein Ziel, das zu dir passt

In Seminaren, in denen es um das Thema Ziele geht, werde ich manchmal gefragt, was man tun könne, wenn man keine Ziele habe und einem auch keine geeigneten Ziele einfallen würden.

Die Antwort auf diese Frage leitet sich aus der Tatsache ab, dass Menschen, die glauben, für sie gäbe es keine geeigneten Ziele in ihrem Leben, die zufriedensten und glücklichsten Menschen überhaupt sein müssten. Denn aus allen Umständen, die dich unzufrieden oder sogar unglücklich machen, kannst du auch passende Ziele ableiten.

Du brauchst dich, um Ziele zu finden, also nur zu fragen: Was in meinem Leben läuft nicht optimal? Womit bin ich unzufrieden? Bin ich mit meiner Arbeit rundherum einverstanden? Füllt sie mich vollständig aus? Werde ich dafür angemessen bezahlt? Gefällt mir das Arbeitsklima? Bin ich mit meiner Wohnsituation und der Lage meiner Wohnung wunschlos glücklich? Wird mir diese Wohnsituation auch in Zukunft noch gefallen? Bin ich körperlich fit und ist meine Gesundheit in Ordnung? Habe ich einen interessanten und anregenden Freundeskreis mit Menschen, von denen ich gerne umgeben bin? Habe ich das Gefühl, meine Freizeit auf eine Weise zu verbringen, die mir Kraft spendet und mich zufrieden macht? Befinde ich mich in einer Beziehung, die mich glücklich macht und es wert ist, noch lange fortgeführt zu werden?

Diese Liste von Fragen könnte unendlich weiter fortgeführt werden. Wann immer du eine Frage mit „Nein" beantwortest, lassen sich daraus attraktive Ziele entwickeln.

Auch aus früheren Kindheitsträumen oder Dingen, die du schon immer einmal erleben wolltest, lassen sich motivierende Ziele kreieren. Interessante und herausfordernde Ziele zu finden, ist die leichteste Aufgabe von allen, vorausgesetzt, dass du die damit verbundene Veränderungs- und Risikobereitschaft mitbringst, um zukünftig zielorientiert durch dein Leben zu schreiten.

Eine zusätzliche Hilfe auf der Suche nach geeigneten Zielen besteht darin, dass du dich fragst, was du tun könntest, um deine momentane Lebenssituation, zum Beispiel in den Bereichen Beruf oder Partnerschaft, zu verschlechtern, um hinterher das genaue Gegenteil davon zu tun. Mit dieser „Verschlechterungstechnik" übertreibst du gewissermaßen die Konsequenzen vermiedener Veränderungen und unterlassener Zielsetzungen, um die möglichen Folgen sichtbar zu machen und daraus eine Veränderungsmotivation zu entwickeln (siehe Übung nach diesem Kapitel).

✏ Zusammenfassung:

Wenn es dir schwerfallen sollte, reizvolle Ziele zu finden, frage dich einfach, was in deinem Leben nicht optimal läuft. Mit welchen Umständen oder wiederkehrenden Situationen bist du unzufrieden? Was nervt oder stresst dich? Was möchtest du nicht mehr erleben? Überlege dir nun, was das genaue Gegenteil davon wäre. Hier „wohnt" dein neues Ziel!

📖 Übung: Stelle deine Probleme auf den Kopf

Wie oben besprochen, gibt es in jedem Leben etwas, was nicht so gut läuft. Daraus lassen sich sehr einfach herausfordernde Ziele ableiten.

✋ Aufgabe:
Geeignete Ziele für die eigene Weiterentwicklung finden

Nenne drei Themen, mit denen du in deinem Leben **nicht** zufrieden bist. Überlege nun, was du in diesen Bereichen tun müsstest, um eine **Verschlimmerung** der Situation zu erreichen. Mit dieser Maßnahme wird dir schnell klar, was eigentlich schiefläuft.
Suche nun zu diesen Punkten die jeweilige **Umkehrung**. Was wäre das genaue Gegenteil dieser Verschlimmerung? Notiere anschließend zu jedem Thema eine geeignete Gegenmaßnahme, um eine Verbesserung zu erreichen. Überlege anschließend, welches konkrete Ziel sich daraus ableiten lässt.

✍ Beispiel:

- **Situation:** Unzufriedenheit im Job durch häufige Konflikte mit dem Chef.
- **Verschlimmerung:** Konfrontationen mit dem Chef suchen und ihn provozieren.
- **Konsequenz:** Streit eskaliert, Abmahnung folgt.
- **Umkehrung:** Das eigene Kommunikationsverhalten und den Umgang mit anderen verbessern, zum Beispiel durch die Teilnahme an einem Coaching.
- **Folge:** Verbessertes Kommunikationsverhalten und somit zunehmend gelungene Kommunikation mit dem Chef.
- **Weitere Folge:** Verbesserung der Stimmung am Arbeitsplatz und mehr Zufriedenheit im Job.

Was genau läuft nicht besonders gut in meinem Leben?

    1. _____

    2. _____

    3. _____

Verschlimmerung: Welche Maßnahmen würden zur Eskalation beitragen?

    1. _____

    2. _____

    3. _____

Umkehrung: Welche Maßnahmen wären das genaue Gegenteil der obigen Verschlimmerungen?

    1. _____

    2. _____

    3. _____

Welche konkreten Maßnahmen und Ziele lassen sich daraus ableiten?

    1. _____

    2. _____

    3. _____

Beginne jetzt mit der Umsetzung zunächst **eines** Ziels.

Kapitel 10: Wechsele bewusst die Perspektive

Wir alle haben in unserem Leben eine Fülle von Erfolgserlebnissen gesammelt. Jeder erfolgreiche Lernprozess, jede erworbene Fertigkeit, jede Aus- oder Weiterbildung mit der damit verbundenen Abschlussprüfung oder jedes andere ehrgeizige Vorhaben, das du in die Tat umgesetzt hast, verkörpert ein erreichtes Ziel, also eine positive Lernerfahrung.

Aus meiner praktischen Arbeit mit meinen Klienten weiß ich, dass viele Menschen ihre einst erreichten Ziele nicht oder nur wenig wertschätzen, weil sie diese oftmals als zu unbedeutend bewerten. Dabei spielt es auf der Gefühlsebene nur eine untergeordnete Rolle, ob du dich daran erinnerst, wie es war, als du dir zum ersten Mal alleine die Schuhe zugebunden hast, dich schwimmend aus eigener Kraft über der Wasseroberfläche halten konntest, beim Fahrradfahren plötzlich das Gleichgewicht zu halten vermochtest oder ob du einen Berufsabschluss erworben oder deine erste eigene Wohnung eingerichtet und bezogen hast. Das damit verbundene Gefühl war stets überwältigend und mit intensiver Freude verbunden. Solche großartigen Erfahrungen hat jeder von uns gemacht, und sie gehen uns auch nicht mehr verloren. Sie finden dauerhaft einen Platz in unserer Erinnerung und in unserem Herzen.

Allerdings erinnerst du dich viel zu selten an diese positiven Erlebnisse. Der Mensch neigt dazu, Misserfolge und negative Erfahrungen stärker zu fokussieren als Erfolge. Die Evolution hat das aus gutem Grunde so eingerichtet, denn so bist du besser in der Lage, Gefahren frühzeitig zu erkennen. Das hilft dir, dein Überleben zu sichern. Dahinter versteckt sich wieder ein einfacher Angstmechanismus, der dich vor allem schützen soll. Allerdings wird er in unserer modernen Welt von den Medien, den Unternehmen und ihren Werbestrategen und von vielen politischen Demagogen sehr oft missbräuchlich genutzt, um deine Aufmerksamkeit zu gewinnen. So sollst du zu Handlungen in deren Sinne bewegt werden. Damit fokussierst du unbewusst alles viel stärker, was schiefläuft oder in der Vergangenheit schiefgelaufen ist, statt dich an deine Erfolge und Glücksmomente zu erinnern. So kann für dich der Eindruck entstanden sein, dass du in deinem Leben nur selten oder niemals erfolgreich warst.

Um in diese Falle nicht hineinzugeraten, ist es sinnvoll und notwendig, dass du die positiven Auswirkungen eines erreichten Ziels kennst und dich *absichtlich* an deine früheren Erfolge und die damit verbundenen Gefühlszustände erinnerst.

Zunächst empfindest du nach dem Erreichen ehrgeiziger Ziele ein *Belohnungsgefühl*. Du sagst dann, dass du dich freust, diese Prüfung oder dieses Ziel erreicht zu haben. Gleichzeitig erfolgt ein *zufriedener Rückblick* auf die zurückgelegte Wegstrecke mit ihren Höhen und Tiefen. Schließlich stellt sich das *Gefühl der Sättigung* ein.

Wenn der neue Fernseher, den du unbedingt haben wolltest, endlich gekauft wurde, kannst du davon ausgehen, dass er eine Weile halten wird, und kannst somit deine Aufmerksamkeit auf andere Ziele und Wünsche richten. Letztendlich siehst du dich in deinen *Ansichten und Strategien bestätigt*. Du hast das Gefühl, dass du o. k. bist, dass du in der Lage bist, etwas *auf die Beine* zu stellen. Du bemerkst, dass dein Modell der Welt und die damit verbundenen Strategien funktionieren.

Diese vier mit dem Erreichen eines Ziels verbundenen *Nebenwirkungen*, also das Belohnungsgefühl, der zufriedene Rückblick, das Gefühl der Sättigung und die Bestätigung deiner Ansichten und Strategien, sind für dein psychisches Wohlbefinden von enormer Bedeutung. Sie stärken dein Selbstwertgefühl und sind gleichzeitig der Motor, der dich zu neuen Zielsetzungen treibt. Du *brauchst* diese Stärkungen – nach Möglichkeit regelmäßig. Das ist der Honig für deine Seele!

Zusammengefasst sind das deine *Ressourcen*, deine inneren Schätze, also positive Lernerfahrungen, die es dir ermöglichen, weitere, noch ehrgeizigere Ziele zu erreichen. Vielleicht hast du in deinem Leben mal irgendetwas gesammelt, bestimmte Münzen, Figuren, Hefte, Bücher oder etwas anderes. Auch hier hat es dich jedes Mal gestärkt und motiviert, weiterzumachen und nach neuen Sammlerstücken Ausschau zu halten. Und immer, wenn du dir deine Sammlung angeschaut hast, hat es dich ein Stück weit befriedigt oder sogar glücklich gemacht. Millionen von Menschen in Deutschland und viele mehr auf der ganzen Welt sammeln irgendetwas genau aus diesem Grund.

Auch du bist ein solcher Sammler. Denn du hast bereits unglaublich viele Ziele in deinem Leben erreicht und Erfolge generiert und mit entsprechenden positiven Gefühlen verknüpft! Bitte lasse dir niemals etwas anderes einreden! Du erinnerst dich aber viel zu selten daran. Vielleicht auch deshalb, weil dir gar nicht klar ist, dass es sich dabei um einst erreichte Ziele und entsprechende Erfolge handelte.

Du warst ganz sicher schon tausende Male in deinem Leben erfolgreich! Irgendwann konntest du zum Beispiel erstmalig in deinem Leben alleine eine Gürtelschnalle verschließen, dir selbst die Zähne putzen, selbstständig mit dem Bus zur Schule fahren, alleine den Fernseher anschalten, mit der Schere etwas ausschneiden und vieles, vieles mehr. Und du warst jedes Mal sehr stolz auf dich! Mit Recht! Du bist ein echter Erfolgstyp!

Heute glaubst du vielleicht, dass das lapidar und wenig beachtenswert wäre, aber das ist falsch. Denn jedes Mal nach solchen positiven Erfahrungen wurde dein Körper mit Glückshormonen überschüttet, die dir vermittelt haben, dass erreichte Ziele und die damit verbundenen Erfolgserlebnisse etwas Großartiges sind. Diese körperlichen Glückserfahrungen sind dein Startkapital für deine zukünftigen Erfolge!

Wenn dir der Zugang zu diesen früheren positiven Erfahrungen fehlen sollte und du deshalb glaubst, etwas *nicht* zu können, brauchst du keinesfalls aufzugeben, denn es gibt eine raffinierte

Möglichkeit, so zu tun, *als ob* du diese Fähigkeit doch besitzen würdest. Du arbeitest dann gewissermaßen in einer anderen mentalen Dimension und rufst damit deine unbewussten Erinnerungen wach.

Deine inneren, festgefahrenen Überzeugungen lassen dich gerne in die Falle gehen, die Welt *eindimensional*, also nur aus deiner eigenen Sicht, zu betrachten und deshalb schnell etwas abzulehnen oder für unmöglich zu halten, was eigentlich doch möglich wäre. Niemand ist davor wirklich sicher. Wir alle, auch Menschen in wichtigen Entscheidungspositionen, geraten manchmal in dieses Fahrwasser. Hier ein Beispiel aus der Wirtschaft:

↪ Fallbeispiel:

Im amerikanischen Unternehmen Western Union war man sich im Jahre 1876 sehr sicher, dass es für die schnelle Kommunikation nichts Besseres gäbe als den Telegrafen. Er hatte seine Alltagstauglichkeit bereits vielfach unter Beweis gestellt. Die Erfindung eines gewissen Alexander Graham Bell namens „Telefon" soll angeblich von den Verantwortlichen mit den Worten kommentiert worden sein: „Die Erfindung hat so viele Mängel, dass es nicht wirklich als Kommunikationsmittel taugen kann. Das Ding hat für uns keinen Wert."

Weil Bell vom Nutzen seiner Erfindung überzeugt war und sein Ziel darin bestand, sie den Menschen zugänglich zu machen, gründete er nun aus Trotz und Not sein eigenes Unternehmen, die Bell Telephone Company. Vielleicht ahnst du es schon: Bell zeigte es den Entscheidern von Western Union. Denn sein Unternehmen entwickelte sich prächtig. Es ist heute unter dem Namen AT&T bekannt und gehört zu den größten Telekommunikationskonzernen der Welt!

Die weltweite Wirtschaftsgeschichte ist gespickt mit solchen grandiosen Irrtümern und Fehleinschätzungen. Wie kommt es dazu? Das Problem dahinter ist die oft *eindimensionale Sicht der Dinge*. Du betrachtest ein Thema, einen Menschen oder ein Problem nur aus einer einzigen Perspektive, die vor allem von deinen persönlichen Erfahrungen und Überzeugungen geprägt ist und nicht von denen deines Gegenübers. Du verharrst auf deinem eigenen Standpunkt, statt bewusst auch die Perspektive des oder der anderen einzunehmen, um das Thema aus dessen oder deren Sicht zu betrachten. So *verallgemeinerst* du dein persönliches Urteil und *glaubst*, dass alle anderen ebenso denken müssten wie du. Wenn du jetzt noch weitere Personen findest, die ebenfalls deiner Meinung sind, ist das endgültige Urteil schnell gefällt. Von dieser Überzeugung bist du nun kaum noch abzubringen. Andere sind schließlich auch deiner Meinung, also *kann* sie nicht falsch sein. Damit besteht aber die Gefahr, dass du problematische oder sogar schwerwiegende Fehlentscheidungen triffst, auch was deine persönlichen Ziele und die Notwendigkeit von Veränderungsprozessen betrifft.

Diesem unbewussten Mechanismus kannst du mit der einfachen Technik des bewussten Perspektivenwechsels entgegenwirken und damit deine früheren Erfolgserlebnisse aktivieren. Hierbei handelt es sich um die sogenannte „Als-ob-Technik". Mit der Als-ob-Technik hast du die Möglichkeit, ein Thema oder ein Problem aus einer anderen Dimension oder aus einer anderen Perspektive zu betrachten und dir damit Zugang zu deinen inneren Ressourcen zu verschaffen.

Im systemischen Coaching[*] arbeitet man sehr oft mit den unterschiedlichen Variationen eines *virtuellen* Perspektivenwechsels. Es geht darum, so zu tun *als ob*: *als ob* du eine positive Erfahrung gemacht oder ein *Wunder* erlebt hättest, *als ob* du eine Lösung für

---

[*] *In der systemischen Beratung, im systemischen Coaching und in der systemischen Therapie wird der Mensch ganzheitlich betrachtet. Es werden seine biologischen Eigenschaften, seine individuellen Prägungen und seine soziale Situation in ihrer Gesamtheit berücksichtigt. Dabei wird dieses Gesamtsystem durch gezielte Interventionen zu seinen Gunsten verändert. Kennzeichnend ist, dass eine lösungs- und zielfokussierte, überwiegend durch Fragen geprägte Vorgehensweise im Mittelpunkt steht. So wird der jeweilige Gesprächspartner in die Lage versetzt, seine eigenen Lösungen hervorzubringen, ohne dass er in eine bestimmte Richtung gelenkt wird.*

ein Problem gefunden hast oder *als ob* du etwas kannst, was du mutmaßlich nicht kannst. Dieser Perspektivenwechsel hilft dir dabei, die Pfade deines gewohnten Denkens zu verlassen.

Als Kind konntest du sehr gut so tun, *als ob* du Cowboy oder Indianer, Räuber oder Gendarm, Prinzessin oder die böse Hexe wärst, *als ob* du fliegen könntest, *als ob* du groß und stark wärst. Und es fühlte sich auch ein bisschen echt an! Was du als Kind konntest, kannst du auch heute noch.

Wenn du so tust *als ob*, kommen von irgendwoher die passenden Referenzerinnerungen und geeignete Lösungsansätze, ohne dass du in der Lage wärst zu sagen, woher diese willkürlichen Erinnerungen jeweils genau stammen könnten.

Das Interessante an dieser Technik ist, dass du deine gewohnten Denkstrukturen verlässt, also die Perspektive wechselst und auf einer anderen Ebene etwas *halluzinierst*, was sich aber sehr echt anfühlt und dir tatsächlich zu anderen und oft besseren Lösungen verhilft. Solche systemischen Herangehensweisen sind überaus wirksam[*] und gerade in Veränderungsprozessen sehr nützlich. Der historische Urheber dieser Technik war der antike griechische Mathematiker *Pappos*, der folgende Methode entwickelt hat:

- Betrachte das Problem als gelöst.
- Suche den Lösungsweg durch Rückwärtsschreiten.
- Beweise durch Vorwärtsschreiten, dass dieser Weg zur Lösung führt.

Aus diesem Denkansatz ist die sogenannte Heuristik hervorgegangen, die heute eine ganz selbstverständliche Lösungsstrategie

---

[*] *In Deutschland hat der Gemeinsame Bundesausschuss (G-BA) am 22.11.2018 entschieden, dass das psychotherapeutische Verfahren „Systemische Therapie bei Erwachsenen" wirksam ist und damit zur Behandlung gesetzlich Versicherter im Rahmen von Psychotherapie zugelassen werden kann (Quelle: https://www.g-ba.de/downloads/39-261-3588/2018-11-22_PT-RL_Nutzen-Systemische-Therapie.pdf; Dat. d. Zugr.: 10.08.2019).*

in der Wirtschaft, der Mathematik oder der Psychologie ist. Als Heuristik oder heuristisches Vorgehen bezeichnet man in der Psychologie eine einfache Denkstrategie für effizientere Urteile und Problemlösungen, die oft schneller, aber manchmal auch fehleranfälliger als zum Beispiel ein Algorithmus ist. Wenn du also im ersten Augenblick der Meinung sein solltest, dass es dir an Erfolgserlebnissen und positiven Referenzerfahrungen mangeln würde, die du zur Erreichung eines Ziels benötigst, dann halte einen Moment inne und frage dich: „Stimmt das wirklich? Habe ich tatsächlich noch nie ein vergleichbares Ziel erreicht?" Tue nun so, *als ob* du schon verschiedene positive Erfahrungen bezüglich deiner Zielerreichung gemacht hättest. Auch Erinnerungen an kleinste Erfolge, die vielleicht schon sehr weit zurückliegen, sind zweckdienlich. Vielleicht erinnerst du dich daran, wie es war, als du im Schwimmunterricht das Schwimmabzeichen erworben oder dir im Kindergarten zum ersten Mal alleine die Schuhe zugebunden hast?

Wenn du auf diese Weise eine Verbindung zu deinen früheren Erfolgen hergestellt und mögliche Denkblockaden aufgelöst hast, tun sich nun auch im Hinblick auf dein aktuelles Ziel neue Wege und Möglichkeiten auf. Gleichzeitig verändert sich dein Körpergefühl, denn wenn du mental von einer Problem- in eine (früher erlebte) Lösungssituation wechselst, erinnert sich auch dein Körper an diese Erfahrung. So verändern sich deine Körperhaltung, deine Atmung, deine Mimik und deine Gestik zum Positiven. Im selben Moment startet in deinem Körper ein komplexer biochemischer Prozess, der abermals zur Ausschüttung von Hormonen führt, die dich aktivieren und vorwärtsstürmen lassen.

✏ **Zusammenfassung:**

Erreichte Ziele haben eine wichtige Funktion: Sie verschaffen dir ein Belohnungsgefühl und geben dir die Möglichkeit, zufrieden auf die zurückgelegte Wegstrecke zurückzublicken. Sie geben dir die Gewissheit, dass deine Strategien und Ansichten, also dein Modell der Welt, in Ordnung sind, und sie verschaffen dir ein Gefühl der Sättigung, was vor allem für deine Erholungszyklen von Bedeutung ist. Wenn du dir keine Ziele setzt, beraubst du dich der Chance, diesen Rhythmus von Anspannung und Lösung und die damit verbundenen Belohnungen regelmäßig zu erleben.

Mit der Als-ob-Technik und mit der Wunderfrage hast du die Möglichkeit, eine eindimensionale Sicht der Dinge zu vermeiden und gezielt die Perspektive zu wechseln, um vorhandene Ressourcen bewusst einzusetzen.

📖 **Übung: Aktiviere deine Ressourcen**

Die Als-ob-Technik lässt sich in fast jedem Zusammenhang anwenden, auch um Ressourcen zu aktivieren.

✋ **Aufgabe:** Tauche in die nachfolgenden Rollen ein. Nimm dir die Zeit zu spüren, wie sich dein Körpergefühl verändert. Tue gedanklich für jeweils 60 Sekunden so, *als ob* ...

... du ein erfolgreicher Unternehmer wärst.
... du eine unglaublich überzeugende Persönlichkeit wärst.
... du ein Sportler wärst, der eine Goldmedaille gewonnen hat.
... du eine bedeutende öffentliche Person wärst.
... du (gerne auch völlig grundlos) sehr glücklich wärst.

Spürst du die Veränderung? Wenn du mit dieser Technik in kniffligen Situationen arbeitest, wirst du in Bezug auf ungelöste Probleme schneller Lösungen finden!

In Kapitel 20, wenn es um mentale Imaginationstechniken geht, wird dir diese Technik in modifizierter Form wiederbegegnen.

📖 **Übung: Wende die Wunderfrage an**

Die Wunderfrage von *Steve de Shazer* ist eine Abwandlung der Als-ob-Technik. Sie ist ein probates Instrument, um deine Vorstellungskraft zu stärken und dir ein Bild davon zu machen, was du dir *eigentlich* wünschst. Steve de Shazer war ein amerikanischer Psychologe. Er hat die sogenannte ressourcenorientierte Kurzzeittherapie entwickelt. Damit war er überaus erfolgreich. Die Frage, die de Shazer seinen Klienten stellte, lautete wie folgt:

„Wenn über Nacht ein Wunder geschehen würde und Sie es nicht wüssten, dass dieses Wunder geschehen ist, und mit diesem Wunder Ihr Wunsch in Erfüllung gegangen wäre und Sie Ihr Ziel erreicht hätten, woran würden Sie am nächsten Morgen als Erstes erkennen, dass das Wunder geschehen ist?"

Auch dir wird die Wunderfrage helfen, dir Zugang zu deinen verschütteten positiven Erfahrungen zu verschaffen, dir über deine wahren Wünsche klar zu werden und so zwangsläufig lösungsorientiert zu denken.

✋ **Aufgabe: Mit der Wunderfrage arbeiten**

Betrachte eines der drei Themen, das du bereits mithilfe der Verschlimmerungstechnik in Kapitel 9 bearbeitet hast, um Ziele zu finden, oder finde ein ganz anderes Thema. Überlege dir, was sich verändern würde, wenn sich *wie durch ein Wunder* eines dieser Probleme in Luft aufgelöst hätte. Irgendjemand hat dir dieses Problem einfach gestohlen! Liste nun auf, woran du erkennen könntest, dass du dieses Problem nicht mehr hast. Achte dabei auf deine körperlichen Empfindungen. In vielen Fällen wirst du sofort eine Veränderung spüren. Ein Beispiel soll das Vorgehen verdeutlichen:

Ausgangsproblem: Ich habe ein schlechtes Verhältnis zu meinem Bruder. Das belastet mich emotional und vergiftet die Stimmung bei jedem Familientreffen. Mein Ziel ist es, diese Situation so schnell wie möglich deutlich zu verbessern.

- **Wunderfrage:** Woran würde ich erkennen, dass ein Wunder geschehen ist und ich mich mit ihm wieder gut verstehe?
- **Mögliche Antwort:** Wir würden nicht mehr über jede Kleinigkeit streiten. Es würde mir dann emotional besser gehen.
- **Mögliche Erkenntnis:** Der Streit ist die Ursache für diese Situation und die Folge von fehlender Wertschätzung und Rechthaberei.

- **Mein verändertes Verhalten:** Ich akzeptiere *bewusst*, dass mein Bruder in manchen Bereichen die Dinge anders sieht als ich, und erinnere mich daran, dass er immer mein bester Freund war.
- **Mögliche Aktion:** Ich suche das Gespräch und erkläre ihm, dass ich ihn schätze und mir wünsche, dass wir uns wieder besser verstehen.

Mein Beispiel - Ausgangsproblem:

_____

_____

_____

Wunderfrage:

_____

_____

_____

Mögliche Antwort:

_____

_____

_____

Erkenntnis:

_____

_____

_____

Mein verändertes Verhalten:

_____

_____

_____

Mögliche Aktion:

_____

_____

_____

Kapitel 11: Lerne aus deinen Misserfolgen

Sicherlich hast du in deinem Leben schon einmal ein Ziel nicht erreicht. Vielleicht ist es dir nicht gelungen, in einer bestimmten beruflichen Situation befördert zu werden oder einen sportlichen Wettbewerb zu gewinnen. Diese Erfahrung ist fast immer mit einem gewissen Schmerz und einer Desillusionierung verbunden. Deshalb kann es sein, dass du nun unbewusst vermeidest, eine solche Situation noch einmal zu erleben. Das ist ein ganz normaler Reflex, mit dem du versuchst, dich vor einer erneuten Enttäuschung zu schützen.

Desillusionierung aufgrund zu hoher Erwartungen an sich selbst und nicht erreichte Ziele sind unter anderem Kernsymptome des Burnout-Syndroms. Mit anderen Worten, solche Erfahrungen können schwerwiegende seelische Konsequenzen haben. Aufgegebene Zielsetzungen können dazu führen, dass du aufhörst, dir Ziele zu setzen. Das passiert ganz unbewusst. Du beschließt nicht etwa: „So, das hat jetzt nicht geklappt. Jetzt setze ich mir keine Ziele mehr!" Wenn das so wäre, würdest du es ja bemerken und könntest gegenlenken. Nein, es passiert schleichend und unbewusst, wie oben erwähnt, durch Vermeidung.

Bei manchen Seminarteilnehmern erlebe ich das oft im Zusammenhang mit Prüfungsangst. Sie erkundigen sich vor der Anmeldung für ein Seminar bei mir, ob am Ende der Ausbildung eine Prüfung abgelegt werden müsste. Wenn ich dann frage, warum das wichtig für sie ist, antworten sie, dass sie in diesem Fall nicht an dem Seminar teilnehmen würden, weil sie Angst vor der Prüfung hätten.

Da ich schon oft mit Menschen, die Prüfungsangst hatten, im Einzelsetting zusammengearbeitet habe, weiß ich, dass sie häufig in ihrer Vergangenheit mindestens eine schwierige Prüfungssituation durchlebt haben. Irgendetwas Peinliches ist passiert oder sie haben die Prüfung schlichtweg verhauen, was dann vielleicht unange-

nehme Konsequenzen hatte. Entsprechend vermeiden sie zukünftige Prüfungssituationen, ohne zu bemerken, dass sie sich damit einschränken und ihre Persönlichkeitsentwicklung blockieren. Das ist eine durchaus nachvollziehbare Form des Selbstschutzes. Vermeidung ist ein seltsames Phänomen. Unser innerer Schweinehund betritt wieder einmal die Bühne und macht seinen Beschützerinstinkt geltend: „Wusste ich doch, dass das nichts wird. Lass es beim nächsten Mal lieber gleich sein. Mach' lieber weiter wie bisher, oder etwas anderes. Aber nicht das noch mal! Das wird wieder schiefgehen!"
Wir alle haben irgendwann in unserem Leben ein Ziel nicht erreicht. So wie erreichte Ziele und erlebte Erfolge ein Geschenk sind, positive Emotionen erzeugen und zu einem inneren Schatz werden, empfindest du nach nicht erreichten Zielen und Misserfolgen, die umgangssprachlich oft als „zerplatzte Träume" bezeichnet werden, einen inneren Schmerz, der dich dazu veranlasst oder veranlassen könnte, Ziele *dieser* Art nicht mehr erreichen zu *wollen*.
Gerade darin besteht der Fehler! Erfolgreiche Menschen haben in ihrem Leben ebenso viele Niederlagen erlitten wie diejenigen, die weniger erfolgreich sind. Aber eines unterscheidet sie voneinander. Die erfolgreichen Menschen haben sich nicht unterkriegen lassen und sind in ihrem Leben einmal öfter aufgestanden, als sie gefallen sind.
So stand zum Beispiel der IT-Unternehmer Frank Thelen, auch bekannt als Juror aus der Fernsehsendung „Die Höhle der Löwen", nach einer missglückten Unternehmensgründung und nach dem Platzen der Spekulationsblase an den Wertpapierbörsen, der sogenannten Dotcom-Blase, Anfang der 2000er-Jahre nur knapp vor einer Privatinsolvenz und mit einer Million D-Mark Schulden bei den Banken in der Kreide. In einem Interview sagte er später, dass er aus dieser Erfahrung gelernt habe, vorsich-

tiger zu sein. Obwohl er heute zu den erfolgreichsten Unternehmern und Investoren Deutschlands gehört, habe er noch immer Sorge, pleitegehen zu können.

Dennoch hat er damals nicht aufgegeben, sondern bald ein neues Unternehmen gegründet, mit dem er letztendlich sehr erfolgreich wurde. Auch solche Beispiele gibt es in der Wirtschaftsgeschichte unzählige.

Die Selbstreflexion nach einer erlittenen Niederlage, die Analyse der erlebten Stolpersteine und die Umsetzung der entsprechenden Schlussfolgerungen sind das beste Gegenmittel, um nicht in die Zielvermeidungsfalle zu laufen und stattdessen weiter in der Rolle des Gestalters unterwegs zu sein.

✎ Zusammenfassung:

Sobald du dir Ziele setzt, besteht immer auch die Gefahr, dass irgendetwas schiefläuft. Eine normale, aber problematische Reaktion ist die Vermeidung ähnlicher Situationen in der Zukunft. Damit will dich dein innerer Schweinehund vor weiteren Enttäuschungen schützen. Wenn du diesem Impuls folgst, schränkst du dich ein und behinderst deine weitere Persönlichkeitsentwicklung. Stattdessen kannst du die Situation der erlebten Niederlage reflektieren und daraus für zukünftige Situationen lernen. Das kannst du mithilfe der folgenden Übung ausprobieren.

📖 Übung: Reflektiere nicht erreichte Ziele

Aktiviere den konstruktiven Trotzkopf in dir! Konfrontiere dich mit deinen erlebten Niederlagen und frage dich, was du daraus gelernt hast. Finde heraus, was sich im Hinblick auf zukünftige Ziele besser machen lässt.

Erinnere dich an einen Misserfolg in deinem Leben, zum Beispiel an eine nicht geschaffte Prüfung oder an eine finanzielle Fehlinvestition.

✋ Aufgabe: Misserfolg erinnern

Notiere hier die Erfahrung, die du als Misserfolg erlebt hast:

_____

Notiere jetzt die Gründe, wie es also aus heutiger Sicht dazu kam. Welche Fehler hast du gemacht?

1. _____

2. _____

3. _____

4. _____

5. _____

Überlege nun, welche Fähigkeiten oder Ressourcen oder welche Unterstützung du gebraucht hättest, um diesen Misserfolg **nicht** erleben zu müssen:

1. _____

2. _____

3. _____

4. _____

5. _____

Notiere abschließend, wie du das Thema mit diesen Ressourcen und deinem heutigen Wissen angehen würdest:

1. _____

2. _____

3. _____

4. _____

5. _____

Kapitel 12: Überprüfe deine Erwartungen

Wir verwenden das Wort „Erwartung" in unserem Alltag recht häufig und ganz selbstverständlich. „Ich erwarte dich morgen um die und die Uhrzeit." „Ich erwarte von dir, dass du dieses oder jenes respektierst." „Ich habe erwartet, dass ich das schaffen würde."

Dass sich hinter diesem Wort ein komplexer psychologischer Prozess verbergen könnte, hast du sicherlich nicht erwartet. Der Wortstamm des Wortes „Erwartung" beinhaltet, dass wir im wahrsten Sinne auf etwas warten. Damit meine ich nicht die alltäglichen Wartezeiten im Supermarkt oder beim Arzt, sondern die tiefen inneren Prozesse, die den Verlauf deines Lebens betreffen. Denn du erwartest sowohl von anderen als auch von dir selbst meist sehr viel. Aber formulierst du für dich auch ganz konkret, was du genau erwartest, wenn du ein Ziel erreicht hast, also zum Beispiel dein Studium erfolgreich abgeschlossen, eine eigene Wohnung bezogen oder eine Familie gegründet hast?

Wenn Paare im Streit auseinandergehen, wird besonders deutlich, dass uns Erwartungen selten bewusst sind. Sie werfen sich dann oft verschiedene Anschuldigungen an den Kopf und sagen zum Beispiel einander: „Ich hatte erwartet, dass du aufmerksamer/fürsorglicher/zärtlicher usw. bist." Das heißt, erst wenn es zu spät ist, wenn die Beziehung zu Bruch geht, machen sich die Partner bewusst, worin ihre Wünsche und genauen Vorstellungen vom anderen bestanden, und offenbaren erst dann, was sie *eigentlich* voneinander *erwartet*, was sie sich vom anderen gewünscht haben. Oft ist es dann für eine Neuauflage der Beziehung zu spät.

Aber warum machen wir uns nicht *vorher* klar, was wir von anderen genau erwarten? Es wäre doch nur fair und sinnvoll, gleich zu Beginn zu klären, worauf wir warten, wie sich der andere verhalten

sollte, was er *liefern* sollte, damit die eigenen Erwartungen erfüllt werden. Und warum sind wir auch uns selbst gegenüber so nachlässig und klären nicht im Vorfeld, was wir uns von einer geplanten Zielerreichung, zum Beispiel vom nächsten geplanten Karriereschritt, vom Wohnen in den eigenen vier Wänden oder vom Besuch einer bestimmten Weiterbildung erhoffen?
Das hat zwei einfache Ursachen: Erstens wissen die wenigsten Menschen, wie wichtig dieses Thema für die eigene Orientierung ist und welche langfristigen Auswirkungen damit verbunden sind. Und zweitens ist es mit Arbeit verbunden. Es stellt schließlich einen gewissen Aufwand dar, planvoll vorzugehen und sich die eigenen Erwartungen und die der anderen zu vergegenwärtigen. Daher ist es verlockend bequem, einfach in den Tag hinein zu leben und operativ zu entscheiden, was als Nächstes zu tun ist. Doch diese Bequemlichkeit rächt sich, sobald wir enttäuscht feststellen müssen, dass die erhofften positiven Nebenwirkungen einer Zielerreichung ausbleiben.
Ein Blick in die Geschäftswelt zeigt, dass Kaufleute kluge Menschen sind, denn sie klären ihre gegenseitigen Erwartungen mithilfe schriftlicher Verträge. Dort ist genau geregelt, was die jeweiligen Vertragsparteien voneinander zu erwarten haben und wie sie handeln dürfen und werden, wenn einzelne Vertragsbestandteile nicht eingehalten werden.
Du kannst dir das Wissen der Kaufleute, die untereinander Verträge schließen, zunutze machen. Denn sie tun nichts anderes, als im Vorfeld zu klären, welche unterschiedlichen Situationen eintreten können, und entwickeln hierfür Lösungsszenarien. Sie überlassen möglichst wenig dem Zufall. Gut ausgehandelte und präzise formulierte Verträge führen nur selten zum Streitfall. Ein Vertrag kommt zustande, wenn zwei Parteien eine übereinstimmende Willenserklärung abgeben.
Auch deine Persönlichkeit besteht aus unterschiedlichen inneren

Anteilen, die jeweils unterschiedliche Wünsche und Vorstellungen haben können. Jede Zielsetzung ist im Grunde nichts anderes als ein Vertragsabschluss zwischen diesen verschiedenen Anteilen, der tatsächlich auch schriftlich fixiert werden kann und sollte.

Um zu klären, worauf du bei einer Zielsetzung und dem damit verbundenen *Vertragsabschluss* mit dir selbst achten solltest, damit es nicht zum *Streitfall Schieberitis* kommt, ist es wichtig zu wissen, dass hier gleich mehrere Kategorien von *Erwartungen* von Bedeutung sind. Diese Erwartungen beziehen sich auf:

- das Niveau des Ziels (ist das Ziel für mich erreichbar?);
- auf den Aufwand, um das Ziel zu erreichen (welche Anstrengungen muss ich in Kauf nehmen und welche Opfer werde ich bringen müssen?);
- auf die Erfolgschancen und die mit der Zielsetzung verbundenen Risiken (werde ich in der Lage sein, das Ziel zu erreichen? Was passiert, wenn ich versage?) und
- auf die emotionalen Konsequenzen (was werde ich empfinden, wenn ich es geschafft habe?).

Interessanterweise überprüfst du diese Erwartungen ganz automatisch und tatsächlich *immer*, wenn du dich für ein Ziel entscheidest, nur eben auf einer unbewussten, nicht ohne Weiteres zugänglichen Ebene.

Das wird dir aber meist erst klar, wenn etwas nicht funktioniert hat. Rückblickend bemerkst du, dass sich Denkfehler eingeschlichen haben. Du sagst hinterher: „So habe ich mir das aber nicht gedacht!" „Das wollte ich so nicht!" „Das habe ich mir anders vorgestellt!" Dann bist du enttäuscht, entweder von anderen oder von dir selbst. Du wirst also einer (Selbst-)*Täuschung gewahr*.

Nun spätestens erkennst du, dass du bereits zu Beginn deiner Zielsetzung konkrete Erwartungen und Vorstellungen mit deinem Ziel verbunden, sie dir aber nicht bewusst gemacht hast. Doch für Kurskorrekturen ist es nun zu spät. Getäuscht haben dich jedoch nicht die anderen, sondern du selbst warst es. Du hast einfach unzureichend darüber nachgedacht, was du dir genau vom Erreichen deines Ziels erhoffst. Und nun, da du das Ergebnis erhalten hast, stellst du fest, dass dieses Ergebnis nicht deinen Vorstellungen entspricht.

Vor allem mit unseren langfristigen Zielplanungen gehen wir oft irrational und fahrlässig um. Bei kurzfristigen Zielen, im Alltag also, handeln wir oft klüger, aber auch eher zufällig und intuitiv. Hier wird klar, wie bedeutend es ist, dass du dir bei wichtigen Zielen und Projekten, die dein ganzes Leben betreffen, zum Beispiel bei deiner Berufswahl oder bei einer Unternehmensgründung, sehr genau überlegst, was du damit erreichen willst, was du also erwartest. Hierfür ist die S.M.A.R.T.-Fragetechnik nach diesem Kapitel ausgezeichnet geeignet.

Wenn es dir schwerfällt, das in Eigenregie zu tun, könnte es sinnvoll sein, dich von einem Profi unterstützen zu lassen. Geübte Berufsberater, ausgebildete Coaches oder Unternehmensberater helfen dir, zu den oben genannten Kategorien deine eigenen Antworten zu finden, um einen guten und brauchbaren *Vertrag* mit dir selbst auszuhandeln. Natürlich kannst du auch vieles im Selbststudium erarbeiten. Dafür sind dieses Buch und die aufgeführten Übungen ja da. Noch wirksamer ist es jedoch, wenn du zusätzlich ein Coaching buchst.

Wie du feststellst, geht es immer wieder um das Thema Bewusstheit. Aber auch das Wissen über deine innerpsychischen Vorgänge spielt eine wichtige Rolle. Tatsächlich sind Wissen und Bewusstheit die wichtigsten Schlüssel, um Schieberitis in den Griff zu bekommen und die eigenen Ziele zu erreichen.

✏ **Zusammenfassung:**

Wann immer du dir ein Ziel setzt, verbindest du mit dessen Erreichen bestimmte Erwartungen. Diese Erwartungen beziehen sich auf das Niveau des Ziels, auf den Aufwand, um das Ziel erreichen zu können, auf die Erfolgschancen und auf die emotionalen Konsequenzen. Allerdings vergegenwärtigst du dir diese Erwartungen nur selten bewusst. Das kann dazu führen, dass du möglicherweise enttäuscht bist von dem, was du dann tatsächlich bekommst. Deshalb spielen Bewusstheit und das Aushandeln klarer Verträge mit dir selbst bei der Bewältigung von Schieberitis eine wichtige Rolle.

📖 Übung: Arbeite mit Prioritätenlisten

Um in Bezug auf ein bestimmtes Ziel lösungsorientiert und zielgerichtet vorzugehen, empfehle ich dir, dass du zuerst eine Prioritätenliste (To-do-Liste) anfertigst.

✋ Aufgabe:

Trage alle anfallenden Aufgaben, die mit deinem selbstgesetzten Ziel in Zusammenhang stehen, willkürlich zusammen und liste sie auf. Danach bringst du diese Aufgaben in eine chronologische Reihenfolge und überlegst dir, welche Zwischenschritte in den folgenden Tagen und Wochen erfolgen sollten.
Sinnvollerweise erstellst du dir für jeden Tag bereits am Vorabend eine eigene To-do-Liste. Übe dabei mit der S.M.A.R.T.-Fragetechnik herauszufinden, welche konkreten Erwartungen du mit der Erledigung jeder einzelnen Aufgabe verbindest. Die so gewonnene Klarheit gibt dir innere Ruhe und Sicherheit und verbessert zusätzlich deine Schlafqualität.
Notiere dahinter den kalkulierten Zeitaufwand. Du schätzt ein, wie lange du für jede Aufgabe benötigen wirst, und schreibst das Ergebnis in Dezimalschreibweise in Klammern dahinter. Wenn du vermutest, dass du für eine Aufgabe 45 Minuten benötigen wirst, schreibst du (0,75) hinter die Aufgabe. Kalkuliere den Zeitaufwand für alle Aufgaben etwas großzügiger. Das verschafft dir Raum für Unvorhergesehenes. Außerdem bereitet es später Freude, Aufgaben abzuhaken, die in deutlich kürzerer Zeit erledigt werden konnten, weil alles unkompliziert verlaufen ist. Diese Zeitkalkulation verschafft dir eine Vorstellung über die Dimension der vor dir liegenden Aufgaben.

Meine To-Do-Liste in Bezug auf mein Ziel:

1. _____

2. _____

3. _____

4. _____

5. _____

Für den weiteren Verlauf empfiehlt der amerikanische Bestseller-Autor *Stephen R. Covey*, zwischen wichtigen und weniger wichtigen Zielen zu unterscheiden. In seinem Buch „Die sieben Wege zur Effektivität (The Seven Habits of Highly Effective People)" beschreibt er eine aus vier Quadranten bestehende Zeitmanagement-Matrix, nach denen du deine Tagesaufgaben unterscheiden kannst. Diese Aufteilung ist sehr hilfreich und erhöht deine Effektivität auf dem Weg zu deinen Zielen. Die Grundidee soll vom ehemaligen US-Präsidenten *Dwight D. Eisenhower* stammen. Diese Matrix besteht aus den folgenden vier Quadranten:

Quadrant I **dringend und wichtig** *Terminprojekte* *Dringende Probleme* *Krisen* *Fristen*	Quadrant II **nicht dringend, aber wichtig** *Langfristige Planungen* *Erholung* *PR und Marketing* *Werteklärung* *Vorbereitungen*
Quadrant III **nicht wichtig, aber dringend** *Viele Anrufe und Berichte* *Manche Post* *Unterbrechungen* *Beliebte Aktivitäten*	Quadrant IV **nicht wichtig, nicht dringend** *„Schein"-Aktivitäten* *Einige E-Mails und Anrufe* *Zeitverschwender*

Abbildung: Zeitmanagementmatrix nach Stephen R. Covey

Weitere Erläuterungen zu dieser Übung:

Covey schlägt eine Aufteilung der anstehenden Aktivitäten in Bezug auf eine Zielsetzung nach diesen vier Quadranten vor. Die wichtigen, aber nicht dringenden Aufgaben sind die, die dich in deiner Entwicklung oft maßgeblich weiterbringen. Hier arbeitest du also *am* System selbst, statt *im* System. Diese Aufgaben solltest du besonders stark fokussieren.

Natürlich gibt es auch Aufgaben, die sowohl wichtig als auch dringend sind. Diese *müssen* zuerst erledigt werden. Zum Beispiel gehören Krisen oder Notfälle zu solchen wichtigen und dringenden Aufgaben, da sie meist keinen Aufschub dulden.

Die Aufgaben, die weniger wichtig, aber dringend sind, solltest du nach Möglichkeit delegieren, zum Beispiel an Dienstleister, Mitarbeiter oder Personen, die bereit sind, dich in deiner Entwicklung zu unterstützen. Manchmal kommen Eltern, Großeltern, Freunde oder Geschwister hierfür in Betracht.

Die Aufgaben, die weder dringend noch wichtig sind, dürften mögliche Zeitfresser sein. Sie lenken dich ab und sollten deshalb in deinem Aufgabenplan nur selten vorkommen. Wenn es allerdings Dinge sind, die dir in irgendeiner Form Spaß oder Freude bereiten, solltest du sie ebenfalls würdigen und in deinen Alltag einbinden. Immerhin scheinen sie ja eine Rolle in deinen Überlegungen zu spielen. Das könnten zum Beispiel bestimmte Hobbys sein.

Diese vier Quadranten werden regelmäßig, am besten am Vorabend des nächsten Tages, mit Aufgaben gefüllt und nach ihrer Erledigung gestrichen. An jedem Abend wird wieder eine neue Matrix für den nächsten Tag vorbereitet. Das kann entweder auf einem Blatt Papier oder mithilfe eines Computerprogramms erfolgen. Vielleicht erstellst du dir auch eine eigene Vorlage.

Für die mentale Überprüfung wichtiger Etappenziele arbeite bitte zusätzlich mit der S.M.A.R.T.-Technik weiter, deren Erläuterung du nach der folgenden Aufgabe findest.

✋ **Aufgabe: Arbeite mit der Zeitmanagement-Matrix**

Nutze die nachfolgende Vorlage für die Erstellung deiner eigenen Zeitmanagement-Matrix und organisiere so täglich, wöchentlich und monatlich deine Aufgaben. Fertige dir eine Kopiervorlage an, die du immer wieder verwenden kannst. Fokussiere dich auf deine Ziele und auf deine Stärken. Versuche, Aufgaben, die nicht deinen Stärken entsprechen, zu delegieren.

Quadrant I dringend und wichtig	Quadrant II nicht dringend, aber wichtig
_____	_____
_____	_____
_____	_____
_____	_____

Quadrant III nicht wichtig, aber dringend	Quadrant IV nicht wichtig, nicht dringend
_____	_____
_____	_____
_____	_____
_____	_____

Abbildung: Vorlage Zeitmanagementmatrix nach Stephen R. Covey

Hinweis: Ich empfehle dir, deine regelmäßige(n) Zielplanung(en) mit dem Führen eines Erfolgsjournals zu verbinden. Eine sehr sorgfältig und ausführlich gestaltete Variante ist das DRANBLEIBEN Erfolgsjournal von *Matthias Hechler* (*www.dranbleiben-erfolgs-journal.de*). Viele Themen des systemischen Coachings, wie sie auch in diesem Buch eine Rolle spielen (Ziele, Werte, Glaubenssätze u.v.m.), werden hier aufgegriffen und in deine tägliche Planungsarbeit eingebunden.

📖 **Übung: Setze dir S.M.A.R.T.E. Ziele**

Ordne deine Aufgaben täglich *und* für die nächsten Monate nach dem oben genannten Modell. Greife nun aus dieser Auflistung *ein* für dich wichtiges und dringendes Ziel heraus.

✋ **Aufgabe: Notiere hier, wie dein Ziel lautet ...**

Nun geht es darum, dieses oben notierte Ziel in deinen Gedanken lebendig werden zu lassen und auf bestimmte Kriterien hin zu überprüfen.

Erläuterung vorab:

Die folgende Technik aus dem systemischen Coaching hilft dir, deine konkreten Erwartungen bezüglich eines Ziels zu überprüfen und dabei strukturiert vorzugehen. Du solltest jedes Ziel, insbesondere mittel- und langfristige Ziele, auf diese Weise überprüfen, bevor du mit deren Umsetzung beginnst.

Die Überprüfung der mit dem Ziel verbundenen Wertvorstellungen und (noch) unbewussten Erwartungen und die gleichzeitige intensive Vorstellung (Imagination) des demnächst erreichten Ziels lassen diese Übung zu einem hilfreichen Instrument auf dem Weg zu deiner *inneren Selbstbestimmung* werden.

▶ **S.M.A.R.T.E. steht dabei als Akronym für:**

Spezifisch	S
Messbar	M
Aktionsorientiert/Attraktiv	A
Realistisch	R
Terminiert	T
Einwand	E

Die Idee besteht darin, alle Bereiche menschlicher Verhaltens-, Denk- und Handlungsweisen in Einklang zu bringen, um das Erreichen des Ziels wahrscheinlicher zu machen. Die einzelnen Ebenen haben folgende Bedeutung.

Beispielhafte Ausgangssituation:
Ich möchte 10 kg abnehmen.

▶ Spezifisch

Ein Ziel sollte spezifisch, also konkret, eindeutig und präzise formuliert werden. Ein Ziel unterscheidet sich gerade dadurch von einem vagen Wunsch. Das Ziel sollte sinnesspezifisch mit allen Wahrnehmungskanälen (*visuell = sehen, auditiv = hören, kinästhetisch = fühlen*) wahrgenommen werden. Stelle dir vor, du würdest dein Ziel anprobieren wie ein Kostüm oder einen Anzug. Du stehst also geistig vor einem Spiegel und prüfst, ob das Ziel wirklich gut zu dir passt, ob du dir das Ziel als erreicht vorstellen und damit *sehen, hören, fühlen, schmecken* und *riechen* kannst und ob es ein Wohlgefühl in dir auslöst.

Beispiel: *Ich sehe mich in meinem alten Sommerkleid im Spiegel und höre, wie Anna zu mir sagt: „Du siehst toll aus!" Ich fühle mich großartig dabei, rieche die frische Sommerluft und schmecke Erdbeeren in meinem Mund.*

▶ Messbar

Um das Erreichen eines Ziels prüfen zu können, muss es auch messbar sein. Bei quantitativen Zielen ist das recht einfach. Schwerer fällt es vielleicht bei qualitativen Zielen. Formuliere am besten ein Erfolgskriterium, das du später zweifelsfrei überprüfen kannst. Frage dich: „Woran genau kann ich messen, dass ich das Ziel erreicht habe?"

Beispiel: *Ich werde 10 kg abgenommen haben.*

▶ **Aktionsorientiert, attraktiv**

Du solltest dein Ziel positiv und aktionsorientiert formulieren. Im Idealfall spürst du bei dem Gedanken daran ein warmes Bauchgefühl oder ein Kribbeln am ganzen Körper, also eine gewisse Vorfreude auf das Erreichen des Ziels, auch auf körperlicher Ebene. Ein Ziel, das dir innerlich widerstrebt und nicht deinen Wertvorstellungen und deinen inneren Antreibern entspricht, wirst du wahrscheinlich nur mit viel Mühe und Disziplin oder gar nicht erreichen.

Beispiel: *Ich werde meine Ernährung so umstellen, dass ich täglich 30 Prozent weniger Kalorien zu mir nehme.*

▶ **Realistisch**

Dein Ziel sollte im jeweiligen Kontext ruhig anspruchsvoll und ehrgeizig gewählt sein. Anspruchsvolle Ziele fordern dich. Je größer dein Ziel ist, umso kleiner erscheinen dir die Herausforderungen, die auf dem Weg zur Zielerreichung auftauchen könnten. Allerdings ist wichtig, dass du es deiner Einschätzung nach für machbar hältst, dieses Ziel zu erreichen.

Außerdem sollte dein Ziel von dir selbst umsetzbar sein. Du erinnerst dich an das bereits erwähnte Beispiel, bei dem du erst deine Freundin Anna davon überzeugen musstest, mit dir ins Kino zu gehen. Solche Ziele sind schwierig zu erreichen, weil sie von anderen abhängig sind und somit außerhalb deines Einflussbereiches liegen.

Ein anderes Beispiel: *„Markus muss mir erst mein Buch zurückgeben, bevor ich mich auf die Klausur vorbereiten kann."* Wenn Markus das Buch nicht zurückgibt, kannst du das Ziel nicht erreichen!

Beispiel: Frage: *In welchem Zeitraum kann ich realistisch 10 kg abnehmen?* Antwort: *In vier Monaten, bis zu meinem Sommerurlaub, kann ich es schaffen.*

▶ **Terminiert**

Zu jedem Ziel gehört ein eindeutiger Termin, bis zu dem du es erreichen willst. Wenn dein Ziel nicht klar terminiert ist, besteht die Gefahr, dass dein innerer Schweinehund auf den Plan tritt und somit deine Schieberitis Oberhand gewinnt. So wie bei einem Bauprojekt der Fertigstellungstermin ein wesentlicher Vertragsbestandteil ist, ist auch der Termin für eine Zielerreichung ein wichtiges Merkmal eines echten Ziels, da damit die notwendige innere Selbstverpflichtung einhergeht.
Beispiel: *Bis zum Sommerurlaub habe ich 10 kg abgenommen.*

▶ **Einwand**

Das „E" hat ursprünglich nicht zu dieser systemischen Fragetechnik dazu gehört und wird deshalb nicht von allen Anwendern benutzt. Ich halte es aber für sehr hilfreich, weil sich manchmal unbewusste Einwände bei Zielsetzungen ergeben. Hier solltest du prüfen, ob es in dir einen Anteil gibt, der Bedenken gegen das gesetzte Ziel hegt. Es könnte sein, dass dieser Anteil in dir mit dem erwünschten Ziel nicht (ganz) einverstanden ist und deine Bestrebungen, dieses Ziel zu erreichen, boykottieren würde. Dieser Anteil wird durch deinen inneren Schweinehund repräsentiert, der dann die Schieberitis-Keule heraus holt. Wenn du dir vornimmst, 10 kg abzunehmen, könnte dein innerer Schweinehund *die Meinung vertreten*, dass sein Anspruch auf Freude und Genuss nicht hinreichend berücksichtigt wird. Wenn du während des Überprüfungsprozesses einen solchen Impuls in dir verspürst, solltest du ihn bewusst würdigen und diesem Anteil etwas anbieten, was ihn beruhigt, beispielsweise eine tägliche, kalorienreduzierte Süßspeise einzunehmen.

Beispiel: *Welche Widerstände könnten mir auf meinem Weg zum Ziel begegnen? Ich könnte Heißhunger bekommen. Deshalb plane ich* von Anfang an täglich eine kalorienreduzierte Süßspeise in meinen Ernährungsplan mit ein.

✋ **Aufgabe:**

Notiere nun hier noch einmal dein Ziel, nachdem du es eventuell überarbeitet hast. Formuliere dein Ziel positiv (ohne Negationen wie „nicht" oder „kein/e") und in der vollendeten Zukunft. So sendest du deinem Unterbewusstsein die Information, dass du es bereits erreicht hast, was dich zusätzlich unterstützt.

෴ *Beispiel: Ich werde bis zum Beginn meines Sommerurlaubs 10 kg abgenommen haben und mich großartig fühlen.*

Mein Ziel:

_____

Stelle dir eine Situation vor, die für dich darstellt, dass das Ziel erreicht wurde. Zum Beispiel könntest du imaginieren, wie du mit deiner Freundin Anna im roten Sommerkleid in einen Club gehst und dich dabei toll fühlst. Wichtig ist, dass diese Situation symbolisiert, dass du es geschafft (vollendet) hast.

Zum ersten Punkt „Spezifisch" hier noch eine genaue Beschreibung:

Lies noch einmal deine Notizen und begib dich in eine entspannte Körperhaltung. Schließe die Augen, atme ruhig und gleichmäßig und fange an, mental die obige Situation zu entwerfen, die symbolisiert, dass du dein Ziel erreicht hast. Achte darauf, dass du eine Situation entwirfst, die du dir auch tatsächlich so wünschst. Wenn du dich beispielsweise als Leistungssportler auf einen Wettkampf vorbereitest, wäre es nicht sinnvoll, dir vorzustellen, wie du nach einem harten Training abends todmüde ins Bett fällst.

Stattdessen stelle dich bitte an die Ziellinie und beobachte (mental), wie du dich selbst von außen dabei betrachtest (dazu sagt man *dissoziiert*), wie du durch die Ziellinie läufst, die Arme hochreißt und jubelst und von deinen Freunden herzlich umarmt und beglückwünscht wirst. Dann schlüpfst du in dich selbst hinein und siehst alles durch deine eigenen Augen (dazu sagt man *assoziiert*). Wechsele zwischen diesen beiden Perspektiven einige Male hin und her. Je vollständiger der mentale Film ist, der in dir abläuft, umso wahrscheinlicher ist es, dass du diese Situation so oder so ähnlich erleben wirst. Stelle dir diese (Film-)Sequenz in den kommenden Tagen und Wochen immer und immer wieder vor. Wenn du deinen Erfolgsfilm zu diesem Thema *drehst*, fällt es dir vermutlich anfangs noch etwas schwer, dich auf die Situation einzulassen. Schließlich musst du ja wie ein Grafikdesigner (... hast du schon einmal mit einem Bildbearbeitungsprogramm gearbeitet?) erst einmal das ganze Bildmaterial aus den einzelnen Unterordnern zusammenstellen. Das ist eine recht aufwendige Geistesleistung! Bleibe dran! Auch wenn sich Ängste und Unsicherheiten in deine Vorstellungen mischen. Das ist ganz normal und auch gut so. Unser kritischer Persönlichkeitsanteil will dich davor warnen, dass du leichtfertig Gefahren eingehst und dich vielleicht blamieren könntest.

Würdige diese Angst als Geschenk mit einem Dank und einem Lächeln und entlasse sie anschließend wieder in die Freiheit. Wenn du dabei Probleme haben solltest, gib dieser Angst eine Form oder mache eine Figur oder eine Person daraus, setze diese Figur in einen Bus und lasse sie bildlich davonfahren.

Wenn die Figur, die die Angst verkörpert, sich hartnäckig in den Vordergrund drängt, setze sie mental in eine Rakete und schieße sie zum Mond. Du kannst auch gedanklich mit einer Laserkanone darauf schießen und dazu ein lustiges Lied pfeifen.

Diese Tricks hören sich vielleicht lustig an, aber sie funktionieren. So simpel tickt der Mensch. Solltest du dir das nicht vorstellen können, bedenke bitte, dass alle Trickfilmfiguren zuvor nur der Gedanke im Kopf eines Zeichners oder Grafikdesigners waren.

Wenn der *Filmdreh* geglückt ist, ist diese *Datei* von nun an jederzeit verfügbar. Zum Speichern brauchst du nicht einmal auf „Datei sichern" zu klicken. Die *Software* in deinem Kopf speichert alles ohne dein Zutun vollautomatisch.

Du wirst bald feststellen, wenn du alles genau so befolgt hast, dass sich das *Programm* und die damit verbundene Datei/Filmsequenz ab jetzt *schneller öffnen* lässt als zu Beginn und damit auf deiner inneren Leinwand immer deutlicher sichtbar wird!

Gehe nun alle weiteren Punkte von „M" wie „Messbar" bis „E" wie „Einwand" durch und führe sie, wie beschrieben, aus. Prüfe dabei, ob du auch auf der Bauchebene mit deinem Imaginations- und Planungsprozess bezüglich deines konkreten Ziels zufrieden bist, und fertige einige Notizen dazu an.

Meine Notizen dazu:

S _____

(Sinnesspezifisch: Beschreibe, was du siehst, hörst und fühlst.)

M _____

(Messbar: Woran lässt sich messen, dass du dein Ziel erreicht hast?)

A _____

(Attraktiv: Spüre, wie großartig es ist, dieses Ziel erreicht zu haben.)

R _____

(Realistisch: Überprüfe die Machbarkeit deines Vorhabens.)

T _____

(Termin: Finde einen realistischen Termin, also z.B. Ostern dieses Jahres.)

E _____

(Einwand: Befrage deinen inneren Kritiker und prüfe, ob er mit dem Plan einverstanden ist.)

Kapitel 13: Aktiviere deine positiven Erfahrungen

Wann immer du eine Veränderung oder ein Ziel anstrebst, kannst du dich fragen: „Wann habe ich in einem ähnlichen Zusammenhang bereits eine positive Erfahrung gemacht?" Sobald dir eine entsprechende Erinnerung zur Verfügung steht, kannst du sie mit allen Sinnen erinnern. Damit aktivierst du deinen damaligen körperlichen Zustand zum Zeitpunkt der Zielerreichung und holst ihn gewissermaßen in die Gegenwart „zurück". Sofort steht dir das ganze Potenzial dieser positiven Erfahrung zur Verfügung.
Der Hintergrund hierfür ist schnell erklärt. Alle deine persönlichen Erlebnisse und Erfahrungen hast du nicht nur als Sachinformation, also als eine Art *Datensatz*, in deinem Gehirn gespeichert. Wir Menschen erleben und agieren auch auf der körperlichen Ebene. Entsprechend verfügen wir zusätzlich über eine Art Körpergedächtnis. Somit ist nicht nur dein Gehirn, sondern dein ganzer Körper ein riesiger Speicherort für Informationen.
Damit die *Maschine Mensch* fehlerfrei funktioniert, müssen *alle* Erlebnisse und Erfahrungen *gleichzeitig* sowohl geistig als auch körperlich erfasst und verarbeitet werden. Wir verbinden demnach *jede* Information zum Zeitpunkt ihrer Aufnahme mit einer Körpererfahrung. Egal, ob es sich um positive oder negative Erfahrungen handelte, alles, was du jemals erlebt, erfahren und wahrgenommen hast, wurde von dir sowohl mental als auch körperlich gespeichert und archiviert.
Wenn du beispielsweise als Kleinkind den ersten Hund in deinem Leben gesehen und gestreichelt hast und gleichzeitig schien dir die Sonne ins Gesicht und deine Mutter strich dir dabei zärtlich durch dein Haar, wirst du, wann immer du einen ähnlichen Hund siehst, sehr schnell ähnliche Gefühle wie damals verspüren. Du hast also die verschiedenen Sachinformationen auf der Denkebene aufgenommen, zum Beispiel wie der Hund aussah

und wie er sich verhielt. Du hast aber auch das Fell des Hundes, die zärtliche Berührung deiner Mutter und die Harmonie der Situation *gespürt* und dir *körperlich* auf der Fühlebene eingeprägt.

Wissenschaftler gehen heute davon aus, dass nichts, wirklich nichts, was wir je gesehen, gehört, geschmeckt, gerochen oder gefühlt haben, verloren geht, also vergessen wird. Nichts, wirklich nichts!

Natürlich stehen dir all diese Erinnerungen nicht ohne Weiteres bewusst zur Verfügung, da mit diesen enormen Datenmengen dein Geist und dein Erleben völlig überfordert wären. Also werden diese Datenmengen, die du täglich sammelst und gesammelt hast, in eine Art *Archiv* auf die unbewusste Ebene verschoben. Das passiert vor allem, wenn du schläfst.

Wie diese *Aufräumprogramme* in dir funktionieren, kannst du erahnen, wenn du sehr lebendig geträumt hast. Du wunderst dich vielleicht manchmal, auf welche verrückte Weise dein Geist reale Erlebnisse mit unbewussten Fantasien verknüpft. Über Nacht laufen die *Aufräumarbeiten*. Alles wird an seinen Platz geräumt, und am nächsten Tag ist der *Arbeitsspeicher* wieder frei und kann neue aktuelle Informationen verarbeiten. Auf das archivierte Wissen greift dein Bewusstsein dann nur noch im Bedarfsfall oder eher zufällig zurück.

Vielleicht kennst du das: Du läufst an einem schönen Frühlingsmorgen durch die Straßen, und plötzlich, ohne dass du es bemerkt hast, sind deine Gedanken in eine andere Welt, zum Beispiel in deine Kindheit, abgedriftet. Du siehst dich selbst auf deiner inneren Leinwand auf einem Spielplatz eine Rutsche hinunterrutschen oder im Sand buddeln. Oder du läufst an einem warmen Sommerabend durch einen Park und denkst plötzlich an deine erste Jugendliebe, mit der du vor vielen Jahren ebenfalls im Sommer Hand in Hand durch einen Park geschlendert bist. In vielen Fällen sind spezifische Gerüche oder andere Sinneswahrnehmungen, die wir mit emotionalen bedeutsamen Erlebnissen verbinden, der Auslöser dafür.

Wenn dich bei deinem Spaziergang durch den Park die Erinnerung an diese erste Jugendliebe einholt, sind sofort auch alle körperlichen (kinästhetischen) Erinnerungen verfügbar. Du spürst das Kribbeln im Bauch und die Berührungen dieser anderen Person. Du erinnerst dich an ihren Geschmack beim ersten Kuss und die damit verbundene Erregung. Du hörst die Stimme und weißt sofort, wie erwartungsvoll und gierig du alle diese Eindrücke in dich aufgesogen und gespannt der Zukunft entgegengeblickt hast. Während du diese Zeilen liest, hast du dich vermutlich sofort an deine eigenen Erfahrungen in deiner Jugend erinnert.

Warum ist das so wichtig? Mit genau diesen geistigen und körperlichen Erinnerungen kannst du im Hinblick auf das Erreichen von Zielen aktiv und sehr wirksam arbeiten. Denn wenn es dir gelingt, dich an vergangene, positive Erfahrungen bezüglich erreichter Ziele *lebendig* zu erinnern, stehen dir sofort der geistige und körperliche *Speicherort* zur Verfügung. Wenn du diese Erinnerung nun auf eine zukünftige Situation *überträgst*, entsteht eine Art Verknüpfung, ähnlich eines Icons auf dem Desktop deines Computers. Das ist tatsächlich ein sinnvoller Vergleich.

Sobald du auf das vordergründige Icon klickst, wird eine Verbindung zu dem auf der Festplatte befindlichen Programm hergestellt und der Prozess in Gang gebracht. Das zukünftige Ziel stellt das Icon dar. Du klickst mental darauf und im Hintergrund wird die Verbindung zu dem bereits erlebten Veränderungserfolg oder erreichten Ziel hergestellt. Nun weiß dein Unterbewusstsein, was zu tun ist. Es braucht nämlich nur das zu wiederholen, was schon einmal funktioniert hat. Das kann jedoch nur geschehen, wenn du diese Verknüpfung zuvor *eingerichtet* hast.

Dabei hat sich herausgestellt, dass es noch wirksamer ist, wenn du dich nicht nur an *eine* Verknüpfung, also an eine positive Referenzsituation, erinnerst, sondern an *mehrere*, also mindestens noch an zwei weitere.

Die dritte Erinnerung zu finden, dauert meist am längsten. Sie ist deshalb die wertvollste. Sind diese drei Verknüpfungen aus der Vergangenheit zu deinem neuen Ziel erstellt worden, hat dein Unterbewusstsein diese Erinnerungen nun als eine Art Schablone zur Verfügung. Was du jetzt tun solltest, ist, abwechselnd an die vergangenen Erfahrungen und dann an das zukünftige Ziel zu denken, es dir also *als bereits erreicht* vorzustellen.

Nehmen wir an, du würdest versuchen, irgendein Bild abzumalen. Du schaust immer wieder auf das Original und dann zurück auf die entstehende Kopie (das Ziel) und überträgst Stück für Stück mit jedem Pinselstrich die einzelnen Details auf das neue Bild. In deinen Erinnerungen sind das die feinsten Unterscheidungen in deinen Sinneswahrnehmungen, die sogenannten Submodalitäten, zum Beispiel Farbnuancen, Helligkeit, laute oder leise Geräusche, Melodien, körperliche Empfindungen wie Wärme oder Kälte. Je sorgfältiger dieser *Kopiervorgang* abläuft, umso genauer weiß dein Unterbewusstsein später, was zu tun bzw. zu wiederholen ist. Für diesen *Kopierprozess* solltest du dir hinreichend Zeit nehmen, da kleinste Details wichtig sind.

Falls du dich noch nie mit solchen Techniken beschäftigt hast, hört sich das vielleicht ein wenig seltsam an. Sofern du offen für Neues bist, wirst du bald ganz selbstverständlich mit solchen Methoden arbeiten.

Damit du eine ganz konkrete Vorstellung davon bekommst, wie diese mentalen Interventionen auf uns Menschen wirken, schlage ich dir vor, die Übung nach diesem Kapitel einmal auszuprobieren.

🖉 Zusammenfassung:

Mit positiven Referenzerfahrungen (den sogenannten inneren Ressourcen) zu arbeiten ist eine sehr wirksame Möglichkeit, sich sofort in einen positiven körperlichen Zustand zu bringen und sich so gleichzeitig noch einmal aktiv daran zu erinnern, wie es damals gelungen ist, ein vergleichbares Problem zu lösen oder ein ähnliches Ziel zu erreichen. Dabei wird also die damals genutzte (Erfolgs-)Strategie aktiv erinnert.

Gleichzeitig werden auf diese Weise positive Referenzerfahrungen genutzt, um diese erinnerte Strategie mit dem zukünftigen Vorgehen mental und emotional zu verknüpfen und so den zukünftigen Erfolg im Hinblick auf das aktuelle Vorhaben wahrscheinlicher zu machen.

📖 **Übung: Neutralisiere belastende Erinnerungen**

Durch diese Übung erfährst du, zu welchen Geistesleistungen du in der Lage bist und wie du diese mentalen Fähigkeiten bewusst nutzen kannst. In diesem Beispiel nutzen wir die Erinnerung an die Melodie eines Liedes als positive Referenzerfahrung.

✋ **Aufgabe:**

1. Schritt: Bitte suche in deiner *Erinnerungsbibliothek* nach einer Situation in deinem Leben, die du als unangenehm erlebt und entsprechend gespeichert hast, zum Beispiel als dir vielleicht irgendetwas peinlich oder auf andere Weise unangenehm war. Suche mental nach dem (bildlichen) Beginn dieser Situation und nach deren Ende. Bewerte auf einer Skala von 0 bis 10, als wie belastend du diese Erfahrung heute noch empfindest: Null steht für harmlos, zehn für sehr belastend.

2. Schritt: Stelle dir nun bitte die Fernbedienung eines Fernseh- oder Videogerätes mit Vor- und Rückspul-, Pausen- und Play-Taste vor. Du kannst diese Fernbedienung virtuell in deinem Geiste betätigen.

3. Schritt: *Spule* deine Filmsequenz des unangenehmen Ereignisses an den Anfang, drücke in Gedanken die *Play-Taste* und lasse die Sequenz einmal wie einen Film in Echtzeit bis zum Ende durchlaufen. Achte dabei darauf, was du körperlich empfindest, zum Beispiel ein flaues Bauchgefühl oder Schweißperlen über der Oberlippe.

4. Schritt: *Parke* diesen Film jetzt einmal kurz irgendwo im Raum, indem du ihn mental beiseiteschiebst. Wir kommen gleich darauf zurück.

5. Schritt: Nun suche in deiner mentalen Audio-Bibliothek nach einem Musikstück oder einer Melodie, die sehr fröhlich und erheiternd für dich ist, die also *genau das Gegenteil* von dem beschreibt, was deine Filmsequenz darstellt. Vielleicht so etwas wie „Vielen Dank für die Blumen" aus „Tom und Jerry" oder „It's like that" von „Run-D.M.C." Wenn du diese Melodie gefunden hast, suchst du auch hier den Anfang und das Ende, lasse den Titel gedanklich einmal durchlaufen und spule ihn daraufhin mental wieder an den Anfang.

6. Schritt: Hole dir jetzt deine anfangs geparkte Filmsequenz zurück auf deine innere Leinwand: Stelle dir vor, du hättest in der linken Hand die Fernbedienung für den Videoplayer und in der rechten Hand die Fernbedienung für den Audioplayer. Der Videoplayer spielt gleich deine *erinnerte Situation* ab, der Audioplayer spielt deine gewählte fröhliche Melodie. Bereite dich vor! Du darfst sofort auf beiden Fernbedienungen gleichzeitig auf die Play-Taste drücken, sodass du deinen Film *sehen* und *gleichzeitig* deine Melodie *hören* kannst.

7. Schritt: Bereit? *Drücke* jetzt beide Tasten *gleichzeitig*! Wenn beide Sequenzen durchgelaufen sind, spule alles auf Anfang und wiederhole das Ganze noch einige Male.

8. Schritt: Hast du es getan? Gut. Dann denke nun noch einmal an diese zuvor als peinlich gespeicherte Situation und nutze wieder die Skala von 0 bis 10 von vorhin und schätze ein, wie sich deine emotionale Situation verändert hat.

Erläuterung zu dieser Übung:

Statt ursprünglich eine 7 oder 8 zu vergeben, wirst du jetzt die Situation eher mit einer 3 oder 4 bewerten. Wenn sich diese Einstufung nicht sehr deutlich reduziert hätte, wäre das mehr als verwunderlich, denn es funktioniert immer. Probiere es gleich noch einmal, bis es funktioniert hat!

Vermutlich musstest du sogar, während du die alte Situation mit der neuen Musik verbunden hast, in dich hineinlächeln, weil du dich gewundert hast, was mit dir passiert ist. Die vorgestellte Situation hat ganz sicher, wenn du meinen Anweisungen genau gefolgt bist, ein ganzes Stück ihres Schreckens oder ihrer Peinlichkeit verloren. Das Schöne ist, dass das von Dauer sein wird. Zukünftig wirst du dich an diese Situation allenfalls noch zufällig erinnern. Denn alles, was für dich emotional bedeutungslos (geworden) ist, wandert praktischerweise direkt in dein „mentales Archiv" und belastet dich nicht mehr.

Mit der Technik des Verbindens einer alten belastenden (visualisierten) Situation mit einer anderen positiv belegten (auditiven) Referenzerfahrung (Ressource) kommt es zur Aufarbeitung und Integration und somit zum Wegfall der emotionalen Belastung. Die ursprünglich erfolgte Konditionierung wird auf diese Weise unterbrochen bzw. verändert.

IV.
Besonnener Tatendrang

„Der Wert einer Idee liegt in ihrer Umsetzung."

Thomas Alva Edison

Kapitel 14: Fokussiere deine Stärken

Ist dir schon einmal aufgefallen, dass wir in unserer Welt sehr oft auf das achten, was Menschen falsch machen und was nicht so gut läuft? Damit sind dann meist auch sofortige Urteile und Schuldzuweisungen verbunden. Allerdings helfen weder Bewertungen noch Schuldzuweisungen anderen dabei, besser zu werden. Einem Menschen vorzuwerfen, worin seine Fehler bestehen, ist verschwendete Zeit. Im Gegenteil: Dieses problemorientierte Denken und Verhalten schafft zusätzliche Schwierigkeiten und führt dazu, dass Menschen miteinander streiten und im Ärger auseinandergehen.

Wenn wir erkennen, dass wir mit Kritik, Bewertungen und Urteilen so gut wie nichts erreichen, stellen wir schnell fest, dass es besser ist, uns auf ihre Stärken zu konzentrieren und sie für das zu loben, was sie gut können. Interessanterweise zeigen Menschen bevorzugt das Verhalten, das von anderen beachtet wird. Egal, ob es sich um Lob oder Kritik handelt.

Diese Erkenntnis ist auch im Hinblick auf deine Selbstorganisation und deine zukünftige Zielerreichungsmentalität von großer Bedeutung. Denn wenn dir klar ist, worin deine Stärken bestehen, wirst du beginnen, sie ganz bewusst zu fokussieren, und dir nur Ziele setzen, die deinem *Naturell* entsprechen.

Um dir zu erklären, was ich mit deinem Naturell meine, möchte ich dich kurz in die Welt der Neurowissenschaften und der mit ihr verbundenen Hirnforschung entführen, denn die Neurowissenschaftler halten Erkenntnisse für uns bereit, die das Zeug dazu haben, die gesamte zwischenmenschliche Kommunikation und vor allem die Pädagogik und das moderne Führungsverhalten in Unternehmen auf den Kopf zu stellen.

Ist es dir schon einmal passiert, dass Eltern, Lehrer, Erzieher, Trainer, Kollegen oder Führungskräfte von dir bestimmte Eigenschaften und Verhaltensweisen forderten, wie zum Beispiel Disziplin,

Organisationstalent, Zielorientierung, Kreativität, Einfühlungsvermögen, Kommunikationsstärke oder Teamfähigkeit? Ist dir dabei aufgefallen, dass du diesen Wünschen nicht folgen konntest, selbst wenn du es unbedingt wolltest? Vermutlich hattest du keine Ahnung, *wie* du deine Kreativität, dein Organisationstalent, deine Zielorientierung oder deine Disziplin hättest verbessern können.

Ich habe eine gute Nachricht für dich: Das hatte nichts mit dir zu tun und war deshalb auch nicht dein Fehler. Mit dir ist alles in Ordnung. Du bist mit dieser Erfahrung auch nicht allein auf der Welt. Denn solche Forderungen entspringen einem Missverständnis, das erst durch die moderne Neurowissenschaft aufgeklärt werden konnte.

Wie man heute weiß, verfügt ein Mensch, wenn er geboren wird, in seinem Gehirn über rund 100 Milliarden Hirnzellen, die sogenannten Neuronen. Aber diese Biomasse wäre völlig nutzlos, wenn sich diese Neuronen nicht zügig miteinander verbinden würden. Das tun sie dann auch, und zwar rund 15.000-fach, vor allem dann, wenn der Mensch neue Lernerfahrungen sammelt. Erst durch diese Vernetzung kann er ganz bestimmte Eigenschaften entwickeln, wie zum Beispiel die Möglichkeit, kreativ zu sein, etwas zu organisieren, sich in andere hineinzufühlen oder mit anderen zu kooperieren.

Diese „Verdrahtungen" zwischen den Neuronen bezeichnet man als Synapsen. Eine Synapse ist nichts anderes als eine Art Datenautobahn, mit deren Hilfe sich jedes Neuron mit 15.000 anderen Neuronen verbindet. Diese Datenautobahnen dienen dem blitzschnellen Informationstausch zwischen den Neuronen.

Wozu ist diese Verdrahtung gut? Ganz einfach: Wann immer wir in unserer Kindheit und Jugend Neues gelernt haben, zum Beispiel Sprechen, Lesen, Schreiben, Malen, Singen, Laufen, Rennen, Klettern, Basteln und vieles mehr, bei jeder dieser Erfahrungen haben sich die jeweiligen Datenautobahnen zwischen den einzelnen Hirnzellen gebildet. Und jede neu entstandene Verdrahtung, die auch regelmäßig genutzt wird, bleibt uns bis ins hohe Alter erhalten.

In dieser Phase unseres Lebens haben wir auch ganz spezifische Eigenschaften erworben, die man als Talente oder Begabungen bezeichnet. Du ahnst es bereits: Kreativität, Disziplin, Organisationstalent, Zielorientierung, Ausdauer oder Teamfähigkeit u.v.m. gehören dazu!

Doch nun folgt die entscheidende Information, die dir in der Vergangenheit deine Eltern, Lehrer, Trainer und Vorgesetzten vorenthalten haben, weil sie es selbst nicht wussten: Dieser Prozess der Verdrahtung verlangsamt sich ab ungefähr dem 15. Lebensjahr so rasant und schlagartig, dass man fast davon sprechen könnte, dass er endet. Ganz endet er natürlich nicht, sonst könnten wir später unsere Gewohnheiten nicht mehr verändern oder lebenslang lernen. Dennoch führt diese extreme Verlangsamung der neuronalen Vernetzung dazu, dass wir nach dem Erwachsenwerden ziemlich fertig geformte Menschen sind. Und alle Verdrahtungen, die nicht mehr genutzt werden, verschwinden sogar wieder.

Mit anderen Worten, im Zusammenspiel mit deinen Erbanlagen, die natürlich ebenfalls eine wichtige Rolle spielen, hast du bis zu ungefähr deinem 15. Lebensjahr einen ganz konkreten Mix an Talenten und Begabungen erworben, an dem du später nur noch sehr wenig zu verändern in der Lage bist.

Solltest du bis zu deinem 15. Lebensjahr niemals die Chance gehabt haben, dich mit Musik auseinanderzusetzen und ein Instrument zu üben, ist es sehr unwahrscheinlich, dass aus dir später ein erfolgreicher Berufsmusiker wird. Wenn du bis zu diesem Alter niemals einen Ball in der Hand gehalten hast, ist kaum anzunehmen, dass du dich in deinem Leben noch zu einem herausragenden Handballprofi entwickeln wirst.

Wie gesagt, die Verdrahtung der Neuronen endet nicht vollständig.

Wir können lebenslang lernen. Du bist durchaus in der Lage, das Tennis- oder das Klavierspielen zu erlernen, wenn du älter bist. Jemand, der Rechtshänder war und nach einem Unfall seine rechte Hand eingebüßt hat, kann immer noch lernen, mit der anderen Hand zu schreiben usw. Aber großartige Leistungen werden die Seltenheit bleiben.

Was bedeutet das für dich und deine Zielsetzungen? Ganz einfach. Du solltest dir Ziele setzen, die deinen *vorhandenen* Talenten und Begabungen entsprechen.

Bitte verwechsle deine Talente und Begabungen nicht mit deinen Fähigkeiten und Fertigkeiten! Denn das ist genau der Fehler, der deinen Eltern, Lehrern oder Vorgesetzten unterläuft, wenn sie von dir verlangen, dass du kreativer, disziplinierter, organisierter, zielstrebiger oder kommunikationsstärker werden solltest.

Fähigkeiten und Fertigkeiten sind etwas völlig anderes als Talente und Begabungen! In meinen Seminaren stelle ich immer wieder fest, dass dieser Unterschied fast niemandem bekannt ist. Das ist ein echtes Problem, weil viele Menschen, insbesondere Führungskräfte, deshalb annehmen, dass man einen anderen, zum Beispiel einen Mitarbeiter, für eine ihm zugeteilte Aufgabe „zurechtbiegen" könnte. Doch das ist nur im Hinblick auf Fähigkeiten und Fertigkeiten richtig.

Fähigkeiten und Fertigkeiten erkennst du daran, dass du einen Gesamtablauf in erlernbare Teilschritte zerlegen und auch auf andere übertragen kannst. Das klassische Beispiel hierfür ist der Aufbau eines IKEA-Regals.

Jedem verpackten Möbelkarton ist eine Aufbauanleitung beigefügt. Der Aufbau eines Regals wurde hier in Einzelschritte zerlegt und bildlich dargestellt. So ziemlich jeder Mensch, der in der Lage ist, sich morgens die Zähne zu putzen, schafft es auch, ein IKEA-Regal aufzubauen. Das ist einer der Gründe dafür, warum IKEA so erfolgreich und heute ein weltweit agierender und milliardenschwerer Möbelkonzern ist. Alle Abläufe, die sich in Einzelschritte zerlegen lassen, sind gut auf andere Menschen übertragbar.

ᙇ Fallbeispiel:

Als Jugendlicher habe ich in den Ferien in einem Werk gearbeitet, in dem Bremszylinder für Lastkraftwagen produziert wurden. Ich musste diese Bremszylinder und ihre vielen verschiedenen Einzelteile zusammenfügen und anschließend verschrauben. Es dauerte keine zwei Tage, bis ich alle Abläufe ganz genau kannte und täglich über zweihundert Bremszylinder fertigstellte. Und jeder Schüler, der vor mir da war oder der nach mir kam, konnte es genauso.

Wir können unser Leben lang neue Fertigkeiten und auch neues Wissen erwerben. Das heißt aber nicht, dass wir zwangsläufig in der Lage sind, dieses Wissen *anzuwenden*.
Diese Erfahrung müssen auch Unternehmer und Personalverantwortliche immer wieder durchleben, wenn sie bestimmte Stellen mit den geeigneten Mitarbeitern besetzen wollen.

ᙇ Fallbeispiel:

In einem Unternehmen bewerben sich zwei Maschinenbauingenieure, die beide ihr Studium mit einer glatten Eins abgeschlossen haben. Sie haben an der gleichen Universität studiert und gehörten zu den Besten ihres Jahrganges. Beide sind sehr leistungsbereit und lernwillig. Beide werden auch eingestellt. Nach ein paar Monaten stellt sich heraus, dass der eine Ingenieur ein Glücksgriff war. Er leistet hervorragende Arbeit und liefert erstklassige Arbeitsergebnisse. Doch der andere Ingenieur ist überfordert und kommt mit seiner Arbeit einfach nicht klar. Was unterscheidet beide voneinander? Ihr fachliches Wissen müsste doch ziemlich identisch sein? Sie unterscheiden sich durch ihre individuellen Talente und Begabungen! Beide haben sich das notwendige theoretische Wissen zwar vorbildlich angeeignet, aber einem der beiden fehlen bestimmte Eigenschaften, dieses Wissen in der Praxis erfolgreich anwenden zu können.

Die Sache ist ganz einfach. Es gibt Dinge, die können wir unser Leben lang erlernen. Und es gibt Eigenschaften, die lassen sich einfach nicht (mehr) vermitteln. Entweder wir besitzen sie oder eben nicht. Bei diesen Eigenschaften handelt es sich um unsere Talente und Begabungen, die sich bis ungefähr zu unserem 15. Lebensjahr herausgebildet haben.

Demzufolge ist es nicht sinnvoll, bei uns oder bei anderen auf die Schwächen zu achten, denn wir können diese nur bedingt ausgleichen. Hier gilt das, was ich bereits in Kapitel 4 erwähnt habe, als es um das Lernen am Modell ging: Jeder springt so hoch er kann! Wenn eine geforderte Leistung nicht oder schlecht von einem Menschen erbracht wird, liegt es fast immer daran, dass ihm die hierfür notwendigen Talente oder Begabungen in dem jeweiligen Zusammenhang fehlen.

Ich bin vor vielen Jahren in dem Buch „Erfolgreiche Führung gegen alle Regeln" (2012), von *Marcus Buckingham* und *Curt Coffman*, auf dieses Thema gestoßen. Die Autoren, die viele Jahre für das Gallup-Institut, eine weltweit agierende und bekannte Unternehmensberatung, in führenden Funktionen tätig waren, empfehlen deshalb modernen Führungskräften, sich auf die Stärken ihrer Mitarbeiter zu konzentrieren, statt sie für ihre Fehler zu kritisieren und für eine Aufgabe *passend zu machen*. Ihre Schlussfolgerung lautet, dass ein *professionelles Casting*, also eine talentorientierte Mitarbeiterauswahl, effektiver und zeitsparender ist, als Mitarbeiter in Aufgaben hineinzuzwingen, für die sie sich nicht interessieren und für die sie die notwendigen Talente und Begabungen nicht mitbringen.

Dieses Wissen ist nicht nur für Führungskräfte und andere Personen, die in den sogenannten Kontaktberufen tätig sind, also viel mit anderen Menschen zu tun haben, von großer Bedeutung. Jeder, der an sich arbeiten und ehrgeizige Ziele erreichen möchte, sollte darüber Bescheid wissen. Du kannst dieses Wissen auch bezüglich deiner zukünftigen Zielsetzungen anwenden, indem du herausfindest, worin deine besonderen Stärken bestehen, um dir zukünftig nur noch Ziele zu suchen, die diesen Stärken entsprechen.

Du glaubst vielleicht, dass jeder ganz intuitiv und automatisch seine Stärken kennen müsste. Aber das stimmt nicht. Wir haben meist nur eine sehr oberflächliche und vage Vorstellung von dem, was wir wirklich gut können.

Deine besonderen Stärken ergeben sich aus den folgenden *drei* Einzelfaktoren:

1. aus deinen Talenten und Begabungen
2. aus dem Wissen, über das du im Hinblick auf einen bestimmten Themen- oder Interessensbereich verfügst, und
3. aus den Fähigkeiten und Fertigkeiten, die du diesbezüglich erlernt hast und noch erlernen wirst.

Talente und Begabungen sind deine auf natürliche Art wiederkehrenden Denk-, Gefühls- und Verhaltensmuster. Wissen unterteilt man in Fakten- und in Erfahrungswissen. Faktenwissen kannst du dir durch reines Auswendiglernen aneignen, Erfahrungswissen entsteht durch die Reflexionen vergangener Erfahrungen. Fähigkeiten und Fertigkeiten stellen die Teilschritte eines definierten Gesamtablaufs dar.

Deine Stärken ergeben sich also aus der *Summe* dieser drei Einzelfaktoren. Es kann zum Beispiel sein, dass du künstlerisch begabt bist und andere mit deinen Zeichnungen beeindruckst. Zu einem dauerhaften Erfolg und somit zu einer echten Stärke entwickelst du diese künstlerische Begabung aber erst, wenn du gezielt Wissen über dein Fachgebiet, zum Beispiel zu den Themen Farben, Formen und räumliche Wahrnehmung, aufnimmst und deine zeichnerischen Fertigkeiten Stück für Stück durch regelmäßige Übung vervollkommnest.

Deine Talente und Begabungen erkennst du vor allem daran, dass dir erstens die damit verbundenen Aufgaben *Spaß* und *Freude* bereiten, dass dir zweitens diese Aufgaben *leichtfallen* und du drittens gleichzeitig *sehr gute Ergebnisse* bei der Umsetzung erzielst.

Beobachte dich also zukünftig bei der Erledigung deiner täglichen Aufgaben selbst und finde heraus, worin deine konkreten Talente und Begabungen bestehen.

Wenn du dich eingehender mit dieser Thematik auseinandersetzen willst, empfehle ich dir das Buch „Entdecken Sie Ihre Stärken jetzt!" (2016), das ebenfalls von *Marcus Buckingham* stammt und in diesem Fall von ihm in Kooperation mit seinem Kollegen *Donald O. Clifton* erarbeitet wurde.

Donald O. Clifton hat den sogenannten *StrengthsFinder* entwickelt, ein Online-Analysetool, mit dem du dich auf die Suche nach deinen Stärken begeben kannst. In diesem Buch wird dir das Tool sehr ausführlich erläutert und auch angeboten, es direkt online auszuprobieren. Ein entsprechender Code wird jedem *neuen* Buch beigefügt. Ein Hinweis am Rande, um eventuellen Enttäuschungen vorzubeugen: Wenn du das Buch *gebraucht* erwirbst, kann es sein, dass dieser Code bereits benutzt wurde.

Allerdings existieren im Internet viele weitere solcher Analysetools. Sie sind grundsätzlich ein recht gutes Hilfsmittel, um bei der Ermittlung der eigenen Talente und Begabungen zügig voranzukommen. Erwarte aber bitte nicht allzu viel von diesen Tools. Letztendlich handelt es sich dabei um in Applikationen verpackte Algorithmen, die durch die Auswertung vieler zuvor beantworteter Fragen versuchen, ein Muster in deinen jeweiligen Antworten zu erkennen und anschließend deine Talente und Begabungen zu benennen und zu beschreiben. Die entsprechenden Auswertungen sind manchmal überraschend zutreffend, manchmal aber auch sehr allgemein und nicht immer befriedigend. Deshalb empfehle ich dir, zusätzlich deine Selbstaufmerksamkeit und Selbsteinschätzungsfähigkeit regelmäßig zu trainieren. Die Übung nach diesem Kapitel wird dir helfen, an möglichst viele Informationen zu gelangen, um deine Talente und Begabungen zu erkennen und bei zukünftigen Zielsetzungen zu berücksichtigen.

✒ **Zusammenfassung:**

Konzentriere dich bezüglich deiner Zielsetzungen auf deine Stärken, statt zu versuchen, deine Schwächen mühevoll auszugleichen. Zielsetzungen, die nicht deinen Stärken entsprechen, wecken deinen inneren Schweinehund auf!

Deine Stärken ergeben sich aus deinen Begabungen, die sich bis ungefähr zu deinem 15. Lebensjahr entwickelt haben, aus deinem Wissen zu einem Themenbereich, der zu deinen Talenten und Begabungen passt, und aus deinen Fähigkeiten und Fertigkeiten, die du bezüglich deiner Talente gezielt erworben hast und noch erwerben kannst. Du solltest allen drei Ebenen hinreichend Aufmerksamkeit schenken, um deine innere Balance wahren und dauerhaft erfolgreich sein zu können.

📖 **Übung: Ermittle deine Talente und Begabungen**

Wende dich an Menschen, die *dich* gut kennen, erläutere ihnen kurz den Unterschied zwischen Talenten und Begabungen auf der einen und Fähigkeiten und Fertigkeiten auf der anderen Seite. Bitte sie anschließend, deine drei stärksten Talente und Begabungen zu benennen, die sie bei dir erkennen, und diese Wahl kurz zu begründen. Notiere alles sorgfältig und reflektiere die Einschätzungen deiner Gesprächspartner später. Wiederhole dieses Vorgehen mit möglichst vielen Personen und bilde dir danach deine eigene Meinung. Je mehr Personen du diesbezüglich interviewst, umso vollständiger wird das Bild sein, das sich ergibt.

Nachfolgend nenne ich dir *einige* Beispiele für Talente und Begabungen, die ich zum größten Teil den beiden oben genannten Büchern entnommen habe. Dieser kleine Überblick soll dir helfen, dich selbst besser einschätzen zu können und bei deinen Talentrecherchen schneller auf den Punkt zu kommen:

Begabungen auf der Beziehungsebene:

Empathie, Kontaktfreudigkeit, Netzwerktalent, Teamfähigkeit, Überzeugungsgabe, Harmoniebedürfnis, Integrationsstreben, Verbundenheit

Begabungen auf der kognitiven Ebene:

Zielorientierung, Organisationstalent, Strategisches Denken, Formulierungsgabe, Analytisches Denken, Kreativität, Kommunikationsstärke, Disziplin, Auffassungsgabe

Begabungen auf der Motivationsebene:

Leistungsdrang, Tatkraft, Ausdauer, Wettbewerbsdrang, Geltungsdrang, Missionsdrang, Ethik, Visionsbedürfnis, Zukunftsorientierung

Kapitel 15: Finde heraus, was dir wirklich wichtig ist

Im Alltag verwenden wir oft Formulierungen, die zum Ausdruck bringen, was uns wichtig ist, was also das direkte oder indirekte Ziel unserer Handlungen ist oder sein könnte. Zum Beispiel sagen wir „Ich möchte unabhängig und frei sein!" „Andere sollen ehrlich zu mir sein, sollen mich anerkennen!" usw. Oder wir benutzen die Umkehrung für das, was wir wollen: „Ich möchte nicht abhängig sein!" „Ich möchte nicht eingesperrt sein!" „Ich möchte nicht belogen werden!" „Ich möchte nicht ausgegrenzt werden!"

Ausdrücke wie Unabhängigkeit, Freiheit, Ehrlichkeit, Anerkennung oder auch Menschlichkeit, Rücksicht, Glück, Liebe, Achtung usw. kennen wir aus unserem deutschen Sprachgebrauch eine ganze Menge. Man bezeichnet diese *Worthülsen* als Werte oder als Wertvorstellungen, Worte also, die auf erstrebenswerte Ideale Bezug nehmen. Ungefähr 400 solcher Wertebegriffe gibt es davon im Deutschen. In anderen Sprachen sind es ähnlich viele.

Warum Worthülsen? Weil jeder von uns diesen Hülsen eine eigene *inhaltliche* Bedeutung gibt. *Erfolg* würde jeder von uns auf eine andere Weise beschreiben, ebenso wie *Liebe* oder *Glück*. Zwar kann man jedes dieser Wörter allgemein und sachlich definieren, aber was wir darunter verstehen und auf der Gefühlsebene damit verbinden, ist individuell sehr unterschiedlich.

Dem Wertebegriff liegen zwei Bedeutungen zugrunde: Einerseits sind Werte die *Richtschnur zum Zusammenhalt einer Gemeinschaft oder Gesellschaft*. „Freiheit, Gleichheit, Brüderlichkeit" waren zum Beispiel die Werte der Aufständischen während der französischen Revolution. Dafür haben die Menschen gekämpft und diese Ziele haben sie zusammen verfolgt und miteinander vereint. Gemeinsame Werte sind auch gemeinsame Ziele.

Werte haben jedoch noch eine weitere und außerordentlich wichtige Bedeutung: Werte sind auf der *individuellen* Ebene *unsere tiefsten inneren Überzeugungen* und damit weitgehend *unbewusste* Entscheidungsschlüssel. Je nach Kontext und Betrachter werden

Werte auch als Motive, Bedürfnisse oder als unsere inneren Antreiber beschrieben.
Werte stellen die Richtschnur für unser Denken und unsere Handlungsweisen dar, und sie sind gleichzeitig ein wichtiger Bestandteil unseres Gewissens. Werte sind, auch auf der persönlichen Ebene, Ziele. Damit steuern sie, wie Ziele allgemein, unseren Verstand und unsere Aufmerksamkeit.
Du wünschst dir vielleicht Anerkennung, Erfolg, Liebe, Zuwendung und vieles mehr. Du bist bereit, einiges dafür zu tun, um diese Werte *zu bekommen*, sie also in deinem Leben *zu erfahren*. Damit sind die Inhalte dieser Worthülsen für dich sehr *wertvoll*. Demzufolge strebst du nach deren Erfüllung, manchmal sehr bewusst, aber viel häufiger ganz unbewusst.
Gerade dann, wenn du unbewusst handelst und Entscheidungen triffst, kann es sein, dass du *gegen* diese Wertvorstellungen, also gegen deine eigenen unbewussten Ziele, verstößt. In diesem Fall fehlt die Deckungsgleichheit zwischen dem, was du unbewusst *willst*, und dem, was du tatsächlich *tust*. Diese fehlende Übereinstimmung zwischen Wollen und Handeln stellt einen unbewussten Konflikt dar.
Dieser Konflikt ruft sehr wahrscheinlich deinen inneren Schweinehund auf den Plan, denn er mag innere Widersprüche überhaupt nicht. Er wünscht sich Klarheit und Entschlossenheit, damit er sanft ruhen kann. Im Falle eines Konfliktes weiß er sich nicht anders zu helfen, als zu protestieren und dich dazu zu verleiten, dein Vorhaben noch ein wenig auf die lange Bank zu schieben oder ganz zu verwerfen.
In der Psychologie wurde lange darüber diskutiert, wie groß der Einfluss des Unterbewusstseins auf unsere Handlungen tatsächlich sein mag. Heute ist man sich weitgehend einig darüber, dass unser Unterbewusstsein *überwiegend* unser Verhalten steuert und unsere Handlungen bestimmt.

Stelle dir einmal einen Eisberg im offenen Meer vor. Nur eine kleine Spitze ragt aus dem Meer heraus. Der größte Teil des Berges bleibt unter der Oberfläche verborgen. Die Spitze dieses Eisberges stellt deine bewusste Wahrnehmung und dein bewusstes Denken im Hier und Jetzt dar. Aber das, was uns wirklich ausmacht, innerlich bewegt und steuert, ist zum größten Teil unter der Meeresoberfläche, also in unserem Unterbewusstsein, verborgen. Wir kommen noch einmal in Kapitel 17 auf dieses Eisbergmodell zurück.

David McClelland, dem Vater der modernen Motivationsforschung, ist diese Entdeckung zu verdanken. Er unterschied zwischen den unbewussten (impliziten) Motiven und den bewussten (expliziten) Motiven. Die unbewussten Motive äußern sich zum Beispiel in spontanen Verhaltensweisen wie Spaß oder Freude (*zum Beispiel ist das fröhliche Lachen eines Kindes beim Spielen eine solche Verhaltensweise*). Die bewussten Motive spiegeln dagegen unser bewusstes Selbstbild wider. Sie reflektieren das, was wir über unsere eigenen Wertvorstellungen und Motive denken (*ich muss heute noch zwei Stunden lernen, wenn ich meine Weiterbildung erfolgreich beenden will*), wie wir sie also bewusst bewerten. Damit entscheiden die bewussten Motive, was uns wichtig ist. Die unbewussten Motive steuern dagegen, was uns Freude bereitet und damit meist auch leichtfällt.

Es kann also sein, dass du auf der bewussten Ebene etwas für wichtig und erstrebenswert hältst und dementsprechend zielorientiert handelst, weil du zum Beispiel unwissentlich die Perspektive und Wertvorstellungen anderer übernommen hast. Auf der unbewussten Ebene empfindest du aber weder Spaß noch Freude daran, diesem Zielzustand entgegenzustreben.

Diese Widersprüchlichkeit hat das Potenzial, dich zu zermürben und dir deine ganze Schaffenskraft komplett zu rauben. Im schlimmsten Falle kann das dazu führen, dass du die Freude an

jeglichen Zielsetzungen verlierst und schließlich in einen Zustand der Niedergeschlagenheit hineingerätst.
Wenn du Ziele tragfähig und ressourcenorientiert planen und erreichen willst, ohne damit deinen inneren Schweinehund zu verunsichern, ist es wichtig, deine bewussten und unbewussten Motive und Wertvorstellungen miteinander in Einklang zu bringen. Das kann dir aber erst gelingen, wenn du gelernt hast, wie du dir über deine tiefsten Überzeugungen Klarheit verschaffen kannst.
In der Zusammenarbeit mit meinen Klienten stelle ich immer wieder fest, dass ungelöste Wertekonflikte persönliche Krisen auslösen können. Andererseits können gelöste Wertekonflikte und die dadurch gewonnene Klarheit ungeahnte Kräfte freisetzen und dir dabei helfen, dich zu neuen Höhen aufzuschwingen, um die ehrgeizigsten Ziele zu erreichen.
Damit auch du davon profitieren kannst und dir im Zusammenhang mit deinen Zielsetzungen Krisen erspart bleiben, werde ich dir in den nächsten beiden Kapiteln erklären, was es mit der Wertethematik genau auf sich hat.

✏ Zusammenfassung:

In unserer deutschen Sprache existieren über 400 verschiedene Wertebegriffe. Mit diesen Wertebegriffen beschreiben wir, was uns wichtig ist, was wir also wollen oder was wir nicht wollen.

Da unsere Wertvorstellungen überwiegend aus unseren unbewussten und sehr tief sitzenden, inneren Überzeugungen resultieren, nach denen wir unser Denken und unsere Handlungen ausrichten, kann es sein, dass wir mit unseren alltäglichen Handlungen gegen diese Überzeugungen verstoßen. Ein daraus resultierender Wertekonflikt darf nicht ignoriert, sondern sollte gelöst werden, da er andernfalls Fehlentscheidungen und persönliche Lebenskrisen nach sich ziehen und zur Vermeidung jeglicher Zielsetzungen führen kann.

Was wir unter den jeweiligen Wertebegriffen tatsächlich verstehen und mit welchen Emotionen wir sie verbinden, ist individuell sehr unterschiedlich. Um energisch und zielgerichtet handeln zu können, ist es für dich wichtig, dass zwischen deinem tatsächlichen Handeln und deinen unbewussten Wertvorstellungen Deckungsgleichheit besteht. Hierfür ist es notwendig, dass du lernst, dir deiner Wertvorstellungen bewusst zu werden.

Kapitel 16: Entdecke das Ziel hinter dem Ziel

Wenn du mir in einem Gespräch, in dem es um deine Ziele geht, sagen würdest, du möchtest viel Geld besitzen, also reich sein, würde ich dich fragen, was du damit tun würdest, wenn du es hättest. Vielleicht würdest du antworten, dass du dir dann ein schnelles Auto, ein schönes Haus und teure Urlaube leisten könntest. Anschließend würde ich weiter fragen: „Was ist dann für dich erfüllt? Was hättest du davon?" Vielleicht antwortest du darauf, dass die anderen dich bewundern würden und du nicht mehr arbeiten müsstest.

Tatsächlich kommt es im Einzelsetting manchmal zu solchen Gesprächsabläufen. Durch diese Art der Hinterfragung kommen deine wahren Wertvorstellungen zum Vorschein, es wird also klar, was das eigentliche Ziel deiner Motivation ist. Du wünschst dir eigentlich *Anerkennung* (Bewunderung) und *Freude* an deiner Arbeit (nicht mehr die bisherige Arbeit machen *müssen*).

Jemand, der für seine täglich geleistete Arbeit regelmäßig anerkannt wird und dabei gleichzeitig Freude empfindet, kommt kaum auf die Idee, danach zu streben, *nicht* mehr arbeiten zu müssen. Sofern damit eine angemessene Bezahlung verbunden ist, wird auch Reichtum für diese Person kaum ein Thema sein.

Wenn du also eine berufliche Tätigkeit ausüben würdest, die dir die erwünschte Anerkennung bringt und dabei ein angemessenes Einkommen verschafft, wären die beiden wichtigsten Motivationen, die du eigentlich über den Umweg „Reichtum" erfüllen wolltest, erreicht. Denn nun würdest du für das, was du täglich tust, Anerkennung erhalten, und du *müsstest* auch nicht mehr arbeiten. Du würdest es jetzt *freiwillig* tun, weil du Freude daran hättest. Damit ließe sich nun auch eine ganz konkrete Zielsetzung verbinden, anders, als es bei dem diffusen Wunsch nach Reichtum der Fall wäre, nämlich eine berufliche Tätigkeit zu finden, die dir Anerkennung verschafft und Freude bereitet.

Materielle Ziele sind wie Wände aus Gipskarton. Vordergründig wirken sie stabil und solide. Wenn man aber schwere Lasten an ihnen befestigen will, wird schnell offenbar, dass die Wände dahinter hohl sind und kaum einer größeren Beanspruchung standhalten.

Vermeide also Zielsetzungen materieller Natur. Wohlstand kann und darf die Begleiterscheinung eines erfüllten und erfolgreichen (Berufs-)Lebens sein. Als Hauptfokus taugt materieller Besitz allenfalls kurzfristig. Reichtum ist nur ein Schein-Ziel und damit ein Schein-Wert. Dahinter verbergen sich *immer* andere, meist unbewusste Motive und Wertvorstellungen. Finde also heraus, was dich innerlich tatsächlich bewegt, was für dich also das Ziel hinter dem Ziel verkörpert.

ᾎ **Fallbeispiel:**

Anita Roddick träumte davon, Kosmetikprodukte zu entwickeln, die ohne Tierversuche auskommen, weil ihr die Tiere leidtaten. 1976 gründete sie in Brighton (England) den ersten Body Shop mit einer Reihe von Kosmetikprodukten, die ausschließlich aus natürlichen Bestandteilen und ohne Tierversuche hergestellt sowie umweltfreundlich verpackt wurden. Sie schaffte es, ihre persönlichen Wertvorstellungen mit einer unternehmerischen Idee zu kombinieren. Der materielle Erfolg stellte sich ganz von selbst ein. Ihr Unternehmen The Body Shop umfasste im Jahre ihres Todes (2010) 2085 Filialen in 54 Ländern. Heute gilt Anita Roddick als Pionierin des ethischen Einzelhandels.

Derartige Vorbilder findest du viele, wenn du darauf achtest beziehungsweise bewusst nach ihnen suchst. Auch in deinem direkten Umfeld findest du sie. Du erkennst diese Menschen daran, dass sie ihre Ziele mit Hingabe und Leidenschaft verfolgen und in dem, was sie tun, besonders gut sind.

Ebenso schlecht durchdacht wie das vordergründige Streben nach Reichtum und Besitz, ist der Wunsch, nicht mehr arbeiten zu *müssen*. Ich habe es oben schon anklingen lassen, dass auch hinter diesem Wunsch meist ein ganz anderer Wert versteckt ist, nämlich der Wunsch, eine Tätigkeit auszuüben, die *Freude* bereitet.

Für viele Menschen scheint es in den modernen Industrienationen und in unserer heutigen Zeit, in der sie die Wahl zwischen so vielen unterschiedlichen beruflichen Wegen haben, eine besondere Herausforderung darzustellen, eine Tätigkeit zu finden, die in ihnen Befriedigung und damit eine intensive Freude hervorruft.

Oft üben Menschen ihr Leben lang einen Beruf aus, den sie eigentlich hassen. Sie fiebern regelrecht ihrer Berentung oder Pensionierung entgegen, um *endlich frei* zu sein und tun zu können, was sie *wollen*. Wer eine solche Einstellung kundtut, verrät letztendlich, dass er in seiner beruflichen Situation sehr unglücklich ist und offenbar nicht die Kraft findet, etwas daran zu ändern.

Interessanterweise höre ich diese Aussagen besonders häufig von Menschen, die in Angestelltenverhältnissen tätig sind. Von Selbstständigen und Freiberuflern, wie ich es selbst bin, höre ich eher das Gegenteil: „Rente? Wozu? Dann muss ich ja mit dem aufhören, was mir Spaß bereitet! Kommt nicht infrage!" Diese Menschen üben ihre berufliche Tätigkeit dann tatsächlich so lange aus, bis sie *in ihrem Laden* oder bei ihrer Arbeit tot umfallen oder bis es gesundheitlich einfach nicht mehr möglich ist, beruflich tätig zu bleiben. Und genau das ist auch ihr Wunsch.

Angestellte haben dagegen oft das Problem, dass sie in einem Umfeld arbeiten, das sie nicht oder nur geringfügig mitgestalten und in dem sie ihre Wertvorstellungen nicht ausleben können. Sie agieren dann in einer *festgelegten* Rolle, an der sie nichts oder nur wenig verändern dürfen. Ihnen fehlt Gestaltungs*spielraum*, wodurch sie sich oft unwirksam und *ausgeliefert* fühlen.

Sich selbst wirksam zu fühlen, also das Gefühl zu haben, etwas tun zu können oder zu dürfen, was der eigenen Identität und den eigenen Wertvorstellungen entspricht, ist ein sehr schönes und bereicherndes Gefühl. Wenn es aber fehlt, stellt es für viele ein großes Defizit dar, das die eigene Lebensqualität beeinträchtigen kann.

Viele Unternehmer stellen inzwischen fest, dass ihre Mitarbeiter darunter leiden und häufiger krank sind, wenn ihnen dieses Gefühl der Selbstwirksamkeit fehlt. Sie verändern deshalb immer häufiger die Rahmenbedingungen für ihre Belegschaft. Sie geben ihnen mehr Freiheiten, bauen bürokratische Kontrollen und unnötige Hierarchieebenen ab, räumen ihnen mehr Mitbestimmungsrechte ein und lassen sie stärker vom Unternehmenswachstum partizipieren.

Wenn du dich dafür interessierst, wie diese Unternehmer ticken und worauf du bei der Wahl eines künftigen Arbeitgebers oder bei der Gründung deines eigenen Unternehmens achten könntest, empfehle ich dir den Dokumentarfilm „Musterbrecher", den du als gekürzte Variante auf YouTube findest (Stand: 08/2019). Die ausführliche Version (circa 90 Minuten) kann als DVD käuflich erworben werden. Auch das Buch „Reinventing Organizations" (2015) von *Frederic Laloux* befasst sich mit der Thematik einer klügeren Arbeitswelt, in der Menschen sinnstiftend tätig sein dürfen.

Mit der Idee, das Ziel hinter dem Ziel zu untersuchen, lade ich dich ein herauszufinden, was dich tatsächlich tief in deinem Inneren bewegt und dazu veranlasst, etwas Bestimmtes zu tun oder auch sein zu lassen. Hierfür ist es notwendig zu verstehen, worin deine individuellen Wertvorstellungen bestehen und wie diese entstanden sind. Damit befassen wir uns im folgenden Kapitel.

Zuvor biete ich dir eine Übung an, die dich sehr fordern wird! Mit ihr wirst du die Weichen für deine persönliche Zukunft stellen. Es geht darum, dir dabei zu helfen, für dich das *vorläufige* absolute Top-Ziel zu finden, das du auf jeden Fall erreichen wirst!

✒ Zusammenfassung:

Materielle Ziele wie Reichtum und Besitz können starke innere Antriebe darstellen. Hinter diesen Schein-Werten verstecken sich jedoch stets andere, tiefer sitzende Wertvorstellungen, wie zum Beispiel Anerkennung, Freude oder Unabhängigkeit, die es zu ergründen gilt, wenn du dich mit deinen Zielsetzungen nicht selbst in die Irre führen willst.

Vor allem bei der Wahl deiner beruflichen Situation, aber auch in allen anderen Lebensbereichen, solltest du darauf achten, dass du nicht ausschließlich materiellen Zielen folgst oder dich durch die Wertvorstellungen anderer in die Irre führen lässt. Deine Motivation und deine Schaffenskraft bleiben dir lange erhalten, wenn es dir gelingt, eine ideelle Motivation zu finden, die sich mit deinen materiellen Wünschen in Einklang bringen lässt.

📖 Übung: Finde 100 Ziele und Wünsche

Fällt es dir manchmal schwer, dich zu fokussieren? Oder überhaupt erst herauszufinden, welches Ziel zu dir passt? Die nachfolgende Übung hilft dir, Klarheit zu finden und Fahrt aufzunehmen. Sie wurde von meinem Kollegen *Carsten Hokema* entwickelt. Ich habe sie geringfügig verändert und gebe sie hier mit seiner freundlichen Genehmigung so wieder, dass du direkt damit arbeiten kannst.

Diese Übung ist recht umfangreich. Bitte gönne dir die nötige Ruhe und plane mehrere Stunden Zeitaufwand dafür ein.

✋ Aufgabe:

1. Schritt: 100 Ziele und Wünsche finden

Schreibe 100 Ziele und Wünsche auf. Exakt 100!

Für welche Ziele du dich dabei entscheidest, ist völlig nebensächlich. Nimm einfach alles, was dir in den Sinn kommt. Die Ziele dürfen klein oder groß sein und aus allen Lebensbereichen stammen, zum Beispiel eine (konkrete) Weiterbildung besuchen, die Küche streichen, ein Buch schreiben, zehn Kilo abnehmen, nach Paris fahren, das Rauchen aufgeben, an einem Marathon teilnehmen usw. Schreibe einfach auf, was dir einfällt, alles, was deiner Meinung nach demnächst erledigt werden sollte.

Wenn dir 100 Ziele sehr viel erscheinen, ist das gut so, genau darin besteht der Sinn dieser Übung, wie du noch sehen wirst. Am besten nutzt du hierfür ein Tabellenprogramm und gibst deine Ziele untereinander in eine Tabelle ein. Diese Tabelle sollte 16 Spalten haben (Querformat wählen). In die erste Spalte gibst du eine durchgehende Zeilennummerierung und in die zweite Spalte deine Ziele ein. Zu den anderen Spalten kommen wir im weiteren Verlauf (*eine Tabellenvorlage findest du unter dem Namen dieser Übung "100 Ziele und Wünsche" auf meiner Website:* http://www.sommerland-berlin.de/seminar-handouts/).

Du kannst dich bei der Wahl deiner Ziele auch an deinen Wünschen orientieren. Wie du aber inzwischen weißt, sind Wünsche weniger konkret. Tue also so, *als ob* sie dein Ziel wären, und versuche, konkrete Ziele daraus abzuleiten. Zum Beispiel kannst du aus dem Wunsch, in einigen Jahren in den eigenen vier Wänden zu leben, gleich mehrere Ziele kreieren, diese etwa:

1. Wissen über den örtlichen Immobilienmarkt aneignen;
2. die eigene finanzielle Situation überprüfen;
3. Eigenkapital ansparen;
4. verschiedene Sparmöglichkeiten vergleichen;
5. mit Immobilienmaklern in Kontakt treten;
6. Immobilien besichtigen usw.

Bitte formuliere deine Ziele so konkret wie möglich, also nicht: „Ich will erfolgreich sein", sondern „Erfolgreich ein Buch zum Thema XY veröffentlichen". Jeden Punkt versiehst du bitte mit einem Tätigkeitswort, also nicht einfach „Führerschein", sondern „Führerscheinausbildung *beginnen*". Und jetzt fange an und notiere 100 Ziele!

2. Schritt: Ziele „filtern"

Sobald du 100 Ziele und Wünsche aufgeschrieben hast, werden diese nun durch verschiedene „Filter" (insgesamt sind es sechs) geschickt. Für jeden Filter erstellst du eine eigene Spalte in deiner von dir selbst erstellten Tabelle.

- Der erste Filter (= 3. Spalte) lautet: „**Wichtig!**" Schaue dir ein Ziel nach dem anderen an und entscheide, ob du dieses Ziel für dich als wichtig oder als unwichtig erachtest. Notiere in der entsprechenden Spalte bitte ein kleines „w", wenn dir

dieses Ziel wirklich wichtig ist, ansonsten einfach frei lassen.
- Der zweite Filter lautet „**Werte**" (= 4. Spalte): Mit welchen Zielen bedienst du deine persönlichen Wertvorstellungen? Was ist dir wirklich wertvoll? Du notierst in der Werte-Spalte ein großes „W".
- Filter „**Energie**" (= 5. Spalte): Das sind die Ziele, bei denen du spürst, dass du zu ihnen eine besonders energiereiche Beziehung hast, die dir Freude bereiten und bei denen du das Gefühl hast, dass sie dir Kraft und Energie spenden, statt diese zu verbrauchen. Das wäre ein Hinweis darauf, dass dieses Ziel deinen individuellen Talenten entspricht. Notiere in der entsprechenden Spalte ein „E", sofern das für ein Ziel zutrifft.
- Filter „**Spaß**" (= 6. Spalte): Was bereitet dir besonders viel Spaß und Freude? In der entsprechenden Spalte ein „S" notieren.
- Dann der Filter „**Prozess**" (= 7. Spalte): Hier geht es darum zu überprüfen, ob du trotz Widerständen dein Ziel weiter verfolgen wirst. Wenn du zum Beispiel den Wunsch hast, Klavierspielen zu lernen, dann wird dir das nur gelingen, wenn du zum Üben bereit bist. Ein „P" in dieser Spalte notieren.
- Es folgt der Filter: „**80. Geburtstag**" (= 8. Spalte): Mit diesem „Rückblick" machst du eine Reise in die Zukunft. In den letzten Jahren deines Lebens bleibt dir nur die Erinnerung an das, was gewesen ist. Du wirfst also einen Blick zurück und überlegst, welche Ziele du in deinem Leben erreicht hast, die deine Kinder/Kollegen/Freunde zu deinem 80. Geburtstag in einer Ehrenrede über dein glückliches und erfolgreiches Leben erwähnen sollten! Eine „80" dahinter notieren.

3. Schritt: Auswahl treffen

Nachdem du alle sechs Filter angewendet hast, gilt es jetzt, eine genauere Auswahl zu treffen und eine Liste mit den Zielen und Wünschen zu erstellen, die in die engere Auswahl kommen (9. Spalte - Auswahl). Das sind diejenigen, die du mit *allen* Filtern markiert hast. Es sollten maximal 24 sein. Sind es mehr, lasse die Ziele weg, die dir am wenigsten bedeuten. Markiere diese 24 Ziele mit einem „x" in der 9. Spalte.

Diese Spalte 9 enthält nur das, was du wirklich umsetzen und somit in dein Leben integrieren willst. Hier ist noch nicht wichtig, *wie* das geschehen soll. Es geht nur darum, dich auf eine kleine Liste von Zielen zu konzentrieren. Drucke dir diese Spalte aus, sodass alle Ziele und Wünsche untereinanderstehen, damit du vorübergehend handschriftlich weiterarbeiten kannst (für mich persönlich war es so einfacher). Oder arbeite in einer separaten Tabelle (ebenfalls vorübergehend) mit dieser Spalte weiter. Das ist als Zwischenschritt für den nächsten Arbeitsgang nötig.

4. Schritt: Die 12er-Liste

Diese verbliebene Menge wird jetzt priorisiert, indem *jeder* Wunsch *mit jedem* verglichen wird. Jeder „Sieg" (Sieg = Ziel 1 ist mir wichtiger als Ziel 2) wird mit einem Punkt (bzw. Zählstrich wie zum Beispiel „I") vermerkt. Am Ende hat jeder der verbliebenen Wünsche eine bestimmte Punktezahl (Anzahl der Zählstriche) erhalten, zum Beispiel 22 Punkte/Striche. Diese Zahlen geben die Prioritätenreihenfolge an.

Beispiel: Du vergleichst Ziel 1 mit Ziel 2. Wenn dir Ziel 2 wichtiger ist als Ziel 1, erhält Ziel 2 einen Punkt/Strich. Dann vergleichst du Ziel 1 mit Ziel 3. Wenn Ziel 3 wichtiger ist, wird hier wieder ein Punkt vergeben usw. Hast du Ziel 1 mit allen anderen 23 Zielen verglichen und Punkte vergeben, machst du mit Ziel 2 weiter und vergleichst sie mit den restlichen 22 Zielen usw. Das ist eine ganze Menge Arbeit, die sich aber lohnt, weil du dich so sehr intensiv damit befasst, was du eigentlich willst.

Ordne die Liste danach so, dass das Ziel mit den meisten Punkten oben steht. Wenn du in einer separaten Tabelle gearbeitet hast, kannst du einfach auf „Sortieren" klicken. Von deinen zuvor maximalen 24 Zielen wählst du hier nur zwölf aus, nämlich die mit den meisten Punkten.

Beispiel einer Prioritätenliste:

1. Z&W = 22 Punkte

↻ TOP-Priorität: Hier handelt es sich möglicherweise um ein für dich sehr bedeutsames Ziel. Das entscheidet sich aber erst nach Schritt 6 wirklich endgültig.

2. Z&W = 19 Punkte
3. Z&W = 18 Punkte
4. Z&W = 17 Punkte

↻ Weitere Top-Ziele: Das sind ebenfalls aktive Ziele in deiner Prioritätenliste, die eine wichtige Rolle spielen.

Beispiel für die weiteren Punktvergaben:

5. Z&W = 15 Punkte
6. Z&W = 13 Punkte
7. Z&W = 12 Punkte
8. Z&W = 10 Punkte
9. Z&W = 09 Punkte
10. Z&W = 08 Punkte
11. Z&W = 07 Punkte
12. Z&W = 05 Punkte

Diese passiven Ziele sollten aber im sichtbaren Bereich bleiben, weil „sie" sonst unter Umständen rebellieren würden (gelegentliche Aufmerksamkeit, aber aktuell keine Energie investieren). Alle anderen Ziele wandern ins Archiv.

Diese zwölf Ziele markierst du in deiner Haupttabelle und nennst die 10. Spalte „12 Ziele". In dieser 10. Spalte trägst du bei allen 12 markierten Zielen die jeweils für das Ziel ermittelte Punktezahl ein, also zum Beispiel „23".

5. Schritt: SEIN, TUN, HABEN, GEBEN

Die Kategorien SEIN, TUN, HABEN, GEBEN stellen die 11. bis 14. Spalte dar. Sie dienen dem Ausgleich der Kräfte in dir selbst. Sie verhindern, dass du das Gleichgewicht verlierst, wenn du dazu neigen solltest, dich zu sehr auf eine Seite „zu schlagen". Wer nur SEIN will, wird in Schönheit sterben. Wer immer nur TUT, wird keinen Sinn in seinem Handeln entdecken. Wer nur HABEN will, wird arm werden, arm an Güte und anderen wohlwollenden Werten. Wer zu viel gibt, wird andere über sich selbst stellen und darunter (unbewusst) leiden. Es geht also um energetischen Ausgleich und um deine innere Balance.

Ordne deine zwölf Ziele und Wünsche in diese vier Kategorien ein. Markiere sie in der jeweiligen Spalte mit einem „x". Die Zuordnung ergibt sich aus deinem jeweiligen Ziel. Ein „Seminar geben" gehört zum Beispiel in die Kategorie GEBEN, ein „neues Auto kaufen" gehört in die Kategorie HABEN, Achtsamkeit/Spiritualität in die Kategorie SEIN und „einen Fachartikel schreiben" in die Kategorie TUN. Hier noch einige weitere Beispiele für dich:

SEIN (Beispiele)
- Persönlichkeit entwickeln
- Glück genießen
- Charisma ausbilden
- gesunde Ernährung betreiben

TUN (Beispiele)
- eine Reise nach Thailand machen
- YouTube-Videos drehen
- Fachveranstaltung besuchen
- Blog/Fachartikel/Buch schreiben

HABEN (Beispiele)
- Wohnung mit Balkon suchen/haben
- neues Fahrrad kaufen
- Freundeskreis aufbauen
- eigenes Haus kaufen

GEBEN (Beispiele)
- dem Freund beim Aufbau des Carports helfen
- ein Patenkind unterstützen
- dem Kind der Nachbarin Nachhilfeunterricht geben
- der Oma bei ihrem Umzug helfen

Wenn du jedes der zwölf Ziele diesen Spalten zugeordnet hast, geht es mit dem nächsten Schritt weiter.

6. Schritt: Drei Ziele

Nachdem du nun Inventur gemacht hast, verfügst du über eine Auflistung von zwölf Zielen, die dir offenbar wichtiger sind als alle anderen.

Die 15. Spalte in deiner Tabelle nennst du „3 Ziele". Wähle aus den Kategorien SEIN, TUN, HABEN, GEBEN insgesamt drei Ziele aus, die dort entweder die meisten Punkte erhalten haben oder die für dich am attraktivsten sind. Markiere diese Ziele wieder mit einem „x" in der Spalte. Du kannst innerhalb der zwölf Ziele auch diejenigen aus den vier Kategorien auswählen, die dir spannender erscheinen und bei denen du spürst, dass du dafür die meiste Energie und daran den größten Spaß hast.

Nun hast du also drei Ziele, auf die du dich nach und nach

konzentrieren wirst. Von diesen drei Zielen entscheidest du dich jetzt für *ein* Ziel, auf das du in den nächsten Wochen deine *ganze* Aufmerksamkeit richten wirst. Dieses Ziel schreibst du in die 16. und damit **letzte Spalte** (Überschrift: Hauptziel).

7. Schritt: Dein weiteres Vorgehen

- Konzentriere dich nun auf die Erreichung dieses einen Hauptziels! Wie wird sich dein Leben verändert haben, wenn du dieses Ziel erreicht hast? Was ist dann anders?
- Setze es Schritt für Schritt um. Das wichtigste Ziel von immerhin 100 steht ganz oben über allen anderen Zielen! Das heißt, deine gesamte Kraft und Energie wandert ab jetzt in die Realisierung dieses einen Ziels.
- Fertige eine Kurzformulierung dieses Ziels an. Formuliere dein Ziel in der vollendeten Zukunft: „Bis nächsten Mittwoch habe ich einen Immobilienmakler kontaktiert!"
Überprüfe das Ziel mit der S.M.A.R.T.-Technik (Kapitel 12). Arbeite auch mit der Wunderfrage und beseitige deine behindernden Überzeugungen (Kapitel 20). Nutze zusätzliche Imaginationsmöglichkeiten, um deinem Unterbewusstsein den zukünftigen Zielzustand im wahrsten Sinne *vorzustellen* (Denkhilfe: „Liebes Unterbewusstsein: Hiermit möchte ich dir *mein Ziel* vorstellen!"). Fertige dazu eine Collage mit Fotos, Bildern, Zeichnungen und Skizzen an, die deine Vision von der Zukunft abbildet und sie für dich jederzeit sichtbar macht.
- Verbinde dieses Ziel mit der Erinnerung an drei frühere positive Referenzerfahrungen (Kapitel 6). Wann in deinem bisherigen Leben hast du bereits ein ähnlich anspruchsvolles (intrinsisches) Ziel erreicht?
- Finde für dieses Ziel drei *verschiedene* Wege, die du gehen kannst, um es zu erreichen. Gehe zuerst den Weg, der dir am sinnvollsten erscheint. Sollte dir dieser Weg in der

Praxis Probleme bereiten, steht dir noch Weg B oder C zur Verfügung.
- Halte deine Fortschritte schriftlich fest und fertige dir Notizen zu deinen Erfahrungen an. Reflektiere sie und lerne daraus. Überwache deinen inneren Dialog. Was flüstert dir dein innerer Schweinehund zu? Unterstützt er dich oder hält er dich mit behindernden Überzeugungen von deinem Fortschritt ab? Falls ja, notiere diese negativen Denkautomatismen und beseitige sie (siehe Kapitel 19)!
- Sobald du das erste Hauptziel erreicht hast, arbeitest du das nächste Ziel ab und gehst auf die beschriebene und erprobte Weise weiter vor!

Wenn du alle zwölf Top-Ziele umgesetzt hast, wiederhole diese Übung! Es ist durchaus sinnvoll, sie spätestens nach zwei bis drei Jahren erneut durchzuführen.

Vielleicht schreckst du vor einer so umfangreichen Übung zurück? Sei dir in diesem Falle darüber klar, dass erfolgreiche Menschen unter anderem deshalb erfolgreich sind, weil sie andere Wege gehen als die breite Masse und solche Umstände auf sich nehmen!

Noch eine Anmerkung zu dieser Übung, die dich vielleicht zusätzlich motiviert, sie auch tatsächlich sehr gründlich umzusetzen: Ich habe sie vor knapp drei Jahren für mich selbst durchgeführt und zunächst nach und nach die ersten zwölf Ziele erledigt. Danach war ich zufrieden mit mir und habe diese Übung vorerst aus den Augen verloren.

Bei der Vorbereitung für dieses Buch habe ich mir noch einmal alle 100 Ziele von damals angeschaut und überprüft, wie viele Ziele ich insgesamt erreicht habe. Verwundert stellte ich fest, dass mir mein Unterbewusstsein weiter tatkräftig zur Seite stand und der vorgenommenen Programmierung weiter folgte, denn ich hatte nach knapp drei Jahren satte 61(!) von diesen 100 Zielen erreicht! Das hat selbst mich überrascht.

Kapitel 17: Nutze deine wertvollen Erfahrungen

In Kapitel 15 habe ich dir erläutert, was Wertvorstellungen eigentlich sind, und in Kapitel 16 hast du erfahren, dass dir manche Ziele und Wünsche sehr wertvoll erscheinen, dich aber innerlich nur *scheinbar* antreiben.

Im nun folgenden Kapitel möchte ich dir erklären, wie diese Wertvorstellungen überhaupt entstanden sind. Ich habe festgestellt, dass es uns leichter fällt, auf unsere innere Stimme zu hören, wenn uns dieser Entstehungsprozess bekannt ist.

Mit dem ersten Herzschlag im Leib deiner Mutter hast du begonnen, Erfahrungen zu sammeln. Während du dich im Mutterleib aber noch in einem *geschützten Raum* befunden hast, waren die Erfahrungen, die du ab dem Tag deiner Geburt gesammelt hast, sehr viel direkter und intensiver als zuvor im Mutterleib.

Erfahrungen, die dir einst gutgetan haben und die du entsprechend positiv zu bewerten suchtest, hast du als Ressourcen, als positive Referenzerfahrungen in deinem Gedächtnis (als Erinnerung) und in deinem Körper (als Körpererfahrung) gespeichert. Erfahrungen wie Zuneigung, Liebe, Zärtlichkeit könnten das etwa gewesen sein. Du entsinnst dich vielleicht, wie dich deine Mutter in den Arm nahm, dich zärtlich berührte und dir dabei einen Blick schenkte, der aussagte: „Ich liebe dich über alles!", eine sehr wertvolle und wichtige Erfahrung.

Negative, belastende Erfahrungen hast du auf ganz ähnliche Weise verarbeitet. Das möchte ich am Beispiel eines körperlichen Übergriffes illustrieren.

Die meisten Menschen haben irgendwann in ihrer Kindheit oder Jugend, von wem auch immer, körperlichen Schmerz, zum Beispiel in Form einer Ohrfeige, zugefügt bekommen.

Erinnerst du dich noch an eine solche Ohrfeige in deinem Leben? Wenn du eine derartige Erfahrung machen musstest, hast du sie sicherlich nicht vergessen. Bei dem Gedanken an diese Ohrfeige spürst du sofort einen beklemmenden Gefühlszustand und das Brennen auf der Haut, das die Hand der anderen Person verursacht hat, vor allem wenn es eine sehr *saftige* Ohrfeige war.

Wenn du jetzt, in dieser Sekunde, daran denkst, fällt es dir vielleicht schwer zu ergründen, was diese Erinnerung ausmacht. Erst wenn du dich darauf einlässt, stellst du fest, dass du dich auf die in Kapitel 13 beschriebene Weise daran erinnerst, nämlich auf einer geistigen *und* auf einer körperlichen Ebene.

Diese mit einem intensiven Körpergefühl einhergehende Erinnerung bezeichnet man im systemischen Coaching als Anker. Es wurde also im Moment der Entstehung eine Information („Du hast etwas getan, was mir nicht gefällt. Ich lehne dich dafür ab!") mit einem körperlichen Kontakt (= *Ohrfeige*) *verbunden*.

So, wie die Kette des Ankers eines Schiffes das schwimmende Schiff *gleichzeitig* mit dem Anker auf dem Meeresboden verbindet, besteht auch eine Verknüpfung zwischen einer sachlichen Information und einer körperlichen Erfahrung, zum Beispiel einer Berührung. Es existiert damit eine direkte Verbindung im Sinne eines *Bindfadens* zwischen der körperlichen und der *gleichzeitigen* inhaltlichen Wahrnehmung eines Ereignisses.

Diese Verbindung ist das, was uns nach einer durchlebten Erfahrung *für immer* als Erinnerung *zur Verfügung* steht, entweder als Ressource (zum Beispiel Zuneigung, ausgedrückt durch die Zärtlichkeit der Mutter) oder als belastende, physische Erfahrung (zum Beispiel Ablehnung, ausgedrückt durch eine Ohrfeige).

Je intensiver diese Erfahrung für dich war, man bezeichnet eine solche Erfahrung als „Signifikantes Emotionales Ereignis", umso bedeutsamer war für dich die entstandene Verbindung und umso wahrscheinlicher ist es, dass sie für dich einen nachhaltigen (emotionalen) *Wert* darstellte. Du hast sie im Augenblick ihrer Entstehung also auf eine bestimmte Weise *bewertet*, entweder positiv oder negativ.

Diese Erfahrung war es gewissermaßen *wert*, zukünftig von dir beachtet und erinnert zu werden. Sie hatte demzufolge das Potenzial, sich zu einer echten *Wertvorstellung* zu entwickeln. Sie hat dich emotional so sehr beeindruckt, dass du sie auf deiner inneren, mentalen Prioritätenliste ganz nach oben *geschoben* hast. Je öfter sich ein Ereignis dieser Art wiederholte, umso weiter nach oben kletterte diese Erfahrung in deinem internen „Ranking".
Deine Wertvorstellungen wurden durch sehr viele unterschiedliche Erfahrungen geprägt. Nicht immer müssen andere Menschen im Spiel gewesen sein.
Der Sturz mit dem Fahrrad zum Beispiel, der durch deinen eigenen Fahrfehler passierte und zu einer körperlichen Verletzung führte, bedingt ebenfalls die Entstehung einer solchen Wertvorstellung, denn auch hier handelte es sich um eine signifikante emotionale Erfahrung. Du hast *erfahren* und damit gelernt, dass *Unaufmerksamkeit* zu Schmerzen führt. Der körperlich erlebte Schmerz und die damit einhergehende verstandesmäßige Bewertung der Lernerfahrung führte zu der Erkenntnis, dass Unaufmerksamkeit Schmerzen verursacht. Du hast dann vielleicht geschlussfolgert, dass du aufmerksamer sein solltest (Wert: Aufmerksamkeit), um diese Art Schmerz zukünftig zu vermeiden. Du bist ab jetzt *motiviert*, in solchen Situationen aufmerksamer zu sein. Die schmerzhafte Erfahrung „Unaufmerksamkeit" stellt dabei einen sogenannten „Weg-von"-Wert dar. Er wird auch als Vermeidungswert oder als Aversionswert bezeichnet.
Du stellst also fest, dass Unaufmerksamkeit mit Schmerz verbunden ist. Dabei ist es zunächst unbedeutend, ob diese Situation durch Selbst- oder Fremdverschulden verursacht wurde. Da du ein lernendes Wesen bist, triffst du nach einer solchen schmerzhaften Erfahrung blitzschnell die Entscheidung, diese Art Schmerz zukünftig durch erhöhte Aufmerksamkeit zu vermeiden. Die Lernerfahrung „Aufmerksamkeit" verkörpert dabei die *Gesamtheit* der Erfahrungen dieses einen signifikanten emotionalen

Ereignisses und wurde somit zu einem *unbewussten* Ziel. Sie stellt nun einen sogenannten „Hin-zu"-Wert (Appetenz-Wert) dar. Aufmerksamkeit ist ab jetzt für dich erstrebenswert, da du so körperlichen Schmerz vermeiden kannst. Das passiert selbstverständlich ganz unbewusst.

Derlei Erlebnisse gab es in deinem Leben sehr viele. Alle Einzelerfahrungen, die du jemals gesammelt hast, reihen sich wie die Perlen einer Kette aneinander. Jede von ihnen hat dich ein wenig geprägt und dabei emotionale Spuren hinterlassen. Je intensiver diese Erfahrungen waren, umso stärker haben sie dich geformt. Sie beeinflussen dich hier und jetzt, also in der Gegenwart, und auch zukünftig, in jeder Sekunde deines Daseins, je nach Situation mal intensiver und mal weniger intensiv, vor allem auf der emotionalen Ebene.

Während also positive Erfahrungen ganz direkt die Entstehung positiver Wertvorstellungen erzeugen, durchlaufen negative (Lern-)Erfahrungen einen Umweg: Ohrfeige ⇒ verursacht Schmerz ⇒ bedeutet Ablehnung und/oder Erniedrigung ⇒ bedeutet (erlebte) Ohnmacht. Das willst du *nicht*, willst das also zukünftig *vermeiden*.

Du triffst in Bruchteilen von Sekunden unwillkürlich eine unbewusste Entscheidung, die Einfluss auf dein ganzes Leben hat: Was willst du stattdessen? Vielleicht *Stärke* statt *Erniedrigung*? *Macht* statt *Ohnmacht*? *Anerkennung* statt *Ablehnung*? Erst über diesen Umweg entstehen die entsprechenden „Hin-zu"-Werte.

Welche unbewussten *Entscheidungen* du in schmerzhaften Situationen tatsächlich getroffen hast, mag sehr von der jeweiligen Situation, von der Intensität des erlebten emotionalen Schmerzes und von der Häufigkeit der Wiederholung in deinem Leben abhängig gewesen sein.

In jedem Fall stehen dir diese Erlebnisse noch heute, im Hier und Jetzt, als Erinnerung und im wahrsten Wortsinne als *sinnliche* und *wertvolle* Erfahrungen und damit als Werte oder Wertvorstellungen zur Verfügung.

Somit werden deine gegenwärtigen und zukünftigen Handlungen und Entscheidungen maßgeblich von deinen vergangenen (signifikanten) Erfahrungen beeinflusst. Werte sind so zu inneren Antreibern geworden. Du wirst von inneren Kräften (von *Motoren*) gelenkt und angetrieben, etwas *zu wollen* oder *nicht zu wollen*, voraussichtlich für den Rest deines Lebens.

In dir *wohnt* ein ganzer Berg von intensiven emotionalen Erfahrungen, die alle für dich eine große Bedeutung haben. Dabei gewichtest du positive Erfahrungen unbewusst etwas schwächer als negative, denn die positiven Erfahrungen stellten für dich, im Gegensatz zu den schmerzhaften, keine Bedrohung dar. Das Bedürfnis, *nicht* geschlagen zu werden, ist stärker als das Bedürfnis, gestreichelt zu werden. Der dir innewohnende Überlebensinstinkt ist vordergründig darauf ausgerichtet, dich vor leiblichen Gefahren zu schützen und so dein Überleben zu sichern. Erst wenn du dich sicher fühlst, lässt du auch andere Bedürfnisse zu.

Alle Ereignisse in deinem Leben, die dich sowohl negativ als auch positiv emotional *beeindruckt* haben, stehen dir also in der Gegenwart als Erfahrungs-*Wert* zur Verfügung: die vom brutalen, schlagenden, alkoholisierten Vater verursachten Erfahrungen ebenso wie die der aggressiven, Mobbing praktizierenden Schulkameraden, aber ebenso wie die durch die gütige, liebenswürdige Oma oder den gerechten, anerkennenden, motivierenden Klassenlehrer verursachten Erfahrungen. All diese Ereignisse hast du inhaltlich *und* körperlich bewertet und gespeichert. Sie haben dich, dein Verhalten und deine Entscheidungen geprägt und letztlich zu dem gemacht, der du jetzt bist.

Die unermessliche Fülle dieser emotional bedeutsamen Erfahrungen – wahrscheinlich waren es allein in deiner Kindheit und Jugend einige Tausend – macht es unmöglich, dass dir all diese Bewertungen von damals, die man auch als Kognitionen bezeichnet,

gleichzeitig bewusst im Hier und Jetzt zur Verfügung stehen. Deshalb kommt dir dein Unterbewusstsein zu Hilfe. Es hat für dich alles geordnet, verdichtet und archiviert. Umgangssprachlich könnte man sagen, all diese früheren Erfahrungen wurden in die *Cloud hochgeladen*. So wie vielleicht viele deiner Fotos und anderer Dokumente in einer Cloud lagern und oftmals in Vergessenheit geraten, befinden sich deine unzähligen früheren Erfahrungen ebenfalls in einem separaten Speicher, also in deinem Unterbewusstsein.
Nur wenige *wertvolle* Erfahrungen sind dir tatsächlich bewusst. Das ist dann die berühmte Spitze des Eisberges, die in der Psychologie gerne mit dem Eisbergmodell beschrieben wird.
Die bekannte Kommunikationstrainerin *Vera F. Birkenbihl* sagte einmal, dass unser Bewusstsein *elf Millimeter* ausmacht, aber unser Unterbewusstsein *elf Kilometer*. Damit meinte sie, dass wir nur sehr selten bewusst handeln und entscheiden. Unsere eigentliche Kraftzentrale wohnt in unserem Unterbewusstsein.
Das Gros all deiner früheren Lebenserfahrungen ist dir deshalb nicht ohne Weiteres zugänglich. Das ist einerseits gut und hilfreich, denn so kannst du frühere unerfreuliche Erfahrungen gut ausblenden oder komplett verdrängen. Sie belasten dich dann im Alltag nicht so stark.
Andererseits bedeutet das auch, dass du dir vielleicht nicht klar darüber bist, was für dich wertvoll ist, was dich also tatsächlich innerlich antreibt, was du *wirklich* willst und was du nicht willst.
So läufst du Gefahr, diese wichtigen und *wert*vollen Erfahrungen, die dein Handeln maßgeblich bestimmen, zu vernachlässigen und nicht in deine alltäglichen Entscheidungen und Handlungen miteinzubeziehen.
Im schlimmsten Falle handelst du sogar deinen unbewussten Wertvorstellungen zuwider, zum Beispiel während deiner beruflichen Tätigkeit.
Wenn du zum Beispiel irgendwann in deinem früheren Leben

erfahren hast, dass dir Anerkennung oder Freiheit sehr wichtig sind, kann es sein, dass es dich sehr stört, wenn dich dein Chef andauernd kritisiert und dir fortlaufend sagt, was du zu tun oder zu lassen hast. Du *fühlst* dich dann schlecht, mit der Folge, dass du traurig bist. Dein innerer Schweinehund protestiert nun immer öfter, wenn du zur Arbeit gehst, wodurch es dir schwerfällt, dich morgens in Bewegung zu setzen.

Dieser Widerspruch stellt einen unbewussten Konflikt dar. Dein innerer Schweinhund verkörpert diesen Konflikt. Er schlägt sich dabei *weder* auf die eine *noch* auf die andere Seite, sondern er *repräsentiert* den Konflikt *selbst*.

Wir hatten schon herausgearbeitet, dass er als dein innerer Wächter agiert. Er hat vollen Zugriff auf alle Inhalte deines Gedächtnisses, kennt also deine geheimsten Wünsche und Wertvorstellungen. Sobald du entgegen dieser Wertvorstellungen zu handeln beginnst, protestiert er und macht auf sich aufmerksam. Allerdings tut er das meist auf eine kaum verständliche Weise. Weil du nicht weißt, dass dich dein innerer Schweinehund mit dieser Protesthaltung auf diesen Konflikt hinweisen will, verhältst du dich so wie immer: Du ignorierst diese innere Abwehr und *hoffst*, dass sie von selbst vorbeigeht. Doch das passiert in den seltensten Fällen.

Das bedeutet im Umkehrschluss: Wenn es dir gelingt, dir deine unbewussten Wertvorstellungen bewusst zu machen und sie in deinem Leben zu berücksichtigen, wäre es für deinen inneren Schweinehund zukünftig nicht mehr notwendig, diese Protesthaltung einzunehmen.

Erfreulicherweise gibt es eine Methode, die dir hilft, deine unbewussten Wertvorstellungen zu erkunden, um sie bei wichtigen Entscheidungen berücksichtigen zu können. Sie stammt aus dem systemischen Coaching und wird als *Werteinterview* bezeichnet. Du findest die Beschreibung des Ablaufs dieses Werteinterviews nach diesem Kapitel.

Inhaltlich geht das Werteinterview auf die Arbeiten und Erkenntnisse des österreichischen Psychologen *Viktor E. Frankl* zurück. Er hat das Thema Werte[*] im Rahmen der von ihm begründeten Existenzanalyse schon frühzeitig (1974) aufgegriffen und festgestellt, dass es eine tiefe Verbindung zwischen unseren Wertvorstellungen und dem Sinn des Lebens gibt.

Frankl meinte, dass das Leben während jeder Erfahrung, die wir durchleben, Fragen an uns richtet. Unsere Aufgabe könnte darin bestehen, auf diese Fragen die für uns passenden Antworten zu finden und so einen Sinn in jeder dieser Erfahrungen zu sehen.

Er bezeichnete unser *Gewissen* als ein „Sinn-Organ"[*] und meinte damit eine unbewusste innere Instanz, die *überprüft*, ob unsere getroffenen Entscheidungen und tatsächlichen Handlungen und Aktivitäten mit unseren Wertvorstellungen übereinstimmen, also einen Sinn für uns haben. Er war davon überzeugt, dass Menschen darunter leiden, wenn sie in ihrem Leben und in ihren Handlungen keinen Sinn erkennen können. Das Leben ist dann *wertlos* für sie.

Frankl hat deshalb mit seinen Klienten ein Sinnfindungsgespräch geführt, das dazu diente, in dem, was ihnen widerfährt oder widerfahren ist, einen Sinn und damit einen Wert zu entdecken. Dein Gewissen überprüft blitzschnell und ständig, ob du im Einklang mit deinen Werten lebst und handelst. Dieser Mechanismus lässt sich nicht überlisten. Das Werteinterview ist in diesem Sinne eine Weiterentwicklung des Sinnfindungsgespräches. Es hilft dir, deine tief sitzenden unbewussten Überzeugungen zu entdecken, um sie bei deinen zukünftigen Entscheidungen und bei der Wahl deiner Ziele berücksichtigen und so unbewusste Konflikte auflösen zu können.

---

[*] *Vgl. Frankl, Viktor E.: Der unbewusste Gott. München: dtv, 2006. S. 71 f.*
[*] *ebd.*

Wenn es dir gelingt, diesen Sinn mit deinen zukünftigen Zielen zu verknüpfen, weißt du auch, *warum* du dieses Ziel verfolgst. Dieses Warum ist sehr bedeutsam für dich und deine Zielsetzungen. Schon Friedrich Nietzsche sagte:

„Wer ein Warum hat, erträgt fast jedes Wie".

Wir Menschen benötigen einen Grund für unser Handeln. Wenn wir diesen Grund kennen, handeln wir motiviert, entschlossen und authentisch.

Das Werteinterview hilft dir dabei, die wirklichen Gründe für dein Handeln zu ermitteln. Ich wünsche dir viel Erfolg dabei, dieses Warum im Rahmen des Werteinterviews zu entdecken!

✎ Zusammenfassung:

Wertvorstellungen auf der persönlichen Ebene entstehen durch signifikante emotionale Erfahrungen. Je bedeutsamer (signifikanter) eine Erfahrung in deinem bisherigen Leben war, umso stärker ist ihr Einfluss auf dein zukünftiges Leben. Positive Erfahrungen haben das Entstehen sogenannter Appetenz-Werte („Hin-zu"-Werte) zur Folge; negative, schmerzliche Erfahrungen verursachen das Entstehen von Vermeidungswerten oder Aversionswerten, die auch als „Weg-von-Werte" bezeichnet werden.

Werte sind starke innere Antreiber. Wenn du sie im Rahmen deiner Zielsetzungen vernachlässigst, verursachen sie oft unbewusste Konflikte. Wenn du sie aber bewusst fokussierst, können sie zum Katalysator deines Erfolges werden.

📖 Übung: Führe das Werte-Interview durch

Wenn du dir ein Ziel setzt, zum Beispiel: „Ich möchte Abteilungsleiter in meiner Firma werden", solltest du dir zuerst sicher sein, dass diese zukünftige Position auch deinen Stärken entspricht (siehe Kapitel 14). Wenn das der Fall ist, kannst du nun mit dem Werte-Interview herausfinden, ob dieses Ziel ebenfalls mit deinen bewussten und unbewussten Wertvorstellungen übereinstimmt. Mit dieser Interviewtechnik ist es aber auch möglich zu untersuchen, ob deine Wertvorstellungen in einem bestimmten Kontext erfüllt werden, zum Beispiel in deiner *Partnerschaft*, in deinem *Beruf* oder in deinem ganzen *Leben*. Das kannst du frei entscheiden.

Suche dir zunächst jemanden, dem du vertraust, und bitte ihn, mit dir dieses Interview durchzuführen. Das ist einfacher, als du vielleicht vermutest.

✋ Aufgabe:

Dein Interview-Partner (A) nimmt einen Zettel und notiert als erstes das übergeordnete Thema, das du (B) ihm nennst. Wir entscheiden uns hier beispielhaft für den *Beruf*.

Dann fragt dein Interviewer (A): „Was ist dir wichtig an deinem Beruf?"

Du (B) antwortest: „Unabhängigkeit." A notiert „Unabhängigkeit." (Wenn ein konkretes Ziel untersucht werden soll, fragt der Interviewer direkt: „Warum willst du dieses Ziel erreichen? Was ist dann für dich erfüllt?" Auch hier könnte die Antwort „Unabhängigkeit" lauten. Der weitere Verlauf ist identisch, egal, ob du ein Ziel oder ein anderes Thema untersuchen willst).

Danach fragt der Interviewer: „Warum ist dir (zum Beispiel) Unabhängigkeit wichtig?"

B antwortet: „Weil ich mich dann frei fühle."
Dahinter verbirgt sich der Wert „Freiheit".
A notiert unter dem Wort „Unabhängigkeit" deshalb den Wert „Freiheit".
A fragt: „Warum ist dir Freiheit wichtig? Was ist für dich erfüllt, wenn du Freiheit in deinem Beruf leben kannst?"
B wird jetzt etwas länger überlegen, weil die Befragten bei dieser Fragetechnik nach der zweiten, dritten, spätestens vierten Frage die bewusste Ebene verlassen werden. B richtet diese Frage in diesem Moment ernsthaft nach innen. Ein innerer Suchprozess beginnt, der für B auch ein bisschen anstrengend ist. Das ist genau so erwünscht! Viele Befragte verbinden damit berührende oder angenehme Empfindungen.
B antwortet: „Weil ich mich dann nicht mehr abgelehnt fühle." Jetzt muss A helfen, den „Hin-zu"-Wert zu finden.
A fragt: „Was ist für dich das Gegenteil von Ablehnung?"
B antwortet: „Anerkennung."
A notiert den „Hin-zu"-Wert „Anerkennung" unter dem vorherigen Wert „Freiheit".
A fragt weiter: „Warum ist dir Anerkennung wichtig?"
B überlegt (vermutlich) wieder länger: „Weil ich dann das Gefühl habe, dazuzugehören."
A fragt: „Welcher Wert versteckt sich für dich dahinter? Zum Beispiel Zugehörigkeit oder Gemeinschaft?"
„Ja, Zugehörigkeit ist das für mich", antwortet B.
A notiert „Zugehörigkeit" unter dem vorherigen Wert „Anerkennung" und fährt in der gleichen Weise fort.
„Was ist für dich erfüllt, wenn du dich dazugehörig fühlst?"
„Dann fühle ich mich geborgen."
A notiert „Geborgenheit" unter „Zugehörigkeit".
A fragt: „Warum ist dir Geborgenheit wichtig?"

B überlegt länger und ist vielleicht ein bisschen sprachlos, antwortet dann aber: „Dann spüre ich Glück!"

Diese Antwort deutet darauf hin, dass der gesuchte Endwert gefunden wurde. Solche Endwerte werden auch als Seins-Werte bezeichnet, da sie den tieferen Sinn des *Daseins* der befragten Person berühren.

A fragt aber vorsichtshalber weiter: „Was ist für dich erfüllt, wenn du glücklich bist?"

B zuckt vielleicht die Schultern und sagt: „Da ist einfach alles drin für mich! Mir fehlen die Worte!"

A notiert „Glück" unter „Geborgenheit".

Vielleicht erfolgt aber noch eine weitere Antwort, zum Beispiel: „Dann fühle ich mich weise."

A notiert „Weisheit" unter dem Wert „Glück" und stellt noch einmal eine Kontrollfrage: „Warum ist dir Weisheit wichtig?"

B antwortet vielleicht: „Weil ich dann glücklich bin."

Sobald sich die Antworten wiederholen (Glück), deutet das ebenfalls darauf hin, dass der Endwert erreicht wurde. Die Wiederholung wird dann nicht mehr notiert.

Die gefundenen Werte für den Lebenskontext *Beruf* lauten in unserem Beispiel für B nun:

Unabhängigkeit, Freiheit, Anerkennung, Zugehörigkeit, Geborgenheit, Glück, Weisheit.

Diese Werte-Begriffe spielen für dich als den Befragten in deinem Leben also eine bedeutende Rolle. Sie sind, wie du erfahren hast, mit allerlei Lernerfahrungen verbunden, angenehmen wie unangenehmen. Deshalb sind diese Werte auch von starker *emotionaler* Bedeutung. Bei manchen Befragten rollen während der Befragung deshalb sogar die Tränen. Manchmal sind das Glückstränen, manchmal Tränen des

Schmerzes. In jedem Fall ist diese Befragung für B eine große Bereicherung, weil damit eine intensive emotionale und geistige Klarheit verbunden ist.

Im nächsten Schritt wird herausgearbeitet, welcher von den erarbeiteten Werten der stärkste Wert ist, also die emotional größte Bedeutung hat.

A *vergleicht* nun die gefundenen Werte miteinander und fragt: „Welcher Wert ist dir wichtiger, wenn du das eine haben könntest, aber das andere nicht: Unabhängigkeit oder Freiheit, Unabhängigkeit oder Anerkennung usw.?"

Jeder Wert wird also mit den jeweils anderen Werten abgeglichen. Hast du dich (als B) bei diesem Vergleich für einen Wert entschieden, versieht A ihn (den Wert, der „gewonnen" hat) mit einem Strich dahinter. Das ähnelt der Vorgehensweise in der Übung *100 Ziele und Wünsche* aus dem vorherigen Kapitel. Zum Schluss stellt der Wert mit den meisten Strichen den höchsten Wert dar. Das ist dann der sogenannte *leitende Wert* mit der stärksten motivationalen und emotionalen Bedeutung! Aber: *Alle* gefundenen Werte haben eine besondere Bedeutung, denn sie sind alle mit weit zurückliegenden Lernerfahrungen verbunden und entsprechend emotional besetzt und damit starke innere Antreiber.

In diesem Beispiel ist der Wert ‚Weisheit' der ermittelte leitende Wert.

Unabhängigkeit	II
Freiheit	I
Anerkennung	IIII
Zugehörigkeit	II
Geborgenheit	III
Glück	III
Weisheit	III III

Weitere Erläuterungen zu dieser Übung:

Nach Beendigung dieses Interviews kennst du nun die Werte, die dir im Hinblick auf den gewählten Kontext wichtig sind, einschließlich des leitenden Wertes.

Nun solltest du einen Realitätscheck durchführen und überprüfen, ob du alle oben genannten Werte in dem gewählten Kontext, in diesem Fall war es der Beruf, ausleben kannst, deine Wertvorstellungen also erfüllt werden.

In dem oben genannten Beispiel könntest du als der Befragte nun überprüfen, ob du in allen beruflichen Situationen zum Beispiel *weise* entscheiden oder handeln kannst und *darfst*, ob du den Wert Weisheit also für dich erfüllt siehst. Aber auch alle anderen Werte müssen gelebt werden *dürfen*. Wenn das der Fall ist, dürfte die Wahrscheinlichkeit groß sein, dass du in deiner beruflichen Situation dauerhaft zufrieden sein wirst. Werden einige Wertvorstellungen aber nicht erfüllt, kann das die Quelle für eine berufliche Unzufriedenheit sein. Du solltest dann überlegen, wie du diese Situation ändern kannst.

Das Werte-Interview kannst du also anwenden, um herauszufinden, ob deine allgemeinen Aktivitäten, deine Partnerschaft oder dein momentan ausgeübter Beruf deinen eigenen Wertvorstellungen entsprechen. Aber ebenso kann es angewendet werden, wenn wichtige Ziele erreicht und zuvor ihre Werthaltigkeit überprüft werden soll oder wenn wichtige Lebensentscheidungen anstehen, zum Beispiel im Falle einer Berufsfindung oder beruflichen Neuorientierung.

Gleichzeitig ist das Werte-Interview eine Art *Sinnfindungsgespräch*. Denn hinter jedem Wert verstecken sich emotional einschneidende Erfahrungen, die du auch so verstehen kannst, dass dir das Schicksal im Moment dieser Erfahrung und der Entstehung dieses Wertes einen *Wink* gegeben hat. Im Sinne Frankls könnte man sagen, dass das Leben dir eine Frage gestellt hat, als du zurückgewiesen, gemobbt oder geschlagen wurdest. Nun hast du die Aufgabe herauszufinden, warum diese Erfahrung für dich *auch* wertvoll war, ihr also einen Sinn abzugewinnen. Viele Menschen ziehen aus einer solchen Betrachtungsweise sehr viel Kraft und Energie.

In der Psychologie werden solche Befragungen auch als Motivanalysen bezeichnet. Es geht dabei stets darum, in Erfahrung zu bringen, worin die stärksten inneren Triebfedern eines Menschen bestehen, um ihm zu ermöglichen, im Einklang mit ihnen zu handeln.

Inzwischen gibt es auch Analysetools, die online durchgeführt werden können. Sie beschäftigen sich ebenfalls eingehend mit Werten, Bedürfnissen oder auch mit den sogenannten Lebensmotiven, was inhaltlich jeweils in etwa dasselbe meint. Hier werden allerdings meist die *bewussten* Werte ermittelt. Es wird also zum Beispiel die Frage gestellt: „Wie wichtig ist dir *Erfolg* auf einer Skala von 0 bis 10?" So werden dann weitere Werte oder Motive abgefragt und die Antworten zum Schluss (oft elektronisch) ausgewertet, um dir zu zeigen, was dir wirklich wichtig ist.

Solche Tools tragen durchaus dazu bei, dass der Befragte mehr Klarheit über seine eigene Handlungsmotivation erlangt. Sie haben jedoch den Nachteil, dass die Wertebegriffe *vorgegeben* und nicht durch den Befragten selbst herausgefunden werden. Damit bleibt er mit seinen Gedanken überwiegend auf der bewussten Ebene. So erhält er nur ein unvollständiges Bild seiner inneren Wertewelt.

In dem beschriebenen Werte-Interview, das dem systemischen Coaching entlehnt ist, wird die befragte Person mit der permanenten Nachfrage „Warum?" immer wieder *sanft* genötigt, auf die *unbewusste* Ebene zu wechseln und hier nach tief verinnerlichten Zielen, Wünschen und Bedürfnissen zu suchen. Es wird also mit einer *offenen* Fragetechnik gearbeitet.

Das ist mit einem standardisierten Analysetool kaum möglich. Darin besteht der entscheidende Unterschied und Mehrwert des Werteinterviews im Vergleich zu anderen Methoden der Werteerkundung.

Sobald dir mithilfe des Werte-Interviews deine individuellen Werte bewusst geworden sind, wird dein Leben im wahrsten Sinne des Wortes *wert-* und *sinn*voller. Es entstehen *Einklang* und *Einstimmigkeit*, sofern du die notwendigen Schlüsse daraus ziehst. Deine Ziele erscheinen dir dann nicht mehr als etwas Konstruiertes, als etwas, was du zu erreichen *bemüht* bist, sondern als etwas Gegebenes, Selbstverständliches, eben als deine *Berufung* oder als *Zweck deiner Existenz*.

Sind deine (emotionalen) Erlebnisse und Erfahrungen der Vergangenheit, der Gegenwart und die zukünftig eintretenden vielleicht der Bestandteil eines laufenden *Berufungs*verfahrens?

Abschließend ist folgender Hinweis sehr wichtig:

Bitte *unterscheide* zwischen deinen persönlichen Wertvorstellungen und deinen individuellen Talenten und Begabungen! Hier existieren einige Parallelen in den Begrifflichkeiten, die Missverständnisse verursachen können.

Die in Kapitel 14 genannten Talente und Begabungen können durchaus *auch* deinen Wertvorstellungen entsprechen, müssen aber nicht mit ihnen identisch sein! So kann der Fall eintreten, dass dir zum Beispiel Teamfähigkeit, Disziplin, Ausdauer oder Tatkraft sehr viel bedeuten und damit deinen Wertvorstellungen entsprechen. Das heißt aber *nicht*, dass du auch teamfähig, diszipliniert, ausdauernd oder tatkräftig *bist*! Sobald hier Unstimmigkeiten bestehen, die dir nicht bewusst sind, können daraus widersprüchliche Handlungen und Verhaltensweisen und damit Konflikte resultieren. Du folgst dann möglicherweise einem *Ideal*, das aber nicht deinem *Naturell* entspricht.

Im Umkehrschluss heißt das aber auch, dass du eine besondere Wirksamkeit in einem bestimmten Bereich entwickeln kannst, wenn eines deiner konkreten Talente auch mit deinen individuellen Wertvorstellungen übereinstimmt und beides im Alltag gelebt werden kann. Die Chance, dass du außerordentliche Ergebnisse erzielst, ist in diesem Fall besonders hoch. Deshalb solltest du zielgerichtet danach streben, diese Übereinstimmungen zu entdecken!

Kapitel 18: Höre dir selbst zu

„Glaube versetzt Berge", sagt man umgangssprachlich. Aber was verbirgt sich eigentlich genau hinter dem, was wir *glauben*, wovon wir also so fest überzeugt sind?

Mit dieser Frage hat sich der US-amerikanische Psychologe und Psychotherapeut *Albert Ellis* sehr intensiv befasst. Er trug dazu bei, dass es in den 1960er-Jahren in der modernen Psychologie zur sogenannten *Kognitiven Wende* kam.

Ellis stellte fest, dass wir all unsere Erfahrungen nicht nur auf eine bestimmte Weise bewerten, sondern dass diese Bewertungen aus unseren Erfahrungen heraus gleichzeitig zu unseren Überzeugungen werden. Er bezeichnete diese Überzeugungen als *Beliefs*. Ein *Belief* ist ein Glaubenssatz, also eine zu einer kurzen Aussage verdichtete Annahme, die Menschen subjektiv für *wahr* halten.

Ellis hat seine Überlegungen in einem einfachen Modell veranschaulicht, in seiner sogenannten ABC-Theorie. Mit ihrer Hilfe stellt er den Zusammenhang von Denken und Emotionen her. Ellis bemerkte, dass unser Denken direkten Einfluss auf unsere unmittelbaren Gefühle und Emotionen hat. Und er stellte fest, dass die *Art* und *Weise* unseres Denkens *aktiv* beeinflusst werden kann, entweder von uns selbst oder von anderen.

Die meisten Menschen glauben, dass ein bestimmtes Ereignis ganz *direkt* bestimmte Gefühle in ihnen auslöst. Wenn du zum Beispiel ein für dich wichtiges Ziel nicht erreicht hast, bist du sicherlich traurig und fühlst dich vielleicht auch schlecht deshalb. Du könntest nun annehmen, dass es ganz normal ist, sich deshalb schlecht zu fühlen.

Wenn du aber deiner Freundin Anna davon erzählen würdest, dass du dich schlecht fühlst, weil du dein Ziel nicht erreicht hast, würde sie sich eventuell wundern. Sie würde dir vielleicht sagen, dass es doch gut ist, wenn du deinen Fehler erkannt und etwas daraus gelernt hast, und dir raten, dir zukünftig einfach ein leichter erreichbares Ziel zu setzen, aus dieser Erfahrung also etwas zu lernen.

Diesen Zusammenhang hat Ellis mit seinem ABC-Modell beschrieben. Ein und dasselbe Ereignis (A) kann bei zwei unterschiedlichen Menschen zwei völlig unterschiedliche Sichtweisen (B) und damit unterschiedliche Gefühle (C) hervorrufen.

Hinter (B) verbirgt sich das Bewertungs- bzw. Überzeugungssystem eines Menschen, was er also glaubt und was er nicht glaubt. Im Englischen steht der Buchstabe B für einen Belief, also für einen ‚Glaubenssatz'.

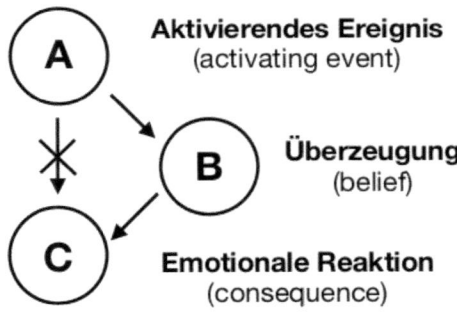

Abbildung: Das ABC-Modell nach Albert Ellis

Dieses Bewertungssystem kannst du als eine Art Filtersystem betrachten. Du nimmst Informationen und aktivierende Ereignisse mit deinen Sinnesorganen wahr. Dann durchlaufen sie auf geistiger Ebene dein verinnerlichtes Bewertungssystem, und erst jetzt kommt es zu einer (körperlichen) Reaktion. Dieses Bewertungssystem wurde stark durch deine früheren Lern- und Lebenserfahrungen geprägt. Du bewertest und begründest also jeden (äußeren) Reiz auf deine individuelle Art, so wie du es *früher* einmal gelernt hast. Denn wäre das nicht der Fall, dass jeder Mensch über sein eigenes, individuelles Bewertungssystem verfügt, müssten alle Menschen auf alle äußeren Reize auf dieselbe Weise reagieren und bezüglich eines Sachverhaltes stets die gleiche Meinung haben.

Dieser Erkenntnis nach hast du die *Wahl*, wie du auf ein äußeres Ereignis, zum Beispiel auf einen Misserfolg, reagierst. Du kannst entweder mit einem schlechten Gefühl reagieren:

(A) Ich habe ein Ziel (wiederholt) nicht erreicht.
(B) Ich bin nicht in der Lage, Ziele zu erreichen. *Ich bin nicht o. k.*
(C) Ich *fühle* mich schlecht, weil ich nicht o. k. bin.

Oder du reagierst konstruktiv:

(A) Ich habe ein Ziel (wiederholt) nicht erreicht.
(B) Ich kann lernen, mir *erreichbare* Ziele zu setzen.
(C) Ich fühle mich o. k., weil ich etwas gelernt habe.

Da aber zwischen Reiz und Reaktion nur wenige Bruchteile von Sekunden liegen, *glaubst* du, unbewusst zu handeln und *deshalb* keine Wahl zu haben.

Ellis hat herausgefunden, dass wir durchaus lernen können, Ereignisse ganz konstruktiv und damit zielführend und lösungsorientiert zu bewerten. Jedoch müssen wir diesen Zusammenhang erst einmal *erkennen* und schließlich für die lösungsorientierte Bewertung eines Ereignisses unseren Verstand „einschalten", ihn also bewusst zur Kenntnis nehmen.

Bereits im ersten Kapitel hatte ich davon gesprochen, dass wir in nahezu jeder Lebenssituation über einen Handlungs- und Gestaltungsspielraum verfügen, den wir durch Bewusstheit (= „Verstand einschalten") gezielt nutzen können. Eine augenscheinlich negative Erfahrung bewusst konstruktiv zu betrachten und dann mithilfe des eigenen Verstandes und des eigenen *Willens* eine positive Lernerfahrung daraus zu entwickeln, ist gleichzeitig die bewusste Nutzung dieses Handlungsspielraumes.

Das ist auch im Hinblick auf die Themen Ziele und Schieberitis von entscheidender Bedeutung. Denn wenn du ein bestimmtes Ziel erreichen willst und hierfür eine unliebsame Aufgabe erledigen musst, fällt dir vielleicht genau in diesem Augenblick ein, dass du in der Vergangenheit die Erledigung solcher Aufgaben immer weiter aufgeschoben hast. Du *erinnerst* dich daran, dass du solche Aufgaben *nicht* erledigt hast, obwohl es eigentlich notwendig gewesen wäre, um dein Ziel zu erreichen. Du hast also schon früher einmal die Erfahrung gesammelt, dass sich in solchen Situationen dein innerer Schweinehund meldet.

Diese Erinnerung aktiviert nun abermals die *behindernde Überzeugung* (Bewertung/Belief) in dir, dass du dich vermutlich auch diesmal nicht aufraffen kannst, diese unliebsame Aufgabe zu erledigen. Du hast schließlich schön öfter diese Erfahrung gemacht.

Du redest dir das wiederholt ein und erledigst nun tatsächlich diese Aufgabe nicht. Du steckst in einer Überzeugungsschleife fest, die dich behindert. Nun fühlst du dich zusätzlich schlecht (emotionale Reaktion/Consequence), weil du *glaubst*, deine Ziele *nicht* erreichen zu *können*.

Letztendlich kann das bedeuten, dass du aufhörst, dir Ziele zu setzen, zumindest in einem oder mehreren Bereichen deines Lebens. Du nutzt dann deine Handlungsspielräume nicht mehr aus, weil du *glaubst*, es nicht *zu können*.

Es gibt zwei Arten, eine Situation oder eine Erfahrung zu bewerten, nämlich eine konstruktive (rationale) und eine destruktive (irrationale) Weise. Konstruktiv bedeutet förderlich, also eine Art der Bewertung, die dich weiterbringt, die deiner Freude und deinem Überleben dient. Destruktiv bedeutet, dass du einen Sachverhalt nicht mit deinem Verstand, sondern emotional und damit oftmals negativ bewertest. Das dient nicht deinem Überleben und deiner Freude, wie Ellis feststellte.

Wenn du also von dir glaubst (*Belief*), unliebsame Aufgaben nicht bewältigen zu können, dient das dann deiner Freude und deinem Überleben? Wohl nicht. Deshalb ist diese Bewertung irrational, also destruktiv, und somit unsinnig und überflüssig.

Auch deine Freundin Anna könnte ihre Sichtweise, dass ein nicht erreichtes Ziel eine gute Erfahrung sein kann, wenn man dadurch etwas gelernt hat, überprüfen und sich fragen, ob ihre Überzeugung dem Überleben **und** der Freude dient. Sie würde zu der Erkenntnis gelangen, dass das bei dieser Lernerfahrung durchaus der Fall ist, und sich deshalb gut fühlen.

Wir finden also am Anfang des Prozesses jeweils dasselbe auslösende Ereignis (Activating Event), in diesem Beispiel ist es der Umgang mit einem nicht erreichten Ziel, aber zwei entgegengesetzte Bewertungsmöglichkeiten (Belief) durch die Person selbst und ihre Sicht der Dinge, und folglich zwei ebenfalls unterschiedliche emotionale Reaktionen.

Diese jeweiligen (emotionalen) Reaktionen sind genau das, was dir im Hier und Jetzt entweder Probleme oder auch Freude bereitet. Hinter dieser scheinbar einfachen Erkenntnis verbirgt sich ein wichtiger Ansatz für deine eigene Veränderungsarbeit und für die Möglichkeit, deine Ziele zu erreichen.

Innere Überzeugungen verschaffen sich fortlaufend Gehör. Gerade wenn du dir vornimmst, Ziele zu erreichen und deinen inneren Schweinehund zu besiegen, werden sie immer mächtiger. Dein innerer Schweinehund flüstert dir diese Überzeugungen immer dann zu, wenn es ein wenig unbequem werden könnte, insbesondere wenn es darum geht, Veränderungen anzustoßen, Ängste zu überwinden und Ziele zu erreichen.

Aber wie kannst du dieses Wissen nun konkret nutzen? Ganz einfach: Du kannst anfangen, dir selbst zuzuhören, also deinem inneren Dialog zu lauschen und herauszufinden, was du dir *konkret* selbst einredest. Genau das, was du dir in stressigen Situationen, wenn du zum Beispiel Leistungen erbringen musst, sagst oder *was* du dann in dir „hörst", das sind deine unbewussten Überzeugungen und damit deine Glaubenssätze im Sinne generalisierter Vorannahmen. Wenn du diese Denkautomatismen und die durch sie verursachten eigenen *Ausreden* identifiziert hast, kannst du beginnen, sie bewusst umzuformen und damit zu entmachten.

Wenn du dich also dabei ertappst, wie du (= dein innerer Schweinehund) zu dir sagst: „Ich bin nicht in der Lage, Ziele zu erreichen", kannst du nun ganz bewusst sofort etwas *Neues* zu dir sagen (ich bezeichne das als *Gegendenken*), zum Beispiel: „Ich kann lernen, mir erreichbare Ziele zu setzen."

Die Herausforderung besteht darin, dass du deine Ausreden im Laufe deines Lebens *liebgewonnen* hast. Du hast dich so sehr an sie gewöhnt, dass du sie nicht mehr missen möchtest. Sie gehören *scheinbar* zu dir, *glaubst* du.

Das Wort „glauben" stammt aus dem mittel- bzw. althochdeutschen Sprachgebrauch und bedeutet in der Tat so viel wie ‚etwas für lieb halten' oder ‚etwas für wahr halten' (althochdt. „gilouben"; mittelhochdt.: „gelouben").

Ist das nicht verrückt? Da redet dir jemand (und auch du selbst) dein Leben lang ein, dass du *so oder so* bist, und dann verhältst du dich tatsächlich so, wie du *glaubst* zu sein. Du glaubst dann wirklich, dass du nichts wert bist, dass du nichts kannst, dass du zu ungeschickt, zu schusselig, zu träge, zu dick oder zu dünn, zu dumm oder nutzlos bist! Am Ende hältst du das auch noch *für wahr* und/oder *für lieb*, du glaubst es einfach. Wenn dir nicht irgendwann ein Licht aufgeht, glaubst du das vielleicht dein ganzes Leben lang.

Natürlich glaubst du auch eine ganze Reihe positiver Dinge über dich selbst. Denn immer, wenn dir etwas gelungen ist und du einen Erfolg erlebt hast, hat sich der Glaube an dich selbst verstärkt. Diese von mir bereits als innere Schätze beschriebenen Ressourcen brauchen wir uns in diesem Zusammenhang nicht genauer anzuschauen, denn sie behindern dich ja nicht, sondern sie stärken dich.

Natürlich kann es auch sein, dass jemand aufgrund verschiedener Prägungen und Erfahrungen über ein übersteigertes Selbstbewusstsein verfügt und dadurch für sein Umfeld zur Belastung wird und schließlich darunter leidet. Wenn er das erkennt und daran arbeiten möchte, kann hierfür ebenfalls das ABC-Modell genutzt werden, um die damit verbundenen behindernden Überzeugungen zu verändern.

Die wichtigste Erkenntnis des ABC-Modells besteht darin, dass wir dem, wovon wir überzeugt sind und was wir glauben, nicht machtlos ausgeliefert sind.

Was denkst du, was Prominente, die für einen Erfolg mit einem Preis geehrt werden und in ihrer Dankesrede dann sagen, sie hätten immer *an sich selbst* geglaubt, damit wohl meinen? Genau, sie haben nichts weiter getan, als sich halsstarrig *einzureden*, dass sie ihr Ziel erreichen werden! Sie haben ihre eigenen Glaubenssätze im Sinne ihres Ziels positiv manipuliert und sich über ihre Ausreden hinweggesetzt!

Dass sich das, was Menschen glauben, willkürlich beeinflusst werden kann, erkennst du auch daran, dass sich mit vorgegebenen Glaubenssätzen Macht ausüben lässt, wenn man sie einer klar definierten Gruppe von Menschen immer und immer wieder gezielt einredet. Denn wer es schafft, andere Menschen etwas Bestimmtes *glauben zu lassen*, besitzt Macht über sie, kann sie lenken und zu Taten bewegen, die gar nicht unbedingt ihrem Inneren, ihren eigenen Wünschen und ihrem Wertesystem entsprechen.

Ein Beispiel dafür sind alle totalitären Diktaturen und Regime, aber auch die vielen verschiedenen Sekten, die es auf der Welt gibt, in denen Menschen, wenn sie in deren Fänge geraten, unsinnige Überzeugungen und Glaubenssätze anderer übernehmen und damit einem ganzen System negativer Überzeugungen gehorchen.

In unserem gesamten Gesellschaftssystem begegnen wir immer wieder Menschen, Organisationen und Institutionen, die uns sehr *glaubwürdige* Geschichten auftischen, die wir nur deshalb glauben sollen, damit wir dem Willen dieser Geschichtenerzähler folgen. Die gesamte Werbeindustrie steht stellvertretend dafür. Hier hat sich das Erzählen von Geschichten, das sogenannte *Storytelling*, sogar als eigene und sehr wirksame Variante des Marketings etabliert.

In der ganzen Menschheitsgeschichte finden wir solche Geschichten und die dazugehörigen Geschichtenerzähler, die es vermochten, den Menschen so lange etwas einzureden, bis sie begonnen haben, diese Geschichten auch für sich *für wahr zu halten*. Auch an schrecklichen Beispielen mangelt es nicht:

⁂ Fallbeispiel:

Der Sektenführer James Warren Jones vollbrachte es, die Mitglieder der von ihm gegründeten "People's Temple"-Sekte im südamerikanischen Dschungelstaat Guyana glauben zu lassen, dass er die Inkarnation Gottes sei. Am 18. November 1978 verkündete er in seiner Gemeinde über Lautsprecher, dass die Zeit gekommen sei, sich an einem anderen Ort wiederzutreffen. Es folgten einige Anweisungen und anschließend der größte Massenselbstmord der jüngeren Geschichte. 909 Menschen, darunter 276 Kinder und Jugendliche, gingen an diesem Tag auf Geheiß ihres Anführers in den Tod. Gemeinsam tranken sie ein tödliches Gebräu aus Zyankali, Beruhigungsmitteln und Limonade. Säuglingen und Kindern wurde das Gift gewaltsam per Wegwerfspritze in ihren Rachen gespritzt. Das war eine Tragödie unfassbaren Ausmaßes. Die Menschen taten das nicht, weil es für sie gut und richtig war, sondern sie wurden von Jones so lange indoktriniert, bis sie glaubten, dass es für sie richtig sei.

Daran erkennst du, wie machtvoll Glaubenssätze und Überzeugungen sind. Sie bringen Menschen dazu, dass sie etwas tun, was sie in einem wachen Geisteszustand niemals tun würden! Wenn etwas im *negativen* Sinne funktioniert, kannst du es auch umdrehen und für einen guten Zweck einsetzen, nämlich für deine eigene zielgerichtete und *positive* Selbstmanipulation.

Auch Albert Ellis war fest davon überzeugt, dass wir unser Überzeugungssystem (Ausredensystem) bewusst korrigieren können. In der Arbeit mit seinen Klienten nannte er das aber nicht Gegendenken, sondern Hinterfragung. Wenn man Glaubenssätze und Überzeugungen gezielt hinterfragt, beginnt der Befragte, an seinen negativen Überzeugungen zu zweifeln. So öffnet er sich für neue hilfreiche Überzeugungen. Bevor wir uns mit den weiteren Inhalten des ABC-Modells befassen, folgt nach diesem Kapitel eine Übung, die die Wirksamkeit einer solchen gezielten Infragestellung verdeutlichen soll.

✏ **Zusammenfassung:**

Albert Ellis hat mit dem ABC-Modell dargelegt, dass du zwei Möglichkeiten hast, auf aktivierende Ereignisse (äußere Reize) zu reagieren, nämlich entweder irrational (destruktiv) oder rational (konstruktiv). Danach entscheidet sich, ob in dir eher positive oder eher negative Gefühlszustände ausgelöst werden.

Die bedeutsame Erkenntnis dahinter besteht darin, dass du weitgehend selbst entscheiden kannst, ob du konstruktiv oder destruktiv auf äußere Reize reagierst, indem du dein eigenes Überzeugungssystem prüfst und gezielt korrigierst. Eigenverantwortung und Selbstbestimmung und der bessere Umgang mit deinen eigenen Gefühlen werden die langfristigen Folgen sein.

📖 **Übung: Versuch es!**

Hat schon einmal ein guter Verkäufer versucht, dir ein bestimmtes Produkt zu verkaufen, und hast du dich schließlich tatsächlich dazu überreden lassen, es zu kaufen?
Sollte er das geschafft haben, hat er dich vermutlich gar nicht überredet, sondern er hat dir nur gut zugehört, um deine Bedürfnisse, Werte und Glaubenssätze in Erfahrung zu bringen und sie schließlich umzuformen, auf diese Weise zu entkräften und dir zu zeigen, dass sein Produkt genau deinen Vorstellungen entspricht. Das hat er getan, weil er wusste, dass sich sogenannte *Kaufwiderstände*, hinter denen sich fast immer Überzeugungen und Glaubenssätze verbergen, durch Hinterfragungen entkräften lassen, sofern dem Kunden *stattdessen* neue, glaubwürdige Argumente und Überzeugungen (die er glauben kann und will) zur Verfügung gestellt werden. Die nachfolgende Übung basiert auf dieser Idee.

✋ **Aufgabe:**

Ich möchte, dass du dir etwas überlegst, was du *vielleicht gerne tun würdest, aber auf keinen Fall tun kannst, weil* ... (weil dir dabei eine Reihe von Ausreden im Wege stehen).

✍ **Beispiel:**

„Ich würde gerne einmal mit einem Heißluftballon fliegen, aber das kann ich nicht machen, *weil* ich extreme Höhenangst habe, *weil* ich überhaupt nicht weiß, wo man so etwas machen kann, *weil* ich kein Geld dafür habe" usw.
Nun schätzt du auf einer Skala von 0 bis 10 ein, wie hoch die Wahrscheinlichkeit ist, dass du es doch *irgendwann* versuchen wirst (0 = gering; 10 = hoch). Du sagst dann zum Beispiel, dass

die Wahrscheinlichkeit bei dem Skalenwert „2" liegt.

Stelle dir bitte anschließend *sorgfältig* die folgenden Fragen. Diese Übung ist noch wirksamer, wenn du einen Helfer findest, der dir diese Fragen vorliest.

Notiere zuerst dein eigenes Beispiel:

_____

Hier die Fragen, die du dir jetzt bitte stellst:

1. Welche *genauen* Gründe sprechen dagegen, es zu tun? Notiere sie alle ganz exakt!

   _____

2. Was wirst du im Alter von 80 Jahren über dich denken, wenn du es tatsächlich nicht versucht hast?

   _____

3. Was könnte schlimmstenfalls passieren, wenn du es versuchen würdest?

   _____

4. Zähle alle Vorteile auf, die es hätte, wenn du es doch tun würdest:

   _____

5. Kennst du jemanden, der es (an deiner Stelle) *auf jeden Fall* versuchen würde?

   _____

6. Beschreibe diese Person. Warum würde sie es auf jeden Fall versuchen?

   _____

7. Was müsste real passieren, damit du es *auf jeden Fall* tun würdest?

   _____

8. Wer oder was würde dich darin unterstützen, es zu tun?

   _____

9. Was könnte bestenfalls passieren, wenn du es versuchen würdest?

   _____

10. Wie denkst du jetzt darüber, es nicht zu versuchen?

    _____

11. Was wäre das für ein Gefühl, wenn du es getan und geschafft hättest?

    _____

Danach schätzt du bitte wieder auf einer Skala von 0 bis 10 ein, wie hoch jetzt die Wahrscheinlichkeit ist, dass du es tun wirst oder tun könntest (0 = gering; 10 = hoch). Aus den Erfahrungen meiner Seminarteilnehmer weiß ich, dass sich nach einer sorgfältigen Bearbeitung dieser Wert meistens signifikant erhöht hat.
Vielleicht hast du nach dieser Übung bemerkt, dass dein innerer Schweinehund gar nicht ein so dickes Fell hat, wie du immer vermutet hast?

Kapitel 19: Beseitige deine Ausreden

Eine amerikanische Redensart sagt: „Kill your excuses!" (‚Töte deine Ausreden!'). Deine Ausreden sind nichts anderes als negative Überzeugungen, mit denen du dich selbst behinderst. Entweder hast du diese negativen Überzeugungen von anderen übernommen oder du verallgemeinerst unbewusst das Ergebnis einer (problematischen) Lernerfahrung.

Um aus dieser Schleife der negativen Überzeugungen und Glaubenssätze herauszufinden, ist es notwendig, dass du sie identifizierst und bewusst durch positive Überzeugungen ersetzt.

Negative Glaubenssätze, die du dir in deinem inneren Dialog immer wieder selbst aufsagst und die dich daran hindern, dich zu verändern, beginnen meist mit einer inneren Behauptung oder Feststellung. An diese Behauptung schließt sich eine Begründung an, die du *für wahr* hältst. Sie repräsentiert deine Ausrede.

Hier einige Beispiele für unbewusste Behauptungen im Sinne festgefahrener Überzeugungen, die sich in deinem inneren Dialog manifestieren. Die mögliche und meist völlig unbewusste Begründung, mit der du dich vor dir selbst rechtfertigst, findest du *schräg* gedruckt nach dem jeweiligen Glaubenssatz:

- Ich kann nicht abnehmen, *weil ich es nicht schaffe, Süßigkeiten zu meiden.*
- Ich bin kein Prüfungsmensch, *weil ich Angst vor Prüfungen habe. Deshalb mag ich keine Weiterbildungen, an deren Ende eine Prüfung steht.*
- Ich finde keinen Partner, *weil ich zu dick, zu dünn, zu klein, zu groß bin usw.*
- In meinem (fortgeschrittenen) Alter findet man keinen Job mehr. *Deshalb muss ich meine jetzige berufliche Situation weiter ertragen.*

- Ich bin ungeschickt, *weil ich zwei linke Hände habe.*
- Ich habe keine Freunde, *weil ich mich nicht traue, auf andere zuzugehen.*
- Ich traue mich nicht, auf andere zuzugehen, *weil ich mich davor fürchte, abgelehnt zu werden.*

Diese Liste ließe sich beliebig weiter fortsetzen. Vermutlich trägt jeder von uns Hunderte oder sogar Tausende solcher behindernden Überzeugungen mit sich herum.

Aber wie wir inzwischen herausgearbeitet haben, sind solche Überzeugungen veränderlich, indem du *bewusst* nach ihnen suchst, dir also selbst zuhörst und die gefundenen problematischen Überzeugungen durch förderliche, konstruktive Überzeugungen ersetzt.

Das kannst du durchaus auch allein angehen. Der erste Schritt besteht darin, dass du daran glaubst, es zu können. Solltest du dir nicht vorstellen können, dass solche positiven Selbstveränderungen möglich sind, möchte ich dich mit folgenden Beispielen davon überzeugen.

Hast du zum Beispiel als Kind an den Weihnachtsmann oder an den Osterhasen geglaubt? Wahrscheinlich ja. Wir alle haben das, weil uns unsere Eltern die damit verbundenen Geschichten sehr *glaubwürdig* erzählt haben.

Oder warst du früher fest davon überzeugt, etwas nicht zu können, hast es dann aber durch regelmäßige Übung erlernt und kannst dir nun gar nicht mehr vorstellen, es *nicht* zu können, zum Beispiel Fahrradfahren?

Oder hast du schon einmal an einen Menschen *geglaubt*, der dich dann aber hintergangen und enttäuscht hat?

In allen Fällen warst du dir zunächst sicher, dass deine Überzeugung richtig ist, hast sie dann aber nach einer gegenteiligen Lernerfahrung korrigiert.

Behindernde Glaubenssätze und damit destruktive Überzeugungen können nach dem folgenden Muster verändert werden:
1. Behindernden Glaubenssatz erkennen (zum Beispiel durch bewusste Selbstreflexion).
2. Den behindernden Glaubenssatz durch Hinterfragung analysieren.
3. Den Glaubenssatz in eine konstruktive, funktionale Überzeugung umformulieren.
4. Positive Referenzerfahrungen finden und bewusst erinnern (vergleichbare Situation, in der du ein ähnliches Hindernis bereits aus dem Weg geräumt hast).
5. Durch Übung und Routine das neue Denken und das damit verbundene Verhalten einüben.

Albert Ellis bezeichnete diese Herangehensweise in seinem ABC-Modell als „Disputation" (D), also Hinterfragung. Normalerweise geschieht dieses systematische Hinterfragen durch einen Coach oder Therapeuten. Vielleicht fällt es dir schwer, durch das bloße Lesen dieser Zeilen und in Eigenregie deine Glaubenssätze zu verändern. Dann solltest du in Erwägung ziehen, die Dienste eines solchen Unterstützers hinzuzuziehen. Er kann dir sehr effektiv helfen, deine Ziele zu erreichen und deine behindernden Überzeugungen zu überwinden. Das kostet zwar etwas Geld, aber die Fahrt mit dem Bus kostet auch Geld. In beiden Fällen bezahlst du dafür, dass du schneller ans Ziel kommst.

Ein Coach wird dir, nachdem er mit dir dein Ziel geklärt hat, dabei helfen, deine behindernden Überzeugungen herauszuarbeiten. Anschließend wird er sie hinterfragen und dich dann darin unterstützen, neue hilfreiche Überzeugungen zu finden.

Das Ziel besteht in dieser Phase darin, deine festgefahrenen Überzeugungen zu erschüttern und so gezielt infrage zu stellen, um dich danach auf eine neue, konstruktive Sichtweise und damit auf einen neuen (förderlichen) Glaubenssatz vorzubereiten.

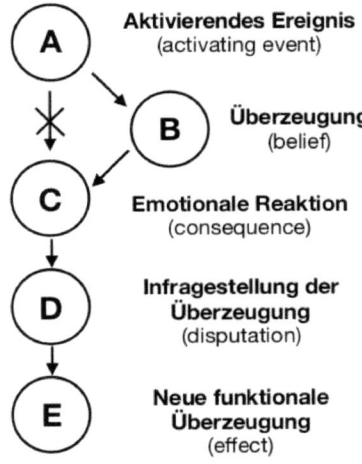

Abbildung: ABC-Modell, erweitert durch die Punkte Disputation und Effect.

Doch versuche ruhig erst einmal in Eigenregie, deinen inneren Schweinehund „zu erschüttern", indem du seine Zuflüsterungen offen infrage stellst und dann durch positive, der Freude *und* dem Überleben dienende Überzeugungen ersetzt. Ellis nannte das einen „Effective New Belief" (‚neuen wirksamen Glaubenssatz') finden. Das könnte dann wie folgt aussehen:

(A) Mein dritter Versuch, mit dem Rauchen aufzuhören, ist gescheitert.

(B) Ich bin einfach zu willensschwach.

(C) Ich *fühle* mich schlecht, weil ich mir selbst schade und zu willensschwach bin.

(D) Warum glaube ich, dass ich willensschwach bin?

(D2) Ich habe es *noch nie* geschafft, an einer Sache dranzubleiben. Mein Vater hat mich dafür verachtet.

(D3) *Gegendenken:* Gab es vielleicht doch auch Erfolgserlebnisse in meinem Leben? Welche ähnlichen Ziele habe ich erreicht?

(D4) Ich habe zum Beispiel meine Führerscheinprüfung erfolgreich bestanden, *weil* es mir sehr wichtig war. Ich habe mir damals jemanden gesucht, der mit mir übt.

(E) Wie könnte also eine bessere, hilfreiche und konstruktive Überzeugung für mich lauten?

(E2) Wenn mir etwas wirklich wichtig ist, bin ich auch willensstark. Ich kann mir professionelle Hilfe suchen. Dann schaffe ich es, mit dem Rauchen aufzuhören.

Eine gelungene Hinterfragung deiner irrationalen Überzeugungen und das gezielte Ersetzen durch einen förderlichen, konstruktiven Glaubenssatz führt nun auch zu einer Verbesserung deines emotionalen Zustandes in der Gegenwart, weil du dir jetzt *vorstellen* kannst, dass du es schaffst. Du gibst die Opferrolle bewusst auf und beginnst, wie ein Gewinner zu denken und dich auch so zu fühlen.

Wenn du Ziele erreichen willst, sabotierst du dich oft selbst. Du lässt zu, dass Überzeugungen zu Ausreden werden und sie dich so von deinem Ziel abbringen. Wie wir festgestellt haben, verkörpert dein innerer Schweinehund deine unbewussten Wertekonflikte. Zusätzlich wird er durch deine eigenen Ausreden, also durch deine unbewussten irrationalen Überzeugungen, gefüttert. So kommt es, dass er jegliche Veränderung scheut und dich daran hindert, sobald es ihm möglich ist.

Wir sind bezüglich unseres Leistungsvermögens nicht von Natur aus durch unseren Intellekt oder unsere körperlichen Möglichkeiten begrenzt, sondern wir begrenzen uns selbst durch unsere Überzeugungen und Glaubenssätze.

Es ist nicht nur nötig zu wissen, worin deine genauen Wertvorstellungen bestehen, sondern es ist ebenso wichtig herauszufinden, mit welchen unbewussten Glaubenssätzen und Überzeugungen du dich selbst begrenzt. Notiere deshalb sofort jeden negativen Glaubenssatz, wann immer du ihn in deinem inneren Dialog entdeckst, und forme ihn in ein positives Ziel um.

Mit der Veränderung deiner Sprache im Rahmen deines inneren Dialoges beginnt auch die Veränderung deines Denkens und schließlich deines Verhaltens. Achte darauf, in Lösungen und positiven Zielbildern zu denken:

- „Ich werde immer schlanker" (statt: „Ich bin zu dick").
- „Auf jeden Topf passt ein Deckel" (statt: „Ich finde keinen Partner").
- „Ich ernähre mich von Tag zu Tag gesünder" (statt: „Ich esse zu viel").
- „Ich lerne aus meinen Erfahrungen" (statt: „Ich mache immer wieder die gleichen Fehler").
- „Ich werde immer mutiger und selbstbewusster" (statt: „Ich war schon immer schüchtern").
- „Weiterbildungen bedeuten Weiterentwicklung" (statt: Ich bin kein Prüfungsmensch").

Arbeite wie die Marketingspezialisten in der Werbeindustrie. Suche dir zielführende und witzige Werbeslogans in eigener Sache. Wenn du es schaffst, deinen inneren Schweinehund zu einem optimistischen *Marketingassistenten* zu machen, der dir immer wieder vorbetet, welche Ziele du mit welchen Mitteln erreichen wirst und über welche Stärken und Vorzüge du verfügst, bist du auf dem besten Wege, dein Leben selbst zu gestalten.

✎ **Zusammenfassung:**

Das von Albert Ellis entwickelte ABC-Modell wurde zum Mittelpunkt seiner Rational-Emotiven Verhaltenstherapie weiterentwickelt. Ihr liegt die Grunderkenntnis zugrunde, dass Überzeugungen und Glaubenssätze unsere Gefühle steuern und bestimmen. Diese Bewertungen kannst du hinterfragen, um herauszufinden, ob es sich in einem konkreten Zusammenhang um hilfreiche oder behindernde Bewertungen und Überzeugungen handelt. Wenn es behindernde Überzeugungen sind, kannst du sie nun bewusst umformen, sodass sie zu einem positiven inneren Leitsatz werden. Auf diese Weise gelingt es dir, dich von den Ausreden zu befreien, die dich in deiner Entwicklung begrenzen, und so deinen inneren Schweinehund zu deinem Unterstützer zu machen.

📖 Übung: Verändere deine Überzeugungen

Zerstöre nun bewusst deine Ausreden! Du begegnest ihnen fasst immer, sobald du dir Ziele gesetzt hast. Deshalb arbeitest du jetzt mit einem deiner bereits gefundenen Ziele weiter.

✋ Aufgabe:

Greife dein erarbeitetes Ziel aus Kapitel 15 (eines von deinen Top 3 Zielen) auf und finde dazu fünf behindernde Glaubenssätze. Formuliere jeden behindernden Glaubenssatz in ein positives Ziel nach dem folgenden Muster um. Statt „Ich bin ..." formuliere: „Ich werde/ich mache ..." Vermeide dabei Formulierungen, die negative Reizwörter enthalten, wie zum Beispiel „Angst", „Wut", „Trauer" und sonstige Negationen („nicht", „nie", „keine" usw.).

✍ Beispiel:

Ziel: Ich habe bis zum Ende des nächsten Jahres eine Weiterbildung zum/zur Fachwirt/in besucht.

Behindernder Glaubenssatz:

„Ich kann keine Weiterbildungen besuchen, *weil ich vor den damit verbundenen Abschlussprüfungen Angst habe.*"

Problematische Umformulierung:

„*Ich habe **keine** Prüfungs**angst** mehr.*" (Negation: „*keine*" und Reizwort: „*Angst*")

Bessere Umformulierung:

„*Ich werde immer mutiger und absolviere gerne interessante Weiterbildungen.*"

Notiere nun fünf behindernde Glaubenssätze zu *deinem* Ziel und formuliere sie anschließend um:

1. _____

2. _____

3. _____

4. _____

5. _____

Deine Umformulierungen:

1. _____

2. _____

3. _____

4. _____

5. _____

Notiere diese Umformulierungen in deinem Erfolgsjournal und zusätzlich auf vielen verschiedenen Zetteln, die du überall in deiner Wohnung so platzierst, dass du immer wieder daran erinnert wirst.

V.
Geistreiche Vollendung

„Beginnen können ist Stärke,
vollenden können ist Kraft."

Laotse

Kapitel 20: Aktiviere deine Vorstellungskraft

Du verfügst über ein sehr mächtiges Instrument, das dir die Erreichung deiner Ziele zusätzlich erleichtern kann. Mit diesem Instrument meine ich deine Vorstellungskraft, die sogenannte Imaginationsfähigkeit. Sie wird umgangssprachlich auch als *Innere Leinwand* oder als *Kopfkino* bezeichnet.

Du weißt natürlich, dass du dieses Vorstellungsvermögen hast, denn du arbeitest unaufhörlich damit. In jeder Sekunde, in der du dir etwas vornimmst oder in der dir jemand etwas erzählt, nutzt du sie.

Überraschend ist, dass so wenige Menschen auf die Idee kommen, mit diesem Vorstellungsvermögen zielgerichtet zu arbeiten und die Filme, die auf ihrer inneren Leinwand ablaufen, direkt zu beeinflussen beziehungsweise selbst zu *drehen*.

Du hast die Wahl. Du kannst deinen *inneren Film* zufällig ablaufen lassen und damit ein Skript verwenden, das nicht deinen konkreten Vorstellungen entspricht.

Du kannst auf deine innere Leinwand aber auch einen Film projizieren, für den du selbst das Drehbuch geschrieben und den du anschließend selbst *gedreht* und damit auch selbst zu verantworten hast. So erhöhst du die Chance, deine *eigenen* Ziele zu erreichen, die deinen Stärken und deinen Wertvorstellungen entsprechen.

Wenn du dir als Kind ein Spielzeug zum Geburtstag gewünscht hast, hattest du dieses Spielzeug direkt vor deinem inneren Auge und hast dich vielleicht selbst dabei gesehen, wie du damit spieltest. Ob du dieses Spielzeug zuvor bei einem Freund oder in der Werbung gesehen hast, wie also das Bild des Spielzeuges in deinen Kopf kam, ist unwichtig. Du hast es einfach zu deinem Wunsch erklärt und parallel den passenden *Film* permanent in deiner Fantasie *abgespielt*, so lange, bis er Wirklichkeit wurde.

Heute sind Imaginationstechniken sehr verbreitet und werden systematisch eingesetzt, egal ob im Management, im Leistungssport, im Coaching oder im Rahmen von Therapien.

Manchmal höre ich von Leuten, denen ich erkläre, was Imaginationstechniken sind: „Wenn das funktionieren würde, täte es ja jeder!" Ja, das sollte man annehmen. Aber das ist leider nur ein Glaubenssatz. Die Menschen ticken so nicht. Sie lassen bestimmte Fähigkeiten einfach ungenutzt, weil sie *glauben*, dass sie nicht funktionieren. Selbst wenn ihnen jemand überzeugend erklärt, dass sie funktionieren, bleiben sie skeptisch.
Wie wirksam Imaginationen sind und wie zuverlässig sie von unserem Unterbewusstsein als ein *erwünschtes* Ziel aufgefasst werden, bemerkst du, wenn etwas passiert, was du eigentlich *nicht* wolltest, zum Beispiel, wenn du vor etwas Angst hattest oder etwas *befürchtet* hast. Viele Menschen machen sich nicht klar, dass es sich hierbei ebenfalls um *Wunschvorstellungen* handelt, nur eben mit negativen Vorzeichen.
Was passiert beispielsweise, wenn du davor Angst hast, in einer Prüfung zu versagen und deshalb durchzufallen? Du stellst dir in deinem Kopfkino sehr intensiv vor, wie du vor der Prüfungskommission stehst und eine schlechte Nachricht erhältst und anschließend enttäuscht den Raum verlässt. Du siehst diese Schreckensszene regelrecht vor dir. Das Problem besteht darin, dass auch in einem solchen Fall der Prozess der Imagination abläuft und damit zur (negativen) Selbstprogrammierung wird. Vereinfacht gesagt: Ängste und Befürchtungen sind negative Wunschvorstellungen! Auch sie werden sehr häufig Realität.
Der visuelle (bildliche) Wahrnehmungskanal und das damit verbundene Vorstellungsvermögen sind bei den allermeisten Menschen sehr stark ausgeprägt. Nur sehr wenige Menschen nehmen jegliche Umweltreize überwiegend über ihr Gehör (auditiv) oder über ihren Körper (kinästhetisch) wahr.
Vor rund vierzigtausend Jahren haben unsere Vorfahren das Bedürfnis entwickelt, ihren alltäglichen Wahrnehmungen und den damit verbundenen inneren Gefühlszuständen im Außen Ausdruck zu verleihen. Sie begannen, die Felswände in ihren Höhlen

mit den Dingen zu bemalen, die in ihrem Leben eine wichtige Rolle spielten. Zum Beispiel zeichneten sie Wildtiere an die Wände, deren Erlegen für den ganzen Stamm einen gefüllten Bauch und somit das Überleben bedeutete.
Was unsere Vorfahren damit genau bezweckten, kann nur vermutet werden, aber viele Wissenschaftler gehen heute davon aus, dass diese Höhlenzeichnungen auch dem Informationsaustausch dienten und damit die Vorläufer der späteren Symbolsprachen waren. Die Menschen haben also schon sehr früh damit begonnen, sich ein *Bild von etwas* zu machen und diese Bilder zu instrumentalisieren.
Aber eines konnten die Menschen damals schon nicht. Sie konnten sich das Wildtier nicht *nicht* vorstellen! Es ist schlichtweg unmöglich, sich etwas *nicht* vorzustellen. Entweder unsere Vorfahren hatten das entsprechende Bild im Kopf, also auf ihrer *inneren Leinwand*, oder eben nicht.
Das Wort „nicht", ebenso wie die Wörter „kein", „keinesfalls", „nie", „niemals" und andere Verneinungen finden in unserer imaginierten Welt keine Entsprechung. Du findest einfach kein Bild für die Wörter „nie", „niemals", „nicht" oder „keinesfalls". Deshalb kommt es häufig zu Missverständnissen zwischen unserem Unterbewusstsein und unserem bewussten Denken. Hinterher sagen wir dann: „So habe ich mir das aber *nicht* vorgestellt!" Meistens haben wir es uns unbewusst aber eben doch *so* vorgestellt. Wir können das durchaus wörtlich nehmen: Wir haben es in Gedanken *vor uns gestellt*, um es zu betrachten. Wir sehen es vor uns, als würde es vor uns stehen. Deshalb solltest du lernen, dir sehr bewusst und damit ziel- und lösungsorientiert vorzustellen, *was* du willst.
Wenn du erwünschte Zielzustände bewusst und vorsätzlich imaginierst, ist größte Sorgfalt geboten. Eine japanische Volksweisheit sagt: „Sei vorsichtig mit dem, was du dir wünschst. Deine Wünsche könnten in Erfüllung gehen!" Genau so ist es. Kleine

Programmierfehler können eine große Wirkung haben! Hierzu ein Beispiel, das mir ein Klient schilderte:

ᾱ Fallbeispiel:

Der Mann war im Vertrieb tätig. Er erzählte mir, dass er sich in einem Seminar im Rahmen von mehreren aufeinanderfolgenden Mitarbeitermotivationsschulungen das Ziel gesetzt und zum Schluss auch bunt auf ein Blatt Papier gemalt hatte, dass er ein Haus an einem See besitzen würde. Das war tatsächlich einer seiner großen Träume. Das Problem war, dass seine Ehefrau davon überhaupt nicht begeistert war. Sie wollte kein Haus, auch nicht am Wasser. Er ließ sich aber nicht davon beirren und stellte sich immer wieder vor, wie sein Haus am See aussah.

Irgendwann aber landete die bunte Zeichnung seines Wunschbildes in einem Schrank seiner Wohnung und geriet in Vergessenheit. Einige Jahre später räumte der Mann diesen Schrank auf. Die Zeichnung von damals fiel ihm wieder in die Hände und er erschrak: Er wohnte nun, einige Jahre später, tatsächlich in (s)einem Haus am Wasser! Er war wie hypnotisiert, denn er hatte diese Zeichnung vollkommen vergessen. Ihm war gar nicht mehr bewusst, dass er so frühzeitig begonnen hatte, darauf hinzuarbeiten und sein Ziel, in einem solchen Haus zu wohnen, zu imaginieren. Er hatte es völlig vergessen! Sein Unterbewusstsein hatte aber fleißig an dieser Zielsetzung weitergearbeitet.

Was ihn dabei aber komplett sprachlos zurückließ, war etwas Anderes: Denn der Mann besaß zwar nun sein Haus am See. Allerdings war er inzwischen von seiner ersten Frau, die seinen Wunsch nach einem Haus am Wasser nicht teilte, geschieden und nun aber neu verheiratet! Diesmal mit einer Frau, die sehr gerne mit ihm in einem Haus am Wasser lebte.

An diesem Beispiel wird deutlich, dass es nicht unbedingt notwendig ist, sich das Ziel und den damit verbundenen Film oder die entsprechenden Bilder immer und immer wieder bewusst vorzustellen, obgleich das die Wirkung noch zusätzlich verstärkt.

Wenn es sich um ein Ziel handelt, das tatsächlich intrinsischer Natur ist, das du im wahrsten Sinne heiß ersehnst, reicht es mitunter, wenn du zu Beginn einmal ein wirklich gutes *Drehbuch schreibst*, dieses Drehbuch *verfilmst* und zur Verstärkung der Imagination aufmalst und das Gemalte im Anschluss beiseitelegst und darauf vertraust, dass es eintreffen wird. Wichtig ist aber, dass du in deinem Drehbuch auch einige Einzelheiten berücksichtigst, sonst kann es geschehen, dass auf den *Nebenschauplätzen* etwas aus dem Ruder läuft.

Ein Gärtner, der sich wünscht, dass sein Garten im Frühjahr schön bunt zu blühen beginnt, macht es nicht anders. Er *stellt sich vor*, *wie* sein Garten im nächsten Frühjahr blühen soll. Er stellt einige Überlegungen an, beginnt mit der Planung, kauft im Herbst Pflanzenknollen, die seiner Vorstellung *genau* entsprechen, vergräbt sie im Garten und vertraut ab jetzt darauf, dass sie im Frühjahr erblühen werden. Er stellt sich immer wieder sehr lebendig vor, wie alles in großer Pracht zu blühen beginnt. Das passiert dann auch. Ohne dass der Gärtner den ganzen Winter über immer wieder daran denken musste, wie das Ergebnis aussehen würde.

Dahinter versteckt sich der einfache Zusammenhang zwischen *Ursache* und *Wirkung*. Alles beginnt mit der Idee (dem Wunsch, dass der Garten im Frühjahr bunt blühen soll). Die Idee wird zu einem Ziel und damit zu einer Aktivität, woraus der Plan folgt, Blumenzwiebeln zu kaufen und im Garten auszusäen (Ursache).

Der Plan geht gleichzeitig mit dem Prozess der Imagination einher. Im Frühjahr ist dann die Wirkung zu sehen (alles blüht). Allerdings beachtet der Gärtner auch alle Einzelheiten, denn er kauft nur die Blumenzwiebeln, die die gewünschten Blumen auch hervorbringen *können*. In unserem oben genannten Fallbeispiel hätte der Mann seine damalige Frau in sein Wunschbild miteinbeziehen sollen. Das hätte dazu beitragen können, dass ihm eine

Trennung erspart geblieben wäre. Aber vielleicht war diese Trennung auch ein wichtiger Meilenstein auf dem Weg zu einem für ihn sehr wertvollen Ziel?

Auch Gesprächssimulationen und alle praktischen Übungen, die das Erreichen eines Ziels vorbereiten und im wahrsten Sinne *greifbar* machen, sind sehr *wirkungsvoll*, weil dabei sämtliche Sinneseindrücke (Sehen, Hören, Fühlen, Riechen, Schmecken) in das *Drehbuch* einbezogen werden können und deinen Film noch lebendiger und glaubwürdiger machen. Mit diesem Wissen konnte ich meinen Sohn einmal sehr verblüffen, als er in der 6. Klasse war.

Er hatte sich ein Gymnasium, das er ab der 7. Klasse aus verschiedenen Gründen unbedingt besuchen wollte, ausgesucht. Der Direktor dieser Schule führte vorab mit jedem Schüler ein Bewerbungsgespräch, wobei dessen Eignung für dieses Gymnasium überprüft werden sollte. Ungefähr eine Stunde bevor wir uns gemeinsam auf den Weg zu diesem Gespräch begaben, sagte ich zu meinem Sohn: „Komm, wir üben mal gemeinsam das Gespräch mit dem Direktor, das wir nachher führen werden." Mein Sohn schaute mich verwundert an. Ich erläuterte ihm kurz, dass man den Verlauf eines Gespräches trainieren und damit das Erreichen eines Ziels positiv beeinflussen kann. Er war sofort aufgeschlossen, und wir begannen. Ich spielte den Direktor und führte das Interview. Unter anderem stellte ich ihm die Frage, welches Buch er denn gerade lesen würde. Mein Sohn stieg kurz aus der Gesprächssituation aus: „Aber, Papa, ich lese gerade gar kein Buch!"

„Dann denk dir etwas aus!", antwortete ich. „Entscheide dich für irgendein Buch, das du kürzlich gelesen hast, und erinnere dich an den Inhalt, damit du ihn kurz wiedergeben kannst!" Mein Sohn tat das, und wir führten das Gespräch fort, bis wir das Gefühl hatten, einen guten Gesprächsverlauf eintrainiert zu haben.

Rund eine Stunde später saßen wir im Büro des Schuldirektors. Kannst du dir vorstellen, welche Frage er nach einer kurzen Aufwärmphase zuerst stellte? Genau! Er fragte: „Welches Buch liest du denn gerade?"

Mein Sohn schaute verblüfft zu mir herüber und schmunzelte. Ich schmunzelte zurück, und er begann ganz selbstsicher von dem Buch zu berichten, welches er „gerade" las. Natürlich durfte er später auch dieses Gymnasium besuchen.

Im Grunde sind diese Erkenntnisse ein alter Hut, denn schon seit Jahrzehnten fordern Motivationstrainer, Coaches und Vortragsredner in aller Welt die Menschen dazu auf, sich Ziele zu setzen und sich im Rahmen einer Zielplanung die eigene Vorstellungskraft zunutze zu machen. Doch viele Menschen können oder wollen einfach nicht glauben, dass es funktioniert. Manche Skeptiker verlangen zuerst wissenschaftliche Beweise, bevor sie anfangen, an *etwas so Komisches wie die Kraft der Gedanken und der Imagination* zu glauben. Dabei arbeiten viele ernst zu nehmende Menschen mit solchen Imaginationsmethoden, damals wie heute.
Bei einer Olympiade sah ich einmal, wie ein Sportschütze, bevor er seine *richtige* Waffe in die Hand nahm, seine leere Hand – wie ein Kind beim Spielen – zu einer Pistole formte, auf die Zielscheibe richtete und mehrfach *virtuell* abdrückte und sich dabei offenbar *vorstellte*, dass er sein Ziel wie gewünscht traf. Das tat er einige Male. Es wirkte fast ein wenig albern. Doch dieser Sportler störte sich nicht daran. Schließlich nahm er seine *echte* Waffe, schoss und traf ganz ausgezeichnet. Soweit ich mich erinnere, wurde er anschließend sogar Olympiasieger. Er hatte das gewünschte Ergebnis und den erwünschten Handlungsablauf zielgerichtet imaginiert und gleichzeitig physisch simuliert. Natürlich war auch hier die Imagination nur ein Teil des ganzen Erfolges. Regelmäßiges, hartes Training bleibt keinem Sportler erspart, wenn er zu den Besten gehören will. Dennoch entscheiden im Leben manchmal Kleinigkeiten darüber, ob wir gewinnen oder verlieren.
Brian Tracy, einer der erfolgreichsten Verkaufstrainer in den USA, stellte einmal in einem seiner Bücher die berechtigte Frage,

ob bei einem Pferderennen der Sieger zehnmal so gut war, wenn er anschließend ein Preisgeld erhält, das zehnmal so hoch ist wie das des Zweitplatzierten. Nein, der Sieger war *eben nicht* zehnmal so gut. Er hatte meist nur einen winzigen Vorsprung, manchmal ist es nur eine einzige Nasenlänge, die über den Sieg entscheidet. Aber das Preisgeld des Siegers ist immer um ein Vielfaches höher als das des Zweitplatzierten.

Genau darum geht es, wenn du Mentaltechniken gezielt einsetzt. Du hast die Möglichkeit, dir einen kleinen, *zusätzlichen* Vorteil zu verschaffen, der zum Schluss den *großen* Unterschied ausmacht. „Mental" bedeutet ‚geistig'. Das daraus abgeleitete Wort „Mentalität" beschreibt laut Duden die ‚Geistes- und Gemütsart'; die ‚*besondere Art des Denkens und Fühlens*.'

Gedächtniskünstler beweisen immer wieder, dass sie mit ihrer besonderen Art des Denkens erfolgreich sind. Sie arbeiten mit mentalen Techniken, um sich viele Dinge in kurzer Zeit merken zu können. Auch sie nutzen gezielt ihre Imaginationsfähigkeit.

Wenn du von deinem Partner oder deiner Partnerin aufgefordert werden würdest, zehn Lebensmittel aus dem Supermarkt mitzubringen, aber gerade keinen Zettel und keine brauchbare App zur Hand hast, wirst du höchstwahrscheinlich versuchen, dir diese zehn Artikel immer wieder innerlich aufzusagen: *Mehl, Butter, Nudeln, Milch, Brot, Käse, Äpfel, Joghurt, Limonade* und *Kaffeesahne*. Du wirst dir diese Dinge immer und immer wieder still vorbeten. Die meisten von uns können sich aber in kurzer Zeit nicht mehr als fünf oder sechs Artikel merken. Der Rest wird vergessen. So sind wir gestrickt. Stures Auswendiglernen ist eine sehr mühsame Methode, um sich Wissen und Fakten einzuprägen. Du würdest also wahrscheinlich den einen oder anderen Artikel im Supermarkt vergessen.

Mit mentalen Techniken, man könnte es auch Erlebnislernen nennen, geht es viel einfacher. Ein Gedächtniskünstler arbeitet in einem solchen Fall mit einer simplen Technik. Er stellt seiner

Einkaufsliste eine Nummerierung in Form von Zahlen voran und gibt diesen Zahlen 0 bis 9 eine lebendige Form, macht sie mental also zu Fantasiefiguren, um so später seine mentale Liste abrufen zu können: Die Null könnte ein *Ei* sein, die Eins eine *Kerze*, die Zwei ein *Schwan*, die Drei ein *weiblicher Busen*, die Vier ein *Segelboot* usw. Diese Formenvergabe für die Zahlen von 0 bis 9 wird nur einmal vorgenommen, danach hast du diese Figuren, die stellvertretend für die Zahlen stehen, für immer im Kopf.
Folgt nun die Aufforderung, dir zehn Artikel zu merken, wandelst du diese imaginierten Formen der vorangestellten Zahlen blitzschnell in eine kleine Geschichte um.
In dieser Geschichte werden die erdachten Figuren für die jeweiligen Zahlen und die benötigten Lebensmittel kreativ miteinander verbunden. So wird dann zum Beispiel das Ei (für die Null) ins *Mehl* geschlagen, die *Butter* mit einer *Kerze* (für die Eins) erhitzt und die *Nudeln* dem Schwan (für die Zwei) um den Hals gehängt. Das wird bis zum zehnten Artikel fortgesetzt, sodass *alle* Figuren und Artikel in dieser Geschichte vorkommen. Dieser kleine „Film" darf ruhig völlig verrückt sein. Bist du nun im Supermarkt, brauchst du diesen Film auf deiner inneren Leinwand nur *abzuspielen* (mental vorzustellen) und es wird dir sofort gelingen, tatsächlich *alle zehn* Artikel zu erinnern und mit nach Hause zu bringen.
Mentaltechniken funktionieren tatsächlich, egal in welchem Zusammenhang. Das war nur ein kleines Beispiel für eine solche Memory-Technik. Es gibt noch viele andere großartige Systeme, die noch sehr viel umfangreicher sind und verblüffend gut funktionieren. Wenn du diese Methoden erlernen willst, empfehle ich dir das Buch „Nichts Vergessen"[*] von *Tony Buzan*. Er hat noch mehrere andere Bücher zum Thema Lerntechniken geschrieben.

---

[*] Buzan, Tony: *Nichts vergessen! Kopftraining für ein Supergedächtnis.* Wilhelm Goldmann Verlag, München, August 2000

Buzan arbeitet mit erstaunlichen Methoden, die beweisen, dass Imaginationstechniken hervorragend funktionieren. Für jeden Studenten und jeden, der sich in kurzer Zeit sehr viel merken muss, aber auch für den bequemen Lerner sind seine Bücher eine sehr wertvolle Lektüre.

Kurzum: Imaginationen und die mit ihnen verwandten Mentaltechniken funktionieren. Du musst sie nur eben erlernen und dann auch anwenden.

Es ist wirklich ganz einfach, Ziele zu erreichen und seinen inneren Schweinehund zu besiegen, wenn du die in diesem Buch vorgeschlagenen Methoden anwendest. Berücksichtige die folgenden Phasen und handele entsprechend:

1. Phase: Vorbereitung.
   Fasse den Entschluss, zum Gestalter deines eigenen Lebens zu werden, dich zu entwickeln und deine eigene Haltung zu verändern.
2. Phase: Wissen und Verstehen.
   Hier geht es darum, dass du begreifst, wie deine seelischen und mentalen Prozesse ablaufen und welchen Gesetzmäßigkeiten ihnen zugrunde liegen. Erweitere dein Wissen darüber gezielt.
3. Phase: Identifiziere deine Stärken und setze dir konkrete Ziele.
   Finde heraus, worin deine Stärken bestehen (Kapitel 14). Überlege, was sich in deinem Leben verbessern lässt und was du von der Zukunft erwartest. Arbeite mit unterschiedlichen Mentaltechniken, um deine Ziele zu imaginieren.
4. Phase: Negative Denkautomatismen und unbewusste Konflikte aufspüren, die mit deinen Zielen in Zusammenhang stehen.
   Anhand des erworbenen Wissens überprüfst du deinen inneren Dialog und spürst unbewusste Konflikte und fehlerhafte Denkautomatismen auf, die dir hinderlich sind. Du arbeitest mithilfe der Wertethematik und mit dem ABC-Modell an deinen behindernden Überzeugungen und Glaubenssätzen an deren Auflösung.

5. Phase: Handlungsabläufe erlernen/anwenden.
   Hier arbeitest du mit konkreten Abläufen und Übungen (zum Beispiel mit den Übungen in diesem Buch), die dich zusätzlich dabei unterstützen, deine Ziele zu erreichen.
6. Phase: Kontinuität.
   Betreibe lebenslange Selbstreflexion, regelmäßige Revision und kontinuierliche Psychohygiene (siehe Kapitel 22). Bleibe hartnäckig und erkenne Krisen und Rückschläge als deine Chance, dich noch weiter verbessern zu können.

Für die vierte und fünfte Phase sind die verschiedenen Mentaltechniken gedacht, die ich bereits erläutert habe und nachfolgend noch weiter ausführe. Die für mich wirksamsten und spannendsten Techniken zum Thema Imagination sind die *Disney-Strategie* und die *Mentoren-Technik*, die du als Anleitung nach diesem Kapitel findest.

Probiere sie doch einfach einmal aus. Du kannst dabei nur gewinnen! Selbst, wenn du nicht sofort das erhoffte Ergebnis erzielen solltest, wäre das in Ordnung, denn schlechter als ohne (Ziel-)Planung und bewusste Imagination kann es in deinem Leben nicht werden. Und wenn du dich nach einem Misserfolg ehrlich reflektierst, wirst du sehr wahrscheinlich feststellen, dass dir ein *mentaler Planungs- und Imaginationsfehler* unterlaufen ist. Mir selbst ist das gelegentlich auch passiert. Obgleich ich schon früh, als junger Erwachsener, Kenntnis vom Erfolg dieser mentalen Mechanismen erhalten habe, ist mir der eine oder andere Imaginationsfehler unterlaufen. Wenn ich dann den Imaginationsprozess sorgfältig rekapituliert habe, stellte ich immer wieder fest, dass meine Imaginationen unvollständig oder fehlerhaft waren. Unbewusste Ängste oder auch Zweifel waren hierfür in den meisten Fällen die Ursache.

Daran kannst du jedoch arbeiten, indem du deine Techniken

kontinuierlich verfeinerst. Daher bitte ich dich, alles so umzusetzen, wie es der weltberühmte Vater des Trickfilms *Walt Disney* getan hat: Imaginiere das bereits erreichte Ziel als ein großartiges, spektakuläres und wundervolles Ereignis!

✎ Zusammenfassung:

Du verfügst über die einzigartige Fähigkeit, dir Dinge vorzustellen, die du noch nicht gesehen hast und die auch noch nicht Wirklichkeit geworden sind. Dieses Imaginationsvermögen, das auch als Kopfkino oder als innere Leinwand bezeichnet wird, ist eines der wichtigsten mentalen Instrumente, wenn du deine Ziele erreichen und deine Projekte erfolgreich umsetzen willst! Es existieren sehr, sehr viele Übungen, die dir dabei helfen, dein eigenes Vorstellungsvermögen für das Erreichen deiner Ziele zu nutzen. Je öfter du diese Techniken einsetzt und deren Wirksamkeit testest und protokollierst, umso mehr Vertrauen wirst du dazu fassen.

📖 **Übung: Wende die Mentoren-Technik an**

Erläuterung vorab:

Die Mentoren-Technik kommt dir vielleicht etwas kurios vor. Sie ist jedoch eine sehr wirksame Methode, um dich bei deiner Zielerreichung zu unterstützen. Während dieser Übung betrachtest du bewusst das realisierte Ziel aus der Perspektive anderer Personen, sogenannter Mentoren, die dich auf deinem Weg unterstützen könnten.

Gute Ideen entstehen meist dann, wenn du ein Problem oder ein Ziel aus einem anderen Blickwinkel betrachtest. Wenn du also nicht mehr das Problem siehst, sondern nach Wegen suchst, um an dein Ziel zu gelangen. Wenn du mit deiner eigenen Art, dein Ziel zu erreichen, nicht so gut vorankommst, wird dir diese Methode dabei helfen. Die Idee besteht darin, gedanklich in eine andere Person hineinzuschlüpfen und dein Ziel mit den Augen dieser anderen Person zu sehen.

Der russische Psychotherapeut Vladimir Raikov entdeckte die sogenannte Methode des *geborgten Genies*. Er hypnotisierte seine Patienten, um ihnen zu suggerieren, sie wären eine bedeutende Persönlichkeit. In diesem Zustand der Trance entwickelten seine Patienten fast so geniale Fähigkeiten wie die jeweiligen Vorbilder. Dieser sogenannte Raikov-Effekt wurde unter anderem zur sogenannten Mentoren-Technik weiterentwickelt.

Wichtig ist, dass du dein Ziel zuvor sorgfältig mithilfe der bereits beschriebenen S.M.A.R.T.-Technik (Kapitel 12) herausarbeitest und es auf einem Blatt Papier notierst. Nutze zusätzlich die Möglichkeit, dein Ziel aufzumalen oder auf irgendeine kreative Weise zu visualisieren. Das hilft dir, mit deiner Vorstellungskraft zu arbeiten.

✋ **Aufgabe:**

1. Schritt: Du legst dein Blatt mit deinem formulierten und visualisierten Ziel auf den Boden in die Mitte eines Raumes. Stelle dich zwei Meter entfernt davon auf und betrachte das am Boden liegende Blatt mit deiner Zieldarstellung.
2. Schritt: Stelle dir nun vor, dass hinter dir drei Personen stehen. Wähle drei unterschiedliche Menschen, die du dir gut vorstellen kannst und von denen du glaubst, dass sie dein Ziel sehr gut oder sogar spielend einfach erreichen würden. Diese Personen können Menschen sein, die du persönlich kennst und vor denen du Achtung hast. Es können aber auch Menschen sein, die du nicht persönlich, sondern nur aus den Medien kennst, also zum Beispiel bekannte Sportler, Schauspieler oder Politiker.
3. Schritt: Schreibe nun die Namen dieser Personen auf jeweils einen Zettel und lege diese Zettel hinter dich in einer Reihe auf den Boden. Verweile kurz auf deiner eigenen Position und lege hier einen Zettel mit der Aufschrift „Ich" ab. Betrachte von hieraus dein Ziel und stelle dir vor, wie es sein wird, wenn du dieses Ziel erreicht hast.
4. Schritt: Gehe nun einen Schritt zurück und stelle dich auf einen der hinter dir liegenden Zettel und stelle dir vor, dass du nun diese (prominente) Persönlichkeit selbst bist. Überlege dir, wie du als diese Person dein Ziel und die damit verbundenen Aufgaben angehen würdest. Welche besondere Strategie, welche kreative Herangehensweise würde diese Person (an deiner Stelle) wählen?
5. Schritt: Stelle dir jetzt vor, dass diese Person dir ihre Ideen senden möchte, vielleicht mit einem Sternenregen, einem Laserstrahl oder mit einem Windstoß. Nimm irgendetwas, was dir in den Sinn kommt, und *schieße* die entwickelten Ideen

und die damit verbundene Energie in Richtung des „Ich"-Zettels.

6. Schritt: Gehe nun wieder einen Schritt vor und nimm als du selbst diesen Sternenregen, den Laserstrahl, den Windstoß oder was auch immer in Empfang. Tue so, als würdest du davon direkt *getroffen* werden. Diese Energie, und damit die Ideen dieser Persönlichkeit, taucht in dich ein und wird zu einem Teil von dir. Genieße den Moment, in dem die mentale Kraft in dich hineinrieselt, und wiederhole das Ganze mit den anderen beiden Mentoren, die auch *hinter dir stehen*.
7. Schritt: Zum Schluss gehst du wieder auf deine eigene Position, schaust in Richtung Ziel und *bittest* gedanklich alle drei Mentoren, die jeweils gewählte Energie noch einmal *gleichzeitig* gedanklich auf dich *abzuschießen*. Schaue dabei intensiv auf das vor dir liegende Ziel und nimm diese Energie in Empfang. Du wirst überrascht sein, was mental und körperlich mit dir passiert. Bedanke dich zum Schluss mental und real (mit Worten) bei deinen Mentoren.

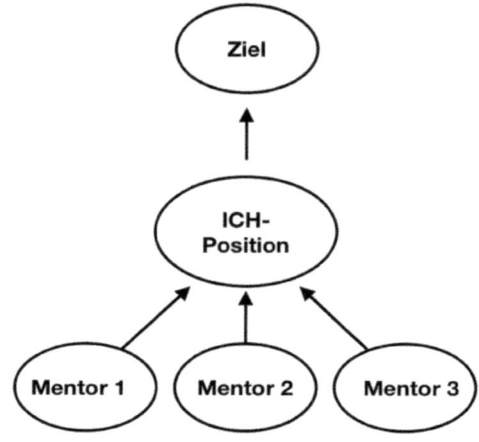

Abbildung: Geeignete Bodenanker für die Mentoren-Technik

Erläuterung zu dieser Übung:

Wenn du diese Übung ernsthaft umsetzt, wirst du einen echten Energieschub verspüren. Ich weiß: Wenn du ein sachlich und kühl denkender Mensch bist, wirst du diese Methode ganz schön schräg finden. Ich selbst arbeite, nicht nur in Einzelcoachings, sondern auch im Hinblick auf meine eigenen Ziele, immer wieder sehr erfolgreich mit solchen Methoden. Und es funktioniert, auch im Selbstcoaching! Dazu noch eine kleine Geschichte, die mir selbst vor einiger Zeit passierte.

ᙙ Fallbeispiel:

Ich wollte ein Regal an einer Wand befestigen. Dabei fiel mir eine wichtige Schraube herunter, die ich unbedingt benötigte, um weiterarbeiten zu können. Ich suchte die Schraube wie verrückt, konnte sie aber einfach nicht mehr finden. Sie konnte nur im Umkreis von ein oder zwei Metern irgendwo auf dem Boden verborgen sein. Ich suchte und suchte, aber ohne Erfolg. Ich war wütend und kurz davor aufzugeben.

Schließlich besann ich mich auf die Mentoren-Technik, setzte mich, atmete tief durch und überlegte, wer gut darin ist, Dinge wiederzufinden, die andere verlegt haben. Du kennst das sicher. Es gibt Menschen, die verlegen ständig etwas, es gibt aber auch Menschen, die finden ständig etwas. In meinem Umfeld ist es meine Frau, die alles immer wiederfindet. Sie fiel mir natürlich als potenzieller Mentor sofort ein. Da sie aber gerade nicht anwesend war, blieb mir nichts anders übrig, als sie als geistigen Ideengeber zu nutzen. Ich setzte mich also, atmete durch, imaginierte mein Ziel (Schraube finden) und schlüpfte gedanklich in den Körper meiner Frau und begann, durch ihre Augen den Raum zu sehen. Dafür nahm ich mir einige Minuten Zeit.

Kurz darauf stand ich auf, und fast im selben Moment (!) entdeckte ich die verschwundene Schraube! Sie war genau in einen am Boden stehenden Blumentopf gefallen, besser gesagt zwischen den Blumen- und dem dazugehörigen Übertopf! Niemals hätte ich sie dort gesucht und gefunden!

📖 **Übung: Imaginiere Ziele mit der Disney-Strategie**

Erläuterung dazu vorab:

Der US-amerikanische Trickfilmzeichner und Filmproduzent Walter Elias „Walt" Disney war eine der einflussreichsten und meistgeehrten Persönlichkeiten des 20. Jahrhunderts. Mit seinen Micky-Maus-Filmen und unzähligen weiteren Trickfilmfiguren hat er die Herzen der Kinder in aller Welt im Sturm erobert. Walt Disney hat auf beeindruckende Weise gezeigt, wie man Ziele zuerst in der Fantasie entwickelt und später in der Realität *Wirklichkeit* werden lässt. *Robert Dilts* schreibt dazu:

> „Walt Disney besaß die Gabe, seine Kreativität mit einer erfolgreichen Geschäftsstrategie und großer Popularität zu verbinden. So entstand ein Unterhaltungsimperium, das auch noch Jahrzehnte nach seinem Tod existiert. Disney hat demonstriert, wie man Kreativität zur Grundlage eines erfolgreichen Unternehmens macht. Er hat gezeigt, wie sich Phantasien in konkrete Ergebnisse umsetzen lassen." *

Walt Disney ist es gelungen, Träume einen kreativen Schöpfungsprozess durchlaufen zu lassen und damit in eine reale physische Existenz zu überführen und so direkten Einfluss auf Menschen auszuüben. Außerdem war Disney auch der Urheber einiger bedeutsamer technischer und organisatorischer Erneuerungen auf dem Gebiet der Animation und des Filmemachens überhaupt. Seine Genialität zeichnete sich unter anderem dadurch aus, dass er in der Lage war, einen Sachverhalt *aus mehreren verschiedenen Perspektiven* zu untersuchen. Einer seiner Animationszeichner sagte einmal:

---

* *Dilts, Robert, und Gino Bonissonne. Zukunftstechniken – zur Leistungssteigerung und für das Management von Veränderungen. Paderborn: Junfermann, 1999, S. 142*

„Eigentlich gab es drei verschiedene Walts, den Träumer, den Realisten und den Spielverderber. Und man wusste nie genau, mit wem man es im nächsten Meeting zu tun hatte."*

Diese Erkenntnis trifft nicht nur auf Walt Disney, sondern auch auf den Prozess der Kreativität selbst zu. Ein Träumer ohne Realitätssinn kann seine Ideen nicht effektiv umsetzen. Ohne Realisten bleiben Träumer und Kritiker in ewigem Streit gefangen. Träumer und Realist mögen zusammen etwas schaffen, doch muss der Kritiker die Qualität ihrer Ideen prüfen. Der (wohlmeinende) Kritiker, den man auch als „Spielverderber" bezeichnen kann, trägt dazu bei, die Produkte der Realität zu bewerten und zu verfeinern.

Kreativität ist also eine Synthese aus verschiedenen Phasen und unterschiedlichen Persönlichkeitsanteilen. Der Träumer liefert die Ideen, der Realist gibt ihnen konkreten Ausdruck und der Kritiker ist der Filter und Anreger für weitere Verbesserungen. Jede dieser Phasen stellt eine eigene Denkstrategie dar, und diese Strategien liegen oft miteinander im Streit, statt miteinander zu kooperieren. Der geistige Ideengeber für diesen Ansatz war der Psychoanalytiker Sigmund Freud, der im Rahmen seines von ihm beschriebenen *Drei-Instanzen-Modells* von einem Ich, von einem Es und einem Über-Ich sprach.

Die Disney-Strategie ist eine der machtvollsten Techniken, um zukünftige Ziele zu erreichen. Sie trägt dazu bei, dass diese verschiedenen Anteile an *einem* Strang ziehen, sich also *einig* sind in dem, *was* sie wollen und *wie* sie es umsetzen werden.

Ist dein Ziel klar definiert und mit der S.M.A.R.T.-Technik überprüft worden, kannst du mit dieser Technik ein Stück deiner selbst geschaffenen wundervollen Zukunft imaginieren.

---

* *ebd.*

✋ Aufgabe:

1. Schritt: Schreibe auf je einen Zettel die Worte „Träumer", „Realist" und „Kritiker". Lege diese Zettel im Abstand von circa einem Meter im Dreieck auf dem Boden aus. Das sind die sogenannten Bodenanker, die dir dabei helfen, dich zu orientieren und den passenden Gefühlszustand zu erleben. Bestimme zusätzlich einen Ort für die sogenannte Meta-Ebene. Das ist eine Art Aussichtsplattform. Von dort aus schaust du nach jedem Durchgang dissoziiert, also von außen, auf die anderen drei Positionen.

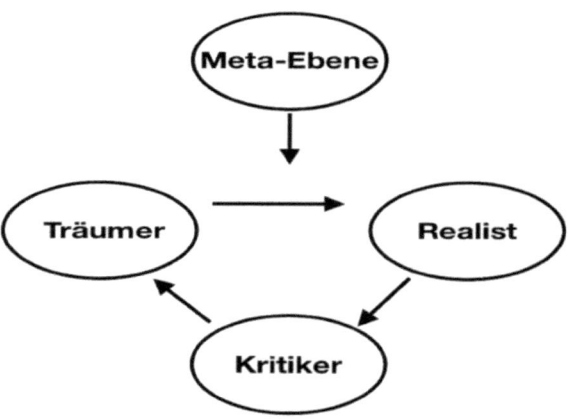

Abbildung: Geeignete Bodenanker für die Disney-Strategie

2. Schritt: Gehe nun zuerst auf die Position des Träumers und beginne, von deinem zukünftig erreichten Ziel zu träumen: „Wo wirst du genau sein, wenn du das Ziel erreicht hast?" „Wie sieht es an diesem Ort aus?" „Welche anderen Menschen kannst du sehen?" „Was siehst du sonst noch?" Was *fühlst, hörst, schmeckst* oder *riechst* du?" Träume mit *allen Sinnen* vom *bereits erreichten* Ziel! Das passiert alles still in deinem Kopf.

3. Schritt: Verbinde diese Imaginationen mit dem Ort bzw. Zettel (Bodenanker), auf dem du stehst, indem du diese Vorstellung mental hier ablegst. Das dient dazu, diesen Ort symbolisch mit deiner Vorstellung zu vermengen und hier später wieder aktivieren zu können.

4. Schritt: Gehe in die nächste Position, in die des *wohlmeinenden* Kritikers. Mache bewusst einen großen Schritt auf diese Position zu und lasse dabei die Position des Träumers am ersten Ort zurück. Denke wieder an dein Ziel. Welche Empfehlungen gäbe dir dieser wohlmeinende Kritiker, der vielleicht eine Art väterlicher oder mütterlicher *Unterstützer* für dich ist? Wie betrachtet dieser dein Ziel? Was könnte er kritisch *hinterfragen*, um dich dabei zu unterstützen, dass du dein Ziel erreichen wirst? Spüre mit allen Sinnen, wie es ist, in die Rolle des Kritikers zu schlüpfen, verbinde den Zettel auf dem Boden wieder mit dieser Vorstellung.

5. Schritt: Gehe nun bewusst, mit einem großen Schritt, zum nächsten Zettel auf dem Boden, in die Position des Realisten. Der Realist in dir ist der Anteil, der in der Lage ist, *planvoll* und *strategisch* vorzugehen. Erinnere dich an Situationen in deinem Leben, als du einen Plan strategisch verfolgt hast. Vielleicht, als du deine Wohnung renoviert oder als du eine Party organisiert hast? Vergegenwärtige dir die jeweiligen Erkenntnisse und hinterlege sie wieder symbolisch an dieser Position.

6. Schritt: Durchlaufe nun alle Positionen einige Male und verweile auf jeder Position jeweils einen Moment, um dir deine Gedanken zu vergegenwärtigen und so deine mentale Vorstellung zu verfestigen. Spüre jedes Mal die damit verbundenen Emotionen und sonstigen Eindrücke.

7. Schritt: Du kannst jetzt deine Aussichtsplattform, die *Meta-Ebene*, betreten: Schaue von hier als eine Art *weiser Berater*

zu den drei anderen Akteuren, dem Träumer, dem Realisten und dem Kritiker. Was fällt dir aus dieser Perspektive noch auf? Gibt es irgendetwas, woran die drei Akteure denken oder was sie berücksichtigen sollten? Was wurde eventuell noch nicht beachtet?

8. Schritt: Gehe nun wieder nacheinander in die drei anderen Positionen, lasse die Erkenntnisse der Meta-Ebene in die jeweilige Position einfließen, bis dir das Erreichen deines Ziels ganz selbstverständlich erscheint. So integrierst du das Ziel in deine Vorstellungswelt und damit in dein Unterbewusstsein.

9. Schritt: Verweile zum Schluss auf der Position des Träumers. Finde hier ein Symbol, eine Figur, einen Gegenstand, ein Bild oder eine andere Assoziation, die stellvertretend für deine Zielerreichung steht und diese symbolisiert. Vielleicht siehst du in dieser Situation einen Sonnenaufgang auf deiner inneren Leinwand oder einen Wasserfall? Oder fällt dir eine Gestalt, eine Figur, zum Beispiel ein Teddy oder ein Tier, ein, das symbolisch für deine momentane Assoziation stehen könnte? Alles ist erlaubt! Wenn du etwas gefunden hast, frage dich, was du dafür tun kannst, dass du jeden Tag daran erinnert wirst. Kannst du das gefundene Bild zum Beispiel im Internet finden, ausdrucken und künftig auf deinem Schreibtisch platzieren, damit du immer wieder, bewusst oder unbewusst, an diese Erfahrung und an deine damit verbundene Imagination erinnert wirst? Oder kannst du eine passende Figur in einem Spielwarenladen kaufen und diese auf deinem Schreibtisch platzieren? So erhält dein Unterbewusstsein im Alltag immer wieder neue Impulse, die dich an deine imaginierte Zielerreichung erinnern. Von nun an beginnst du, alle Ereignisse

und Informationen, die mit deiner Zielerreichung zu tun haben, selektiv wahrzunehmen und so die Wahrscheinlichkeit, das Ziel zu erreichen, deutlich zu erhöhen.

Erläuterung zu dieser Übung:

Über Walt Disney wird behauptet, dass er bei seinen Trickfilmproduktionen verschiedene Räume für den Träumer, den Realisten und den Kritiker eingerichtet hat, in denen seine Mitarbeiter Platz nahmen, um aus den jeweiligen Positionen den bisher erreichten Produktionsstand zu betrachten. Walt Disney war mit dieser Strategie sehr erfolgreich. Versuche du es doch auch einmal!

Kapitel 21: Achte auf deine seelische Gesundheit

Deine Fähigkeit, deine Ziele erreichen zu können, hängt sehr davon ab, welche *mentale Nahrung* du *zu dir nimmst*, welche Art Informationen du also regelmäßig *konsumierst*. Denn durch diese Informationen werden deine persönlichen Überzeugungen stark beeinflusst. Wenn du oft viele negative Informationen und negatives Wissen in deinen Kopf hineinlässt, werden dein Denken und dein innerer Dialog davon geprägt sein.

Das aktive und bewusste Filtern dieser Informationen, um nur diejenigen hindurchzulassen, die dich weiterbringen und dir guttun, kann man als eine Art Psychohygiene bezeichnen.

Der bekannte und sehr erfolgreiche Persönlichkeitstrainer *Nikolaus B. Enkelmann* fragte einmal in einem seiner Vorträge: „Warum lassen wir verdorbene Informationen in unseren Kopf? Wir essen doch auch keine verdorbene Nahrung!"

Mit diesem Satz hat mich Enkelmann damals sehr nachdenklich gemacht, denn er bringt damit den Unsinn auf den Punkt, den viele Menschen betreiben. Es scheint zu einer völlig normalen Beschäftigung geworden zu sein, permanent Junk-Informationen, also mentalen Müll, zu konsumieren, ebenso, wie sich ein Teil der Weltbevölkerung Junkfood bis zur totalen Verfettung einverleibt. So wie wir uns mit Lebensmitteln den Magen verderben können, ist es auch möglich, sich geistig so sehr mit unsinnigem Ballast vollzustopfen, dass wir langfristig darunter leiden.

Die Mehrheit aller Informationen, die heute global in den Medien, im Internet und in den sozialen Netzwerken verbreitet werden, sind negativer Natur. Wenn wir diese Informationen unkritisch konsumieren, werden wir dauerhaft negativ beeinflusst, mit weitreichenden Folgen für unsere Gesundheit und unsere Handlungen.

Wenn du regelmäßig Thriller, Krimis, negative Nachrichten aus Rundfunk, Zeitung, Fernsehen und aus dem Internet aus aller Welt und inhaltslose YouTube-Videos konsumierst, dann ist genau das auch der Inhalt deiner Gedankenwelt, so wie deine Nahrung der Inhalt deines Magens und deines Darmes ist. So fütterst du deinen inneren Schweinehund mit Informationen, die ihn vermutlich *nicht* dazu anregen, mit dir zu kooperieren.

Aus einem Gefäß kann ich nur die Dinge entnehmen, die ich vorher hineingefüllt habe, und aus einem Kühlschrank kann ich nur die Lebensmittel herausnehmen, die ich vorher hineingestellt habe. Mit unserer Gedankenwelt verhält sich das nicht anders. Es ist so überraschend einfach, dass man versucht sein könnte, diesen ursächlichen Zusammenhang anzuzweifeln.

Dass deine Gedanken deine Gefühle und Emotionen und damit dein Verhalten maßgeblich beeinflussen, hatte ich dir schon mithilfe des ABC-Modells erklärt (siehe Kapitel 18). Wie präzise, zuverlässig und nachhaltig dieses Zusammenspiel funktioniert, habe ich als Kind einmal am eigenen Leib erfahren.

↝ Fallbeispiel:

Ich war ungefähr elf oder zwölf Jahre alt und schaute in den 1970er-Jahren die Fernsehsendung „Aktenzeichen XY ... ungelöst", die im deutschsprachigen Raum sehr bekannt ist. In dieser Sendung werden schon seit über 40 Jahren echte Kriminalfälle nachgestellt und die Bevölkerung im Anschluss um Mithilfe bei der Ergreifung der Täter gebeten. Im Grunde war diese Sendung ein Vorläufer der noch heute sehr populären Reality-TV-Sendungen. Verstehe mich bitte nicht falsch: Solche Sendungen haben sicherlich ihre Bedeutung und helfen dabei, Kriminelle schnellstmöglich dingfest zu machen. Aber sollten wir solche Fernsehsendungen unseren Kindern zugänglich machen oder diese uns selbst allzu häufig zumuten? Schüren wir damit nicht unnötig Ängste bei anderen und in uns selbst?

In einem dargestellten Fall wurde gezeigt, wie ein Junge, der damals in etwa in meinem Alter war, in der elterlichen Garage an seinem Fahrrad bastelte, als ein Unbekannter kam, diesen Jungen von hinten packte und gnadenlos erdrosselte.

Wenn du diese Sendereihe kennen solltest, weißt du, dass jeder einzelne Fall sehr akribisch aufbereitet und spannend und dramatisch dargestellt wird, eben wie in einem Krimi.

Ich war sofort sehr schockiert von dieser dargestellten Situation und der damit verbundenen Unmenschlichkeit, vermutlich, weil ich selbst ein Fahrrad hatte und im Keller unseres Hauses gelegentlich daran bastelte. Dieses Fahrrad musste ich, wenn ich abends nach Hause kam, in den Keller des Hauses tragen, in dem ich wohnte. Die Kellertreppe war lang und tief, der Keller selbst war groß und dunkel.

Was glaubst du, was schließlich passiert ist? Meine Fähigkeit zu visualisieren und zu imaginieren fing an, mir einen Streich zu spielen.

Ich erinnerte mich auf meinem Weg in den Keller so lebhaft an das Gesehene in der „Aktenzeichen XY ... ungelöst"-Sendung, dass mich das blanke Entsetzen packte. Panikattacken erfassten mich und schließlich gestand ich meiner Mutter, dass ich mich nicht mehr in den Keller trauen würde. Sie hatte natürlich ein Herz für mich und verpflichtete meine ältere Schwester dazu, mein Fahrrad künftig in den Keller zu schleppen. Das tat sie dann auch eine Weile, natürlich recht widerwillig. Schließlich drohte sie mir Ärger an, wenn ich mein Fahrrad nicht bald wieder allein in den Keller tragen würde. Nach ein paar Wochen war die lebhafte Erinnerung an diese Filmszene ein wenig verblasst und es gelang mir nun wieder, in den finsteren Keller hinabzusteigen, um mein Fahrrad nach unten zu tragen. Natürlich wurde ich dabei unaufhörlich von meinen Ängsten und Vorstellungen geplagt.

Was mich aber noch heute sehr beschäftigt, ist die Tatsache, dass ich diese Filmszene auch jetzt noch, fast 40 Jahre später, auf meiner inneren Leinwand *sehe* und dir hier exakt beschreiben kann, wie sie sich *genau* zugetragen hat! Wir vergessen wirklich absolut nichts! Alles bleibt in unserem Kopf, alles!

Wir Menschen funktionieren alle sehr ähnlich. Sicherlich kann der eine mehr solcher Informationen und Erlebnisse verkraften und der andere etwas weniger. Aber wirklich gut, weder geistig noch körperlich, tun solche Informationen niemandem von uns. Unser Körper reagiert auf negative Sinneseindrücke sofort mit

der Ausschüttung von Stresshormonen, die uns in Alarmbereitschaft versetzen.
Es ist inzwischen hinreichend oft bewiesen worden, dass derartige Stresszustände, sofern sie häufiger oder dauerhaft eintreten, den ganzen Körper belasten. Die ausgeschütteten Stresshormone verbleiben mehrere Stunden im Blut, obwohl die auslösende Information vielleicht nur wenige Sekunden konsumiert wurde. Der entscheidende Schwachpunkt ist unser Immunsystem, denn es reagiert in (dauerhaften) Stresssituationen zuerst.
Die Erkältung, die plötzlich nach einer stressigen Periode am Arbeitsplatz am ersten Urlaubstag durchbricht und sich nun endlich Beachtung verschafft, ist der beste Beweis dafür, dass unsere Gedanken unser Immunsystem sehr direkt beeinflussen. Wir haben uns innerlich immer wieder gesagt: „Durchhalten! Durchhalten! Nur noch bis zum Urlaub, dann hast du frei!" Das klappt meist auch. Auf diese Weise können wir eine Erkrankung in die Zukunft „verschieben". Und wenn der erste Urlaubstag nun endlich da ist, bekommt unser Körper das Signal, dass er sich jetzt ausruhen darf. Sogleich reagiert das Immunsystem - und schon ist die Erkältung da.
(Dauer-)Stress ist für unseren Körper nicht gut. Ob dieser Stress nun durch permanente Zeitnot und hektische Aktivitäten oder durch das Anschauen und Anhören von negativen Berichten, Filmen und Nachrichtensendungen ausgelöst wird, ist relativ egal. Der Unterschied besteht lediglich darin, dass wir zum Beispiel im Falle eines Horrorfilms den Stress *stellvertretend* für die Darsteller erleben.
In der Psychologie spricht man von der sogenannten Perspektivübernahme. Das ist die Fähigkeit, sich in andere Personen hineinzuversetzen und die Welt aus deren Blickwinkel zu betrachten. Der Stress, den wir dabei erleben, ist fast so intensiv, als würden wir uns selbst in dieser Situation befinden. Wir nehmen es allerdings so nicht wahr, weil wir uns in unserem direkten Umfeld

sicher und geborgen fühlen. Das bedeutet aber nicht, dass die gleichzeitig in uns ablaufenden physiologischen Vorgänge grundsätzlich anderer Natur wären.

Aus den Forschungen für die Psychotraumatologie weiß man, dass es für einen Menschen ebenso traumatische Folgen haben kann, mitansehen zu müssen, wenn ein anderer misshandelt wird, wie es für den Misshandelten selbst eine traumatische Erfahrung darstellt. Lediglich die Intensität ist eine andere. Wenn du die Misshandlung eines Menschen in einem Film erlebst, *spürst* du sie ebenso. Viele Menschen zucken zusammen, wenn sie sehen, wie einem Menschen in einem Film zum Beispiel ein Finger abgehackt wird, ebenso wie du vermutlich gerade selbst innerlich zusammenzuckst, während du diese Zeilen liest. Entschuldige bitte! Für die Veranschaulichung war es notwendig, ein solches Beispiel zu wählen.

Unsere Gedanken beeinflussen unseren Körper, unsere Seele und damit auch unsere Gesundheit und schließlich unsere Handlungen. Wäge deshalb sehr genau ab, welche *mentale Nahrung* du tatsächlich zu dir nehmen willst. Psychohygiene bedeutet, deine Aufmerksamkeit auf Informationen zu richten, die dir Freude bereiten und die das Wachstum deiner Persönlichkeit ermöglichen. So gelingt es dir gleichzeitig, dich der negativen Einflussnahme anderer zu entziehen und deine innere Balance sowie einen kühlen Kopf auch in schwierigen Lebensphasen zu wahren.

Dass äußere Einflussnahmen auf sehr subtile Weise erfolgen und ihre Wirkung nicht verfehlen, hatte ich dir am Beispiel der „People's Temple"-Sekte Seite auf 185 erläutert. Unsere Vernunft kann tatsächlich so sehr unterwandert werden, dass es dogmatischen Anführern und Heilsbringern gelingt, Menschen dazu zu bringen, freiwillig und ohne erkennbaren Grund aus dem Leben zu scheiden und zuvor sogar ihre eigenen Kinder umzubringen. Das war in diesem Fall vor allem deshalb möglich, weil sie sich den Ansichten und Verlautbarungen ihres Anführers nicht zu entziehen vermochten. Sie waren also einem kontinuierlichen Psychoterror ausgesetzt. Diese Kontinuität spielt bei Beeinflussungsprozessen eine wichtige Rolle, wie du gleich noch sehen wirst. So gelang es diesem Sektenführer, mit seinen angeblich heilsbringenden Botschaften in das Unterbewusstsein der Menschen vorzudringen und *sie* das glauben zu lassen, was *er* für richtig hielt. Es war ihm gewissermaßen gelungen, ihre natürliche „Firewall", also ihren klugen und gesunden Menschenverstand, zu durchdringen.

Solche Dinge geschehen vor allem deshalb, weil Wissen und psychologisches Geschick einerseits und Unkenntnis und Hilflosigkeit andererseits aufeinandertreffen. Die einen wissen, wie der Mensch auf der seelischen Ebene funktioniert, wie leicht er zu ängstigen ist und wie sehr er deshalb auf Beistand und Hilfe hofft. Der anderen Seite, denjenigen also, die in die Opferrolle gedrängt werden, fehlt dieses Wissen. Ihnen ist nicht annähernd klar, welchen Beeinflussungsattacken sie ausgesetzt sind.

Das einzige Gegenmittel, sich den unlauteren Absichten und den damit verbundenen Methoden entziehen und sich unbeirrt auf seine eigenen Zielsetzungen konzentrieren zu können, ist Wissen. Wenn wir genau verstehen, wie derartige Manipulationen strukturiert sind, können wir uns entsprechend wappnen. Deshalb möchte ich nachfolgend explizit darauf eingehen.

Wie schwierig es mitunter sein kann, sich gezielten Einflussnahmen zu entziehen, zeigt sich, sobald wir uns klar darüber werden, welche gigantische Informationsmenge unser Gehirn zu managen hat. In einer Wissenschaftsdokumentation namens *„What the Bleep do we know?"* heißt es, dass unser Gehirn bis zu 400 Milliarden Informationen *pro Sekunde* (!) verarbeitet. Auf der bewussten Ebene wären wir schlichtweg überfordert, mit dieser Informationsfülle sinnvoll umzugehen. Deshalb dringt nur ein Bruchteil dieser Informationen bis in unser Bewusstsein vor. Das sind vor allem die

Informationen, die dazu beizutragen, dass unser Überleben zuverlässig abgesichert wird. Doch auch diese übrigen Informationen können wir nur dann sinnvoll einordnen und nutzen, wenn wir eigene Ziele und Pläne verfolgen und somit genau wissen, was wir eigentlich wollen und was wir nicht wollen.

Wir werden also täglich mit einer Fülle von Informationen überhäuft und damit gleichzeitig zielgerichtet mental beeinflusst. Insbesondere die öffentlichen Medien spielen in unserer heutigen Zeit bei diesem Beeinflussungsprozess eine entscheidende Rolle. In vielen Fällen ist diese mediale Form der Einflussnahme einigermaßen harmlos, zum Beispiel, wenn wir von der Werbeindustrie dazu animiert werden, bestimmte Produkte zu kaufen. Vielleicht erwerben wir dann etwas, was wir nicht unbedingt benötigen oder was uns später nicht den erhofften Nutzen bringt. Die meisten von uns haben das schon erlebt.

Gut bezahlte und ebenso gut ausgebildete Marketingstrategen wissen sehr genau, wie sie uns im Sinne ihrer Auftraggeber beeinflussen können. Alles ist sehr genau durchdacht. Sie sorgen für eine lückenlose Kette von Werbebotschaften auf allen gängigen Informationskanälen und für eine wirksame Sortierung der Waren in den Regalen der Geschäfte und Supermärkte, damit die angebotenen Artikel unsere Aufmerksamkeit und unser Interesse erregen. Sie entscheiden darüber, welche Durchsagen und welche Musik aus den Lautsprechern der Geschäfte während unseres Einkaufes erklingt. Sie wissen, wie es während unseres Einkaufes dort riechen muss, wie sich die Verpackungen der Waren anfühlen sollten und vieles mehr, um uns möglichst unbemerkt dazu zu verführen, dass wir in ihrem Sinne mit unserem Einkauf fortfahren. Auf diese Weise werden wir regelrecht in einen Zustand der Trance versetzt und so handeln wir dann auch. Wie ferngesteuert legen wir bestimmte Produkte in unseren Einkaufskorb, ohne zu wissen, warum wir das tun. Diesen Verführungen zu erliegen, ist manchmal

ärgerlich, in vielen oder in den meisten Fällen aber vertretbar.
Sobald wir jedoch Dienstleistungen oder Produkte kaufen, die uns oder der Umwelt schaden könnten, wird es problematischer. Wenn der Hobbygärtner dazu verleitet wird, bestimmte Insektizide oder Herbizide in seinem Garten anzuwenden, um den Ernteertrag zu erhöhen, oder wenn wir Lebensmittel erwerben, deren chemische Zusammensetzung unserem Körper schadet, wird klar, dass allzu viel Gutgläubigkeit und unbegrenztes Vertrauen in die moralischen und ethischen Sichtweisen dieser Anbieter von Produkten und Dienstleistungen nicht immer angebracht ist.
Besonders gefährlich wird es aber, wenn solche „Marketing"-Strategen auf der politischen Ebene agieren, um den Wählerwillen zugunsten einer politischen Strömung zu verändern. Denn die so beeinflussten Ergebnisse bilden dann möglicherweise nicht mehr den tatsächlichen Mehrheitswillen der jeweils wahlberechtigten Bevölkerung ab. Wer diesen Gedanken konsequent zu Ende denkt, weiß, dass solche Instrumente und Vorgehensweisen langfristig unsere Freiheit bedrohen können.
In der Europäischen Union stehen einige demokratische Abstimmungen unter dem Verdacht, von außen und digital beeinflusst worden zu sein: Ob es um den Namen der Republik Mazedonien, um die Unabhängigkeit Kataloniens in Spanien oder um den EU-Austritt Großbritanniens ging, in allen Fällen äußerten Kritiker später die Vermutung, dass die Wähler von „unbekannten Akteuren" manipuliert worden sein könnten. Doch die Beweislage hierfür ist dünn. Erst wenn die beeinflussenden Akteure ihre Einflussnahmen öffentlich zugeben würden, bestünde Klarheit. Sogenannte *Fake News* verunsichern die Bevölkerung, professionell gesteuerte „*Troll*"-Armeen[*] und sogenannte

---

[*] *Im Jargon des Internets bezeichnet man so Personen, die ihre Kommunikation auf Beiträge beschränken, die auf emotionale Provokation anderer Gesprächsteilnehmer zielen, um so eine Reaktion der anderen Teilnehmer zu erreichen.*

Social Bots* verändern immer öfter die Wahrnehmung und damit die öffentliche Meinung. Das geschieht auf eine sehr subtile, kaum wahrnehmbare Weise.

Diejenigen, die über die nötigen finanziellen Mittel verfügen und genau wissen, auf welchem Wege sie ihre beeinflussenden Botschaften zu einem konkreten Thema im richtigen Moment in ausgewählten Medien platzieren müssen, um eine klar definierte Zielgruppe zu erreichen, sind heute die eigentlichen und nicht selten gefährlichen Meinungsmacher.

Das bereits erwähnte ABC-Modell von Albert Ellis (siehe Kapitel 18) eignet sich auch in diesem Zusammenhang, um zu verstehen, wie leicht wir zu beeinflussen sind. Gleichzeitig können wir es nutzen, um uns vor dieser Einflussnahme zu schützen und so unsere seelische Gesundheit im Gleichgewicht zu halten.

Albert Ellis hat für uns herausgefunden, dass wir unsere Aufmerksamkeit instinktiv zuerst auf das richten, was unser Überleben sichert. Damit ist auch die Sorge um unsere Familienmitglieder und um unser Hab und Gut verbunden. Von frühester Kindheit an wurde uns deshalb vermittelt, worauf wir zu achten haben, damit dieses Überleben langfristig sichergestellt wird. So sind unsere Überzeugungen und Glaubenssätze entstanden, die wir dann als jüngere und ältere Erwachsene vervollkommnet und verfestigt haben. Diese Überzeugungen sind hierarchisch angeordnet und zu einem festen Bestandteil unserer psychologischen Organisation geworden. Deshalb sind sie nur schwer veränderbar oder durch logische Argumente auf der Verstandesebene zu beeinflussen.

Der Mensch ist aus vielen unterschiedlichen Gründen motiviert, bestimmte Handlungen zu vollziehen. Viele dieser Handlungen lassen sich auf die drei Grundmotive Angst, Gier und Neugier zurückführen.

---

* *In den sozialen Medien werden oft soziale Bots eingesetzt, um automatische Antworten zu generieren. Zum Beispiel lassen sich bei Twitter Social Bots installieren, die auf spezifische Beiträge reagieren und dann zuvor programmierte Informationen absetzen.*

Es gibt viele weitere Handlungsmotive des Menschen, die auch vielfach wissenschaftlich untersucht wurden. Sie spielen aber in diesem hier dargestellten Zusammenhang keine Rolle, weshalb ich sie hier nicht nenne. Schauen wir uns diese drei genannten Grundmotive etwas näher an.

1. Ellis sagte, Angst und Negativität seien im Menschen biologisch prädisponiert, seien also in ihm vorprogrammiert. Die Angst hat viele verschiedene Gesichter. Die größte Angst, die wir Menschen kennen, ist die Angst vor dem Tod. Aber auch die Angst vor Verlust oder die Angst vor Zurückweisung (Ablehnung) spielt für uns alle eine große Rolle.
Wer Menschen gezielt beeinflussen möchte, wird versuchen, ihnen zu suggerieren, dass ihr Leben oder ihre körperliche Unversehrtheit auf dem Spiel steht, dass ihr Ansehen gefährdet ist oder die Gefahr besteht, dass sie etwas verlieren werden, was ihnen wichtig ist. Viele Kriminelle arbeiten mit solchen Methoden, wenn sie zum Beispiel Senioren dazu bewegen wollen, ihr Erspartes herauszugeben.

2. Das zweite wichtige Motiv, das unsere Handlungen bestimmt, ist die Gier, also das Verlangen, bestimmte Dinge zu besitzen. Das sind all die Dinge, die uns entweder Sicherheit geben (zum Beispiel der Besitz von Realwerten, Gütern oder Geld), unser Leben erleichtern (Bequemlichkeit) oder unser Ansehen steigern (Prestige). Die Gier steckt in jedem von uns, mal mehr oder mal weniger stark ausgeprägt.

3. Die Neugier im Sinne von Wissbegierde ist ebenfalls ein sehr wichtiges Motiv, das uns dazu veranlasst, bestimmte Dinge zu tun. Etwas zu wissen, was andere (noch) nicht wissen, bringt uns Vorteile und kann unser Überleben sichern.

Wenn Menschen dich manipulieren, dich also in ihrem Sinne beeinflussen wollen, werden sie versuchen, eines der oben genannten Motive anzusprechen. Sie wollen dich also in einen entsprechenden (Alarm-)Zustand versetzen, um im Anschluss deine mit diesen Motiven verbundenen Überzeugungen zu aktivieren. Das nachfolgende Fallbeispiel zeigt, wie einfach sich zum Beispiel bei älteren Menschen die verschiedenen Instinkte nutzen lassen, um sie zu manipulieren.

ᙢ Fallbeispiel:

Angebliche Polizisten rufen ältere Menschen an und behaupten, wichtige Informationen für sie zu haben (das Motiv „Neugier" wird angesprochen). Sie gaukeln ihnen vor, ihr Hab und Gut sei unmittelbar durch Verbrecher bedroht (das Motiv „Angst vor Verlust" wird aktiviert). Sie sollten deshalb Geld und Schmuck unverzüglich abholen lassen, um es an einem angeblich „sicheren Ort" zu deponieren (Motiv „Gier" im Sinne von Besitzstandswahrung wird ausgenutzt). Die Polizei warnt immer wieder vor solchen falschen Polizisten. Dennoch wird die Zahl der Fälle, bei denen Gauner mit solchen Lügengeschichten am Telefon Senioren um ihr Erspartes bringen, immer größer.

Das Vorgehen der Gauner folgt dabei einem zuvor festgelegten Skript. Die falschen Polizisten üben zunächst am Telefon massiven psychischen Druck aus und verbreiten entsprechende Panik. Dann fordern sie ihre Opfer dazu auf, niemanden anzurufen, nicht die Polizei, keine Verwandten und nicht die Bank. Denn überall gäbe es Maulwürfe. Durch die so erzeugte Atmosphäre der Angst vertraut das Opfer zum Schluss nur noch dem Anrufer. Dabei erzählen die Betrüger glaubwürdige Geschichten über bevorstehende Straftaten, die demnächst in ihrem Umfeld geschehen würden, weshalb die älteren Menschen umgehend Wertgegenstände und Geld in Sicherheit bringen müssten. Durch wiederholte Anrufe über einen längeren Zeitraum hinweg erhöhen die Täter den Druck, damit die Opfer möglichst keine klaren Gedanken mehr fassen können. Diese Kriminellen sind gute Psychologen.

Sie nutzen bewusst die Instinkte der älteren Menschen, ihre Hilflosigkeit und ihre Gutgläubigkeit aus.

Es gibt ein Sprichwort, das auch als Grundsatz in der Psychologie und im Marketing und bei jeder Meinungsbeeinflussung aufgefasst werden kann: „*Der stete Tropfen höhlt den Stein!*"
Einige psychologische Grundkenntnisse, etwas Geduld und Fingerspitzengefühl genügen, um Menschen von ihren Überzeugungen abzubringen und Dinge tun oder sein zu lassen, die sie unter normalen Umständen nicht getan oder gelassen hätten.
In zwischenmenschlichen Beziehungen nennt man es Einflussnahme, in der Wirtschaft bezeichnet man es als Marketing und in der Politik als Agitation oder Propaganda. Die psychologischen Abläufe sind in allen Zusammenhängen sehr ähnlich:

1. Vertrauen aufbauen
2. Klarheit über die Überzeugungen und Motive des Zielobjektes verschaffen
3. Überzeugungen und Glaubenssätze geduldig und kontinuierlich beeinflussen
4. Das Zielobjekt auf diese Weise verunsichern, Ängste schüren, zum Beispiel durch einseitiges Informieren oder das Verbreiten von Gerüchten und Fehlinformationen
5. Hilfe und Schutz anbieten
6. Alternative Überzeugungen und Glaubenssätze anbieten und etablieren
7. Engen Kontakt halten und die neu implantierten Überzeugungen fortlaufend bestätigen und verfestigen

Dieses Wissen kann dir in vielen Lebenssituationen von Nutzen sein, nämlich immer dann, wenn andere beginnen, dich vor ihren Karren zu spannen und dich so für ihre Zwecke zu manipulieren. Menschen, die keine eigenen oder nur sehr allgemeine Ziele haben, sind für derartige Einflüsterungen besonders empfänglich.

So finden sich in Sekten und anderen extremistischen Organisationen besonders häufig entwurzelte und dadurch schwache Menschen, die nach Halt und Anerkennung suchen. Gerade sie sind anfällig für Demagogen.

Wenn du die Mechanismen intrinsischer Zielsetzungen verstanden hast und diese umsetzt, bist du automatisch weniger anfällig für diese sogenannten Bauernfänger. Du gehst dann deinen eigenen Weg und lässt dich von unseriösen Geschichtenerzählern weniger oder gar nicht beeinflussen.

Insbesondere die Medien, aber auch immer öfter die sozialen Netzwerke, werden genutzt, um Menschen zu indoktrinieren. Wenn du dich diesen Mechanismen regelmäßig aussetzt, können sich Denkweisen und Überzeugungen in deine Gedankenwelt einschleichen, die dir nicht guttun.

Das Geschäft mit der Angst, mit der Gier und der Neugier ist global betrachtet ein Billionen-Geschäft. Ganze Branchen leben davon, diese Motive der Menschen zu instrumentalisieren. Schauen wir uns deshalb hier die Branchen an, die gezielt mit diesem Wissen arbeiten und am meisten von dieser Vorgehensweise profitieren.

Die nachfolgenden Aufzählungen sollen keinesfalls eine Bewertung der Brauchbarkeit des jeweiligen Produktes oder der Dienstleistung darstellen. Es soll lediglich offen gelegt werden, wie sich diese Marktteilnehmer die Psychologie der Menschen zunutze machen.

Versicherungen

Die nach ihren eigenen Angaben älteste Feuerversicherung der Welt ist die durch einen Rat in Hamburg 1676 gegründete Hamburger Feuerkasse, die auf dem Abschluss des Hamburger „Feuer-Kontrakts" von 1591 durch Hamburger Brauereibetriebe basiert. Seither hat sich die Idee, einer Gemeinschaft beizutreten, die sich im Falle eines Schadens das Risiko für den entstandenen Schaden teilt, zu einem Milliardengeschäft entwickelt. Zuerst ging es nur um den Verlust des eigenen Hauses. Doch schnell erkannte man, dass sich die Idee, den Besitz der Menschen zu schützen, auch auf andere Bereiche ausdehnen lässt.

Das Geschäft mit der Angst funktioniert hier deshalb so gut, weil sich die meisten Menschen unaufhörlich davor fürchten, etwas verlieren zu können, wofür sie zuvor hart arbeiten mussten. Die ganze Branche lebt davon, permanent Angst zu verbreiten und den Menschen stets die Gefahren vor Augen zu führen, denen sie ausgesetzt sind.

Obgleich es durchaus vernünftig sein kann, sich gewisse Risiken mit anderen zu teilen, insbesondere dann, wenn die Gefahr eines Schadens die eigene Existenz gefährden könnte, hat dieses Verbreiten von Angst in den vergangenen einhundert Jahren unvergleichliche Blüten getrieben. Zum Beispiel vertreibt ein großer deutscher Versicherer sogenannte „Haus- und Wohnungsschutzbriefe", die zum Beispiel den Schlüsseldienst bezahlen, wenn dem Wohnungsinhaber die Haustür versehentlich zugeschlagen oder der Haustürschlüssel abgebrochen ist. Über den Sinn oder Unsinn einer solchen Versicherung ließe sich trefflich streiten. Für den Versicherer handelt es sich aber um ein lukratives Geschäft, das vor allem von einer irrationalen Angst lebt, denn die Existenz des Wohnungsinhabers wäre durch einen solchen Schadenfall wohl kaum gefährdet.

Sicherheitstechnik

Der Markt für Sicherheitstechnik ist Bestandteil einer krisenfesten Gesamtbranche. Weltweit, auch in Deutschland, übertreffen die jährlichen Wachstumszahlen regelmäßig die allgemeine wirtschaftliche Entwicklung. Einbruch- und Brandmeldetechnik, Videoüberwachungstechnik, Zutrittssteuerungssysteme gehören ebenso dazu, wie Rufanlagen und Sprachalarmsysteme. All diese Technikprodukte kaufen die Menschen vor allem deshalb, weil sie ihr Leben und ihr Eigentum schützen wollen. Dabei handelt es sich um einen durchaus nachvollziehbaren Wunsch. Allerdings sollten die Verhältnismäßigkeit und die Nebenwirkungen einer solchen „Aufrüstung" bezüglich unserer Grundrechte und unserer Privatsphäre immer wieder hinterfragt werden.

Insbesondere die heute allerorts üblichen Videoüberwachungsanlagen sollen den Bürger in einer Sicherheit wiegen, die letztendlich reine Illusion ist. Nachgewiesenermaßen geschehen an stark überwachten Orten kaum weniger Verbrechen als dort, wo weniger überwacht wird. Auch die sogenannte vorbeugende Verbrechensbekämpfung, also die sogenannte Abschreckung, funktioniert auf diese Weise nicht besonders überzeugend, da die potenziell Kriminellen ihre Aktivitäten einfach in andere Gegenden verlegen. Nicht einmal die Aufklärungsquote der Straftaten steigt durch solche engmaschigen Überwachungen signifikant an.

Dennoch gibt es immer wieder Forderungen nach neuen Überwachungsanlagen - vor allem, sobald irgendwo ein Verbrechen geschehen ist. Doch achte einmal darauf, wer in solchen Fällen diese Forderungen nach noch mehr Überwachungsanlagen aufstellt. Meist sind es voreilige Politiker und nicht die Bürger selbst. Von der zunehmenden technischen Überwachung der Bürger profitiert vor allem die Industrie, die diese Sicherheitstechnik produziert und vertreibt. Aber auch diejenigen, die politisch oder materiell viel zu verlieren haben, stehen einer voranschreitenden Überwachung oftmals sehr aufgeschlossen gegenüber.

Finanzprodukte

Viele Finanzprodukte werden mithilfe der Gier oder Angst vor Verlust verkauft. Risikoreichere Papiere, die höhere Gewinne versprechen, befriedigen die Gier des Anlegers. Dazu zählen zum Beispiel Aktien und Investmentprodukte.

Des Deutschen liebstes Kind ist aber das Sparbuch. Auf diesen Sparbüchern schlummern in Deutschland Milliardensummen -

vor allem deshalb, weil diese Spareinlagen durch den sogenannten Einlagensicherungsfonds geschützt werden. Das heißt, wenn das jeweilige Geldhaus insolvent ist, bekommt der Anleger seine Spareinlage durch diesen Fonds ersetzt. Das reduziert die Angst des Anlegers, sein Geld in Krisenfällen verlieren zu können. Andere sicherheitsorientierte, also „angstlindernde" Anlageprodukte sind Bundesanleihen, Realwertanlagen wie Gold und Silber und Immobilien, das sogenannte „Betongold".

Medizinische Produkte

Der Wunsch zu überleben und gesund zu sein und die Angst vor Krankheit sind die wichtigsten Gründe, warum Menschen Medikamente, Nahrungsergänzungsmittel und andere medizinische Produkte kaufen. Die Pharmabranche gehört weltweit zu einer der umsatzstärksten und mächtigsten Branchen, die global betrachtet Einflüsse bis in die wichtigsten politischen Gremien ausübt. Sie konnte nur deshalb so stark wachsen, weil viele Menschen stets Angst um ihre körperliche Unversehrtheit und damit um ihr Leben haben. Diese Angst wird oft gezielt medial inszeniert und ständig am Köcheln gehalten, was zu einer kontinuierlichen Umsatzsteigerung innerhalb dieser Branchen beitragen soll und auch tatsächlich beiträgt.

Autoindustrie

Ich erinnere mich, wie in meiner Kindheit der Autohersteller *Volvo* Fernsehwerbung ausstrahlen ließ, in der suggeriert wurde, dass er die sichersten Autos der Welt bauen würde. Mannigfaltige Crashtests bei nahezu allen Automobilen erwecken auch heute noch den Eindruck, dass es eine Sicherheit gäbe, die sich im Alltag und vor allem bei hohen Geschwindigkeiten schnell als Illusion herausstellt. Ein treffliches Beispiel hierfür ist der Tod der englischen Prinzessin Diana, deren Chauffeur die von ihm gesteuerte Luxuskarosse eines bekannten Autoherstellers aus bis heute ungeklärter Ursache mit hoher Geschwindigkeit gegen einen Betonpfeiler steuerte, wobei auf tragische Weise alle Insassen starben. Dieser Fall illustriert, dass selbst das sicherste Auto mit den besten Crashtest-Ergebnissen nur eine relative Sicherheit für seine Insassen bieten kann.

Filmbranche

Vordergründig bietet uns die Film- und Fernsehbranche Unterhaltung an. Die Unterhaltungsbranche ist eine der am stärksten wachsenden Branchen überhaupt, was vor allem daran liegt, dass die Menschen immer mehr Zeit zur Verfügung haben und deshalb nach Zerstreuung suchen.

Das Problem ist, dass die Angebote der Film- und Fernsehbranche nur funktionieren, wenn sie unsere volle Aufmerksamkeit auf sich ziehen. Und wie lässt sich das bewerkstelligen? Genau, mithilfe der Angst! Weit mehr als zwei Drittel aller Fernsehserien oder Spielfilme schüren, in jeweils unterschiedlichem Maße, Ängste. Da wir „wissen", dass das, was wir sehen, nicht echt ist, *glauben* wir, dass es uns nicht schadet. Doch genau das ist der Trugschluss. Ich erinnere an das obige Beispiel aus meiner Kindheit aus der Fernsehsendung „Aktenzeichen XY ... ungelöst".

Bezüglich unseres Themas Ziele leitet sich aus diesen Beispielen eine einfache Frage ab: Könnte es sinnvoll sein, wenn du dich zukünftig vor den Mechanismen und Methoden, die deine Angst schüren sollen, schützt und stattdessen dein Unterbewusstsein ausschließlich (oder zumindest überwiegend) mit den Informationen fütterst, die dir helfen, deine Ziele zu erreichen?

Beantworte diese Frage für dich selbst und ziehe deine Konsequenzen daraus. Diese Konsequenzen können individuell sehr unterschiedlich aussehen. Wenn es um ein berufliches Karriereziel geht, könntest du dich mit der Firma, in der du arbeitest, oder mit den Biografien der Firmengründer beschäftigen. Sofern es um sportliche Ziele geht, beschäftige dich mit anderen Sportlern und deren Erfolgsstrategien, wenn es um politische Ziele geht, befasse dich mit der Geschichte und den Hintergründen dieser Zielsetzung oder mit anderen Ländern, die diese Ziele erreicht haben. Wenn es uns an irgendetwas in unserer heutigen Zeit wirklich nicht mangelt, dann sind es wohl Informationen und Wissen aller Art. Es gibt jede Menge Hörbücher, die du im Auto oder beim Joggen hören kannst. Es gibt Dokumentationen zu allen möglichen Themen im Internet, im Fernsehen oder zweckdienliche Podcasts bei den Streamingdiensten und Radiosendern, die du sowohl unterwegs als auch zu Hause konsumieren kannst usw. Du hast wirklich eine gigantische Auswahl. Du solltest dir aber stets überlegen, welche geistige Nahrung dir tatsächlich in deinem Leben *schmeckt*, dich also weiterbringt, und welche dich eher schwach, müde oder sogar hilflos macht. Überlege dir, welche *Wirkung* du erzielen willst. Dann wird dir sicher schnell klar, welche notwendigen Taten diesem Ziel vorausgehen sollten und welche Inhalte dazu passen, um diese gewünschte Wirkung zu erzielen.

Füttere ab sofort dein Unterbewusstsein nur noch mit mentaler Nahrung, die dir guttut! Lerne, in dich hineinzuhören, um schnell zu bemerken, dass du gerade *versehentlich* negative Informationen konsumierst.

Schaue dir doch einmal online eine Nachrichtensendung ganz bewusst an, vielleicht 30 Minuten lang, und achte dabei auf deinen Puls, deinen Herzschlag und dein Bauchgefühl. Vielleicht nutzt du dabei sogar ein Puls- und/oder Blutdruckmessgerät. Du wirst feststellen, dass dir dein Körper ganz genau verrät, was dir guttut und was nicht, denn Blutdruck und Puls steigen, wenn du in Stress gerätst. Gleichzeitig nimmt dein Unbehagen zu.

Beginne sofort mit deiner Psychohygiene. Achte im wahrsten Sinne des Wortes auf die Sauberkeit deiner Gedankenwelt. Beobachte deine Informationsaufnahme ebenso sorgfältig wie deine

Nahrungsaufnahme. Das wird dich verändern, weiterbringen und zusätzlich motivieren. Verlasse dich darauf!

Sicherlich ist es in unserer heutigen Kommunikationswelt nicht so einfach, sich vor überflüssigen und schädlichen Informationen und Einflüssen zu schützen. Oft kommt man nicht umhin, die Freunde ins Kino zu begleiten und einen Film zu schauen, der diesen Grundsätzen widerspricht. Das ist keine Katastrophe. Denn auch hier gilt, ganz so wie bei anderen Drogen und Giftstoffen: „Die Dosis macht das Gift!" Wenn du es schaffst, dich *überwiegend* zu schützen und mit förderlichen Informationen zu füttern, ist sehr viel gewonnen!

✒ Zusammenfassung:

Konsumiere nach Möglichkeit nur „gesunde" Informationen, so wie du auch den Konsum verdorbener Lebensmittel vermeidest. Negative Informationen belasten deine Seele ebenso, wie dir ungesunde Lebensmittel schwer im Magen liegen. Vor allem steigt aber die Gefahr, dass sie dich davon abbringen, deine Persönlichkeit auf eine sinnvolle und konstruktive Weise zu entfalten. Im schlimmsten Falle wirst du mit negativen Informationen von wirtschaftlichen und politischen Interessensgruppen gezielt manipuliert, was dazu führen kann, dass dein Angstmechanismus anspringt, der dich in der Folge Dinge tun lässt, die weder deinen Überzeugungen noch deinen Wertvorstellungen entsprechen.

Wenn du deinen Blick nach vorne richtest und deine Ziele fokussierst, werden dir zu deinem Thema in den verschiedenen Medien hinreichend „gesunde" Informationen angeboten, die du bedenkenlos „verspeisen" darfst.

Kapitel 22: Erkenne das Glück in der Krise

Die in diesem Buch erläuterten Zusammenhänge und Mentaltechniken sind nicht nur eine hervorragende Möglichkeit, schwierige Lebensphasen im Vorfeld zu vermeiden, sondern sie dienen auch dazu, Krisen besser zu meistern, falls sie doch einmal eintreten.

Sogenannte Life-Events sind in unserem Leben unausweichlich. Der Verlust des Arbeitsplatzes, die Trennung vom Partner, eine schwere Erkrankung oder der Tod eines nahen Angehörigen und andere belastende Erfahrungen gehören leider einfach dazu. Herausfordernde Ziele, ehrgeizige (Lebens-)Projekte, Selbstmanagement- und Mentalstrategien und ausgefeilte Entspannungstechniken können solche Ereignisse nicht grundsätzlich verhindern. Aber sie helfen dir dabei, mit diesen Ausnahmesituationen besser klarzukommen.

Wenn du schon *vor* einer Krise Schwierigkeiten hattest, dein Schieberitis-Problem in den Griff zu bekommen und deinem inneren Schweinehund den Kampf anzusagen, wird es dir *während* oder *nach* einer schwierigen Lebensphase nicht gerade leichter fallen.

Also beginne jetzt mit der Gestaltung deiner Zukunft! Es geht darum, *rechtzeitig* konstruktive Selbstmanagement-Methoden zu erlernen. Wenn erst einmal etwas schiefgelaufen ist, wird es ungleich schwerer, ruhig zu bleiben, den Kopf freizubekommen und sich neue Ziele zu setzen. Deshalb sind Zielsetzungen und das Erlernen mentaler Selbsthilfestrategien auch ein kluges Vorsorgeprogramm und ein wirksames Training für deine psychische Widerstandsfähigkeit.

In vielen Berufen ist es eine Selbstverständlichkeit, sich auf Krisen und Gefahrensituationen professionell vorzubereiten. Deutlich wird das zum Beispiel an der Vorgehensweise von polizeilichen Spezialeinheiten wie dem deutschen Sondereinsatzkommando *SEK*, den Feuerwehren oder den Notärzten und Rettungsdiensten. In diesen Berufsgruppen werden die Akteure sorgfältig auf ihre zukünftigen Einsätze vorbereitet. Gefahrenszenarien werden entworfen, das jeweilige *Handwerk* wird genau erlernt und

Einsätze werden immer und immer wieder geprobt. Tatsächlich klappt dann im Ernstfall alles sehr gut. Bei der Bundeswehr nennt man dieses Vorgehen, wenn es darum geht, seine physische und psychische Belastbarkeit zu erhöhen, Ressourcenstärkung, in der US-Armee bezeichnet man es als Resilienz-Training.
Menschen, die unvorbereitet in Notsituationen geraten, sind meist sehr durcheinander und damit kopflos. Durch diese Kopflosigkeit unterlaufen ihnen zusätzliche Fehler, wodurch alles noch schlimmer wird, als es ohnehin schon ist. Nicht jeder ist von Natur aus resilient und behält in solchen Situationen einen kühlen Kopf. Mit Resilienz beschreibt man die psychische Widerstandsfähigkeit eines Menschen.
Aus der Resilienzforschung ist bekannt, dass diese psychische Widerstandsfähigkeit keine genetisch veranlagte Begabung darstellt. Sie ist stattdessen eine erlernbare Fähigkeit. Das ist für diejenigen eine wichtige Information, bei denen die Rahmenbedingungen in der Kindheit und Jugend nicht so optimal gewesen sind und bei denen es an positiven Vorbildern mangelte. Welche Möglichkeiten aus meiner Sicht bestehen, diese psychische Widerstandfähigkeit auszubauen, habe ich dir hier versucht aufzuzeigen.*
Falls du dich einmal in einer Lebenssituation befinden solltest, die du für kaum erträglich oder sogar für aussichtslos hältst, dann beschäftige dich mit Menschen, die von einem noch härteren Schicksalsschlag getroffen wurden und denen es gelungen ist, Stärken daraus zu entwickeln.
Die alle vier Jahre stattfindenden *Paralympics* kannst du beispielsweise nutzen, um Menschen kennenzulernen, denen es gelungen ist, nach einer schrecklichen Lebenserfahrung, meist nach einem Unfall

---

* *Hinweis: Lediglich das Thema Meditation, eine in vielen Religionen und Kulturen ausgeübte spirituelle Praxis, die vor allem Achtsamkeits- und Konzentrationsübungen beinhaltet und die ich selbst seit vielen Jahren praktiziere, habe ich in diesem Buch bewusst ausgespart. Dieses Thema hätte den verfügbaren Rahmen gesprengt. Wenn du dich dafür interessieren solltest, empfehle ich dir die vielen inspirierenden Bücher des großartigen buddhistischen Mönches Thich Nath Hanh.*

oder einer schweren Krankheit, neuen Lebensmut zu fassen, sich ein herausforderndes Ziel zu setzen und eisern an dessen Erreichung zu arbeiten. Denn hinter *jedem* Teilnehmer dieser Olympiade verbirgt sich ein dramatisches Einzelschicksal, aber auch ein großartiges Kämpferherz.

Wenn du die einzelnen Kapitel dieses Buches, insbesondere zu den Themen Glaubenssätze und Wertvorstellungen, aufmerksam gelesen hast, wirst du längst verstanden haben, dass die damit verbundenen Inhalte nicht nur für das Erreichen ehrgeiziger Ziele oder für deine Persönlichkeitsentwicklung wichtig sind. Sie dienen auch als Präventionsmöglichkeit, also für den Fall, dass einmal etwas nicht so gut läuft. Krisen stellen auch gleichzeitig eine Chance zur Weiterentwickelung dar. Die Chinesen wissen das schon länger. In ihrer Bildersprache wird das Wort „Krise" mit zwei einzelnen Schriftzeichen dargestellt. Eines dieser beiden Schriftzeichen findet sich auch in dem Schriftzeichen wieder, das *Chance* bedeutet.

Abbildung: Chinesisches Schriftzeichen für „Krise" (oben), für „Chance" (unten)

Mit jeder Krise bahnt sich also eine Veränderung und somit auch etwas Positives, nämlich eine Chance in deinem Leben, an. Wenn es im Krisenfall auch schwer zu glauben ist, spendet dieses Wissen letztendlich doch Trost. Und das ist nicht das Schlechteste, was dir in einer schwierigen Lebensphase widerfahren kann.

Doch auch ohne besonderen Krisenfall werden wir uns, aufgrund der sich rasant entwickelnden Technologien und des damit verbundenen beschleunigten gesellschaftlichen Wandels, immer schneller an neue Lebensbedingungen anpassen müssen. Um überhaupt Schritt halten zu können, werden die Menschen vermutlich sogar *gezwungen* sein, ausgefeilte Selbstmanagement-Methoden und fernöstliche Meditationspraktiken zu erlernen. Ich bin davon überzeugt, dass es nicht mehr lange dauern wird, bis man beginnt, Kinder in der Schule darin zu unterrichten.

Du kannst dich in Sachen Resilienz schon jetzt bewusst schulen, indem du dich mit deiner eigenen Psychologie auseinandersetzt und daraus die notwendigen Schlussfolgerungen ziehst und diese auch umsetzt. So erreichst du nicht nur deine Ziele, ohne *zu prokrastinieren*, sondern erhöhst auch gleichzeitig deine Lebensqualität, weil du selbstbewusster und optimistischer wirst.

> ✏ **Zusammenfassung:**
>
> *Sobald du begonnen hast, dir Ziele zu setzen, der Gestalter deines eigenen Lebens zu werden und dir das damit verbundene Wissen anzueignen, entwickelst du auch deine psychische Widerstandsfähigkeit. Diese Widerstandsfähigkeit, die man auch als Resilienz bezeichnet, hilft dir gleichzeitig, schwierige Lebenssituationen und Krisen, die zu unserem Leben dazugehören, besser zu meistern.*

Epilog

Als ich ungefähr fünf Jahre alt war, wäre ich im Urlaub beinahe ertrunken, weil ich durch einen unglücklichen Umstand ins tiefe Wasser eines Flusses geraten war. Ich strampelte wie verrückt und streckte verzweifelt meine Hand aus dem Wasser empor. Ich wollte doch leben! Ich habe noch heute das grünlich-milchige Wasser und das darüber scheinende Sonnenlicht vor meinen Augen, das ich sah, während ich gegen meinen Tod ankämpfte und mich schon so gut wie aufgegeben hatte.

Diese kopflose Angst und das damit verbundene Gefühl, dass nun gleich alles vorbei sein würde, bevor ich das Leben richtig kennenlernen durfte, sind mir noch heute sehr gegenwärtig. In der sprichwörtlich letzten Sekunde bemerkte meine Mutter mein Verschwinden und entdeckte schließlich meine aus dem Wasser ragende Hand. Sie wusste sofort, dass *ich* das sein würde, obwohl sie mich nicht sehen konnte. Sogleich stürzte sie sich in den Fluss, schwamm zu mir, griff meine Hand und konnte mich gerade noch retten. Das war knapp.

Später wurde mir klar, dass mir das alles hätte erspart bleiben können, wenn ich die einfache Technik des Schwimmens beherrscht hätte.

Natürlich habe ich dann bald *zielgerichtet* schwimmen gelernt, um mich im Wasser sicher bewegen zu können. So wurde mir gleichzeitig klar, dass ich bestimmte Kenntnisse und Fähigkeiten erwerben kann, die es mir ermöglichen, mich in einer Welt sicher zu bewegen, die mir zuvor noch fremd und unheimlich war.

Heute betrachte ich auch die Psychologie, die Lehre von der Seele des Menschen, aus diesem Blickwinkel. Mit ihrer Hilfe können wir uns selbst und somit die seelischen und mentalen Mechanismen, denen wir unterworfen sind, besser verstehen. Gleichzeitig können wir unsere Lehren und wichtige Schlussfolgerungen aus diesem Verständnis ziehen. So werden wir in die Lage versetzt, unbewusste, innerpsychische Prozesse, wie zum Beispiel das Schieberitis-Phänomen und die daraus resultierenden Probleme, rechtzeitig zu erkennen und ihnen mithilfe geeigneter Maßnahmen und Techniken entgegenzuwirken.

Mein Ziel bestand darin, dir in diesem Buch zu vermitteln, dass sich hinter deiner Schieberitis ein tieferer Zusammenhang verbirgt und dass dein innerer Schweinehund dein Verbündeter ist, der dir zu helfen vermag, *deine* (Lebens-)Aufgabe und *deinen* eigenen Weg zu finden.

Du bist den aktuellen äußeren Umständen und deinen vielleicht problematischen Prägungen deiner Kindheit und Jugend nicht hilflos ausgeliefert. Denke immer daran: Aus jeder unbefriedigenden Lebenssituation und aus jedem Problem lässt sich ein konstruktives Ziel generieren. Und: In jeder Krise ist stets auch ein Geschenk versteckt. Lerne „schwimmen" und dich in dieser Welt sicherer zurechtzufinden.

Überprüfe deine Wertvorstellungen, setze dir herausfordernde Ziele, die diesen Wertvorstellungen entsprechen, und beseitige deine behindernden Überzeugungen. Erarbeite dir zusätzlich mit den vielfältigen unterschiedlichen Imaginationstechniken einen „mentalen Trampelpfad" für den vor dir liegenden Weg und nimm so dein Schicksal (zu einem guten Teil) in die eigenen Hände. Am Ende deines Lebens steht dann sicherlich die Erkenntnis, dass du alles, was du dir vorgenommen hast, auch erreichen konntest. Vermutlich aber noch viel mehr! Ich wünsche dir hierfür von Herzen viel Erfolg!

Solltest du dabei allein gar nicht oder nicht schnell genug vorankommen, nutze die Möglichkeit einer professionellen Begleitung! Vielleicht begegnen wir uns in einem meiner aktuellen Seminare oder in einem persönlichen Coaching? Mehr Informationen dazu findest du auf meiner Website: http://www.schweinehundseminar.de/ oder auch unter http://www.ohnezielpassiertnichtviel.de/.

Danksagung

Zum Entstehen dieses Buches haben viele Menschen beigetragen. Ob ihnen dies bewusst ist oder nicht, spielt dabei keine besondere Rolle. In jedem Fall möchte ich mich bei ihnen für ihre Unterstützung bedanken: zuallererst bei meiner Frau Heike, die stets einiges ertragen muss, wenn ich wieder eines meiner verrückten Projekte verfolge, und die dennoch stets viel Geduld und ein offenes Ohr für mich hat. Sie hat sich auch diesmal viele Abende mit meinen verschiedenen Entwürfen zu diesem Buch beschäftigt.

Dann bei meiner Schwester Birgit, die mich durch einen satten Dämpfer erst richtig auf Kurs brachte. Ebenfalls hat mir mein Kollege Carsten Hokema als Ideengeber hilfreich zur Seite gestanden und darüber hinaus die Übung „100 Ziele und Wünsche" entwickelt und mir gestattet, sie in diesem Buch zu veröffentlichen. Danke dafür!

Auch meine Kinder Till und Jette waren trotz ihres noch jungen Lebensalters für die eine oder andere Frage schon interessante und hilfreiche Ansprechpartner.

Ganz zum Schluss haben sich Jan Neumann und Yvonne Janotte bereit erklärt, das ganze Manuskript gründlich durchzuarbeiten. Ein großes Dankeschön an euch beide!

Und ich danke meinen Klienten, die mir in den vergangenen Jahren ihr Vertrauen im Rahmen von Einzelcoachings oder Therapiegesprächen geschenkt haben. Ohne deren (Leidens- und/ oder Erfolgs-)Geschichten wäre dieses Buch allenfalls halb so dick und in jedem Fall weniger authentisch geworden.

Last, but not least bedanke ich mich bei den vielen interessierten und engagierten Menschen, denen ich immer wieder, auch und vor allem in meinen Seminaren und Einzelcoachings, begegnet bin und begegne und die oft ganz ähnlich ticken wie ich selbst und deshalb für mich eine wichtige Quelle der Inspiration darstellen. Herzlichen Dank dafür!

Abbildungsverzeichnis:

Abbildung 1:
Zeitmanagementmatrix nach Stephen R. Covey 113
Quelle der schematischen Darstellung: Friedhelm Sommerland

Abbildung 2:
Vorlage Zeitmanagementmatrix nach Stephen R. Covey 115
Quelle der schematischen Darstellung: Friedhelm Sommerland

Abbildung 3:
Das ABC-Modell nach Albert Ellis 179
Quelle der schematischen Darstellung: Friedhelm Sommerland

Abbildung 4:
ABC-Modell, erweitert durch die Punkte Disputation und Effect. 193
Quelle der schematischen Darstellung: Friedhelm Sommerland

Abbildung 5:
Geeignete Bodenanker für die Mentoren-Technik 214
Quelle der schematischen Darstellung: Friedhelm Sommerland

Abbildung 6:
Chinesisches Schriftzeichen für „Krise" (oben), für „Chance" (unten) 243
Inhaltliche Quelle: https://translate.google.com; Dat. d. Zugr.: 26.11.2019;
Quelle der schematischen Darstellung: Friedhelm Sommerland